MAS DE 500
preguntas y
respuestas para
ayudarle a que

CONOZCA
PRIMERO
SU FE
CATOLICA

PADRE PEDRO NUÑEZ

LIBROS
LIGUORI

One Liguori Drive ▼ Liguori, MO 63057-9999

Imprimi Potest:
Richard Thibodeau, CSsR
Provincial, Provicia de Denver
Los Redentoristas

Imprimatur:
Mons. Román Arrieta Villalobos
Arzobispo Metropolitano de San José, Costa Rica

ISBN 978-0-7648-0155-6
Biblioteca del Congreso: 97-75566

Libros Liguori es una corporación sin fines de lucro parte
del apostado de los Redentoristas. Para más información,
visite redemptorist.com.

Para hacer pedidos, llame al 800-325-9521
o visite www.liguori.org

Diseño Interior
Tim Banfell

Este libro es el esfuerzo de muchas personas que desean que usted, querido lector, se beneficie grandemente de su contenido.

Esperamos que cada página le ayude a conocer mejor las enseñanzas de Jesús y de su Iglesia, para que así usted se sienta más fortalecido en la fe.

El autor agradece a las siguientes personas su asistencia en la preparación de este texto

Marcos Ariza
Rick Bermúdez
Hector Calderón
Fredy Galeano
Mary Gandía
Luis y Donna Gómez
Leyla Gutiérrez
Padre Luis Henao
Pedro y Josefa Núnez
Nivi Roney
Martha Sampson
César Wong
Alvaro y Marielos Sáenz
Rolando y Lenny Araya
Regina Sandoval
y otras muchas personas.

Contenido

CAPÍTULO III
LA SALVACIÓN

CAPÍTULO IV
LA BIBLIA

CAPÍTULO V
EL DEMONIO, EL INFIERNO Y EL PURGATORIO

CAPÍTULO VI
LOS SACRAMENTOS

CAPÍTULO VII
EL MATRIMONIO Y LA VIDA FAMILIAR

CAPÍTULO VIII
LA MISA Y DEVOCIONES

CAPÍTULO IX
MARÍA Y LOS SANTOS

CAPÍTULO X
LOS MANDAMIENTOS Y CUESTIONES MORALES

CAPÍTULO XI
LA IGLESIA CATÓLICA E IGLESIAS PROTESTANTES

CAPÍTULO XII
LAS PRÁCTICAS SUPERSTICIOSAS

CAPÍTULO XIII
OTROS TEMAS DE INTERÉS

CAPÍTULO I

L_aDirección Personal

COMO ESCUCHAR A DIOS

P. Querido Padre Pedro
Muchas personas me dicen que tengo que aprender a escuchar a Dios. ¿Cómo puedo saber cuándo El me habla y qué es lo que dice, si nunca lo oigo?

Julio L. Bonilla

R. Estimado Julio

El hecho de que a usted lo inquiete esta pregunta, lo suficiente para tomarse el tiempo de hacerla, es señal clara no sólo de que el Señor le está hablando sino de que usted le está respondiendo.

Todos quisiéramos oir la voz de Dios con la claridad con que oimos la voz de un amigo en el teléfono...Pero el Señor ha escogido hablarnos de otra forma.

En realidad nos habla de infinitas formas. De la misma manera que quiere que lo amemos a El amando a nuestros hermanos, con frecuencia nos habla con claridad a través de ellos. Este es el caso del Antiguo Testamento.

Dios habla a su pueblo a través de los profetas. Hoy

1

nos sigue hablando a través de hombres y mujeres santos, una Madre Teresa de Calcuta, Juan XXIII, Juan Pablo II, el Cardenal Obando, Martin Luther King y tantos otros. Con sus voces y sobre todo con sus vidas nos gritan y presentan con claridad cuál es el plan de Dios. ¿No es su voz la de Dios?

Como en el Antiguo Testamento, Dios nos habla a través de la realidad que vivimos. Las consecuencias trágicas de las situaciones de pecado, injusticia, hambre, discriminación, atropello, abuso, desembocan siempre en guerras fraticidas, odios, desenfrenos que nos destruyen como seres humanos. ¿Quiere mayor claridad?

Y sobre todo, Julio, Dios nos habla a través de Jesús, el Verbo, la Palabra de Dios, hecho uno como nosotros. ¿Qué manera más clara de hablar que con el ejemplo? En Cristo, tal como nos lo presentan los evangelios y la enseñanza de la Iglesia, Dios nos habla con la diafanidad de una campana.

En Cristo, Julio, la Palabra de Dios más que puro sonido se hace carne y hueso para que la oigamos no sólo con los oídos sino con los ojos, con el corazón, con todo el ser. Lo que nos impide con frecuencia el oirla es el miedo a lo que nos dice. Y entonces tenemos el caso de no oir porque no queremos oir.

Sí, Julio. Dios nos habla a usted y a mí. En el Evangelio, con una claridad inimitable por los sistemas de sonido más perfectos. Y en la realidad - tanto de pecado como de generosidad - en la que vivimos nos habla a través de las señales de estos tiempos. Para oírlas necesitamos una actitud abierta que nos lleve no sólo a oir sino a escuchar, cosa que hacemos tan poco...La actitud de Samuel cuando pide con humildad al Señor "Habla, Señor, que tu siervo escucha" (1 Sam. 3/10).

CRISTIANOS QUE JUZGAN A OTROS

P. Recordado Padre Pedro
Yo he leído en alguna parte de la Biblia que dice que no debemos juzgar a otros. Le digo esto porque conozco a unos amigos que dicen que son muy cristianos y no sólo juzgan a otros sino que hablan mal de ellos a sus espaldas. Por favor contésteme.

Jacinto Lanza

R. Estimado Jacinto

Tienes muchísima razón cuando dices que no debemos juzgar a otros. Jesús dijo "No juzguen y no serán juzgados, porque de la manera que juzguen serán juzgados y con la medida que midan los medirán a ustedes." El Señor, que bien conoce nuestros corazones y que sabe que si juzgamos es porque queremos aparentar ser mejores, también dijo "¿Por qué ves la pelusa en el ojo de tu hermano y no ves la viga en el tuyo? Hipócrita, sácate primero la viga que tienes en el ojo y así verás mejor para sacar la pelusa del ojo de tu hermano? (Mateo 7/1-5).

La Biblia también nos dice que debemos tener mucho cuidado de no hablar mal de otros, especialmente a espalda de ellos. El apóstol Santiago es uno de los más elocuentes evocadores contra el mal uso de la lengua. El dice "La lengua puede manchar a toda la persona y comunicar el fuego del infierno a toda nuestra vida. Mal utilizada la lengua no se deja dominar por nadie. Es un látigo incansable, lleno de veneno mortal. Con ella se bendice a Dios, pero sin embargo, se maldice a los hombres que han sido hechos a imagen de Dios. De la misma boca salen la bendición y la maldición."

El Apóstol Santiago nos exhorta a evitar el grave pecado de hablar mal de otros a sus espaldas cuando nos dice "Si alguien no peca con su lengua, es un hombre perfecto, capaz de dominar toda su persona...Hermanos, no olviden que, como todos, cometemos errores" (Santiago 3/1-12).

¿DENUNCIO A MI HIJO A LAS AUTORIDADES?

P. Apreciado Padre Pedro
Tengo un hijo que está envuelto con un grupo de criminales. Mi hijo se ha apartado de Dios y se está destruyendo a sí mismo. Alguien me ha aconsejado que lo denuncie a las autoridades. Si lo denuncio, me sentiré que lo he traicionado. Si no lo hago lo más seguro es que alguien, más tarde o más temprano, me lo va a matar. ¿Qué hago?

Anónimo

R. Estimado Anónimo

Me imagino que el dolor por el cual usted está pasando tiene que

ser muy grande. Sé
también que cualquier
decisión que tome le
hará sentirse culpable,
por lo tanto, lo primero
que usted debe hacer
es pedirle a Dios que sea
El quien le muestre Su
Voluntad y el camino que
debe tomar. Si toma
la decisión contando con
Dios, ya El se encargará
de darle la paz y la
resignación que tanto
usted va a necesitar.

Lo segundo que debe
hacer es hablar
detenidamente con un sacerdote, con un trabajador social o hasta
con un policía de confianza que le asista a encontrar posibles
soluciones que le ayuden a resolver la situación de su hijo de la mejor
manera.
Actualmente existen muchas organizaciones que tienen oficinas o
departamentos con personas que se especializan en ayudar a
muchachos que están envueltos con criminales de distintas índoles.
Aquí, en Nueva Orleáns, entre otras, tenemos a las agencias de
Caridades Católicas y el Apostolado Latinoamericano.

Finalmente, y después de un tiempo prudente, si usted piensa que
todos los esfuerzos que se han hecho no han valido la pena,
entonces, ante Dios, usted tendrá que aceptar la única alternativa
que le queda, y esa es, entregar a su hijo a las autoridades con la
esperanza puesta en Dios de que a pesar del dolor que le ocasione,
va a ser para su bien y que con la ayuda del Señor, aprenderá una
lección que le servirá para enderezar su vida.

DIOS PERMITE LAS PRUEBAS

P. Estimado Padre
*Mi pregunta es la siguiente ¿Es cierto que Dios nos da pruebas duras
cuando estamos tratando de reconciliarnos con El? Gracias.*

Marina Méndez

4

R. Estimada Marina

Dios no nos da pruebas, El sólo las permite para nuestro bien.

La Biblia, en un sinnúmero de pasajes, nos muestra cómo Dios, que quiere lo mejor para sus hijos, permite que sucedan las pruebas, especialmente entre aquellos que con más fervor desean acercarse a El.

El ejemplo clásico del Antiguo Testamento lo encontramos en el libro de Job.

Job era un hombre muy rico que vivía entregado al servicio de Dios. La Biblia nos cuenta que, poco a poco, Job fue perdiendo toda su riqueza. Lo perdió todo, hasta su propia familia. Aquel hombre que quería sentirse cerca de Dios, en vez de perder su fe, se dio cuenta que todo lo que él había tenido, hasta su propia vida, era un regalo de Dios. La fe de Job, en vez de perderse se desarrolló y se abrió más aún. En vez de debilitarse se puso más fuerte, porque comprendió entonces que Dios era su sostén y su fortaleza.

Al reconocer nuestra dependencia de Dios llegamos a ser las personas más ricas y agraciadas del universo. Dejamos de depender de nuestra fuerza para depender de la fuerza de Dios. De igual modo, nuestras actitudes sobre la vida comienzan a cambiar y dejamos de luchar para sobrevivir para comenzar un vivir para Dios.

San Pablo, que fue un hombre a quien Dios permitió que le sucedieran muchas pruebas, llegó a tener una fe tan azotada y tan sufrida, pero al mismo tiempo tan probada y tan fuerte que decía "Tres veces rogué al Señor que alejara de mi la prueba, pero me respondió ' Te basta mi gracia, mi fuerza actúa mejor donde hay debilidad.' Con todo gusto, pues, me alabaré de mis debilidades para que habite en mí la fuerza de Cristo. Y por eso me alegro cuando me tocan enfermedades, humillaciones, necesidades, persecuciones y angustias por Cristo. Cuando me siento débil, entonces soy fuerte". (2 Cor. 12/8-10).

ENCEFALITIS - ¿CASTIGO DE DIOS?

P. Querido Padre
Conocí a una niña con encefalitis. Su cuerpecito es de una criatura de meses, pero su cabeza es del mismo tamaño que la de un adulto.

Los médicos dicen que va a morir. ¿Cree usted que estas cosas las manda Dios o Satanás? Pregunto porque me cuesta trabajo creer que Dios le pueda hacer esto a una criatura inocente.

América

R. Estimada América

No. No creo que sea Dios el que haya mandado esa terrible enfermedad a esa inocente criatura de meses. ¿No cree usted que eso haría un monstruo del Padre bueno que sabemos es nuestro Dios? Tampoco yo se la achacaría directamente a Satanás. El diablo no puede ir más allá de donde el Señor le permite. Y, de nuevo, dudo que Dios le permita al maligno dañar a esa criaturita.

La enfermedad, el mal funcionamiento de nuestro cuerpo, puede ser y es a veces fruto del pecado, pero también es parte de una naturaleza en la que a veces hay errores genéticos.

La encefalitis, América, es un error natural en el rompecabezas biológio que son los genes. En la mayoría de las casos el resultado es acertado y una criatura llena de vida y salud viene al mundo. Hay casos, sin embargo, en los que algo falla en el código genético de un nuevo ser y nace un bebé anormal.

En la manera en la que reaccionen sus padres y los que tengan que prodigarle sus cuidados sí estará Dios o Satanás. Si los padres aceptan a esa criatura con el calor y el cariño que volcarían sobre un bebé normal, éste será una bendición de Dios que les enseñará a amar por lo que su niña es una criatura de Dios, y no por la bonita que parece.

Si, por el contrario, rechazan el fruto de su amor por no llenar su medida de lo que es normal, Satanás les está cerrando los ojos a la dignidad única que, como hijos de Dios, se encierra en un bebé "perfecto" o "imperfecto". En los padres está el que esa criatura sea una bendición de Dios o no.

FLAGELACIÓN

P. Estimado Padre
¿Qué piensa usted de una persona que mortifica su cuerpo, con método de flagelación? ¿Puede esta penitencia disciplinar, y está

aprobado por la Iglesia?

Enrique

R. Estimado Enrique

Por siglos, escritores y directores espirituales promovieron la mortificacion física (incluyendo la flagelación) como medio apropiado para disciplina personal y crecimiento en la fe. Actualmente, tales formas de espiritualidad han perdido popularidad.

Aun cuando la flagelacón -y otras disciplinas parecidas- pueden llevarse con peligro a la exageración, ocasionando enfermedades, vale aquí señalar que nuestra espiritualidad moderna deja mucho que desear por la falta total de mortificación.

Quiero añadir que, en preguntas de esta clase, lo indicado es consultar y recibir consejo de un buen director espiritual.

FUNERALES

P. Estimado Padre
Mi esposo y yo queremos que, cuando muramos, nos metan en una caja y nos entierren inmediatamente sin velorio y sin Misa. La Misa la pueden celebrar otro día los miembros de la familia. ¿Permite la Iglesia este tipo de entierro?

Adelfa

R. Estimada Adelfa

Recuerde que las oraciones y la Misa no son sólo para el difunto sino para los familiares que quedan, ya que a través de esta ceremonia litúrgica, reciben la fortaleza para evaluar sus vidas, para confrontar sus prioridades ante la muerte, y para aceptar la pérdida de un ser querido.

Puede que las ceremonias fúnebres no sean de importancia para usted y para su esposo después que hayan muerto, pero sí serán muy importantes para sus hijos, nietos y amistades que se verán confortados con la Palabra de Dios y con el Pan del Cielo ante la muerte de un ser querido.

Les ruego que no tomen decisiones sin consultar con sus familiares. El rito que ustedes desean evadir quizás sea el regalo más valioso que puedan algún día dar a sus seres queridos.

INSATISFECHA CONSIGO MISMO

P. Estimado Padre

¿Por qué nos cuesta a veces tanto trabajo sentirnos satisfechos con lo que somos y tenemos? Agradecida por su interés y rogando mucho al Señor por su apostolado.

Inés María

R. Estimada Inés María

El que no estemos del todo satisfechos con lo que somos y tenemos puede ser una señal muy positiva de que algo muy dentro de nosotros nos sigue impulsando a buscar al Unico que realmente puede satisfacer todas nuestras necesidades - DIOS.

Aguardamos y esperamos. Cuando hemos recibido lo esperado, seguimos esperando y aguardando otra cosa. Cuando no lo recibimos, nos ponemos tristes y seguimos esperando. ¿Qué es propiamente lo que en definitiva buscamos y aguardamos, deseamos y esperamos? La respuesta nuevamente es DIOS, ya que todo nuestro ser ansía vivir a Su lado aunque no estemos conscientes de eso y aunque en vez de buscarle a El, busquemos la felicidad y la paz por caminos donde nunca la encontraremos ya que sólo El es fuente de toda felicidad, de toda paz y de todo sueño realizado.

Por eso San Agustín enfatizaba tan sabiamente "Nos has creado para Ti, oh Dios, y nuestro corazón está inquieto hasta que descanse en Ti".

INTERPRETACIÓN DE SUEÑOS

P. Querido Padre

El otro día soñé que Jesús me decía "¿Qué le pueden ofrecer los padres a los hijos?" y añadió, "Yo, en cambio, les puedo ofrecer y dar mucho". Después, tocándose las rodillas y las piernas me dijo "Todo el cuerpo, ya que ustedes son míos, es mío y todo es mío." Inmediatamente me desperté. ¿Qué significa este sueño, Padre?.

Esther Mary Gómez

R. Estimada Esther Mary

Lo primero que le pido es que no le dé gran importancia a los sueños, pensando que lo que sueña se va a convertir en realidad. Los sueños usualmente son imágenes o ideas que guardamos en nuestro subconsciente, las cuales son proyectadas a nuestro consciente cuando nuestro cuerpo está descansando.

Creo, sin embargo, que Dios se puede valer de cualquier cosa para darnos a conocer su voluntad. Por eso es que sinceramente siento que usted ha sido muy agraciada al haber soñado con Jesús, y creo, definitivamente, que puede sacar de esta experiencia grandes provechos.

La primera parte de su sueño es una confirmación de lo que Jesús nos dice en la Biblia "Si ustedes que son malos saben darle buenas cosas a sus hijos, cuánto más les dará Mi Padre que está en los Cielos" (Mt. 7/11). Nadie puede superar a Dios en generosidad. Y creo que eso es bueno que usted y yo y todos recordemos, ya que nadie ama con la intensidad con que Dios es capaz de amarnos.

En la segunda parte de su sueño, Jesús, tocando Su cuerpo, le dice que todos somos de El, ¡Cuán ciertas son sus palabras! A través del Bautismo formamos parte de Su Cuerpo, la Iglesia. Todos, como dice San Pablo (1 Cor. 12) nos convertimos en miembros activos del Cuerpo vivo de Jesucristo. Cada cual con talentos y dones específicos que nuestro Padre nos da para edificar el Cuerpo...La

Iglesia.

Es muy cierto también, que al ser bautizados, ya no nos pertenecemos ni a nosotros mismos, ni tampoco le pertenecemos a Satanás. Desde el momento de nuestro bautismo, sólo le pertenecemos a Cristo, ya que hemos sido sellados por su Espíritu para ser propiedad Suya para siempre.

¡Qué regalo tan fabuloso el Señor le ha dado a través de ese sueño! Imagine lo mucho que tiene para meditar 1) Sobre lo mucho que Dios le ama y 2) sobre la realidad de que usted no se pertenece a usted, sino que le pertenece a ése que es su único y verdadero dueño - Jesús, el Señor.

LOS SUEÑOS

P. Querido Padre Pedro
¿Es cierto que los sueños pueden convertirse en realidad? Esperando su respuesta. Queda de usted atentamente,

Rogelio González

R. Estimado Rogelio

Conozco de personas que se afanan por buscar significado a los sueños que han tenido porque creen que en ellos se encierran mensajes o revelaciones de eventos que han de acontecer en el futuro.

La Biblia nos cita ocasiones en que Dios utilizó los sueños de una persona para dar un mensaje. Lo hizo, por ejemplo con José, el hijo de Jacob cuando el Señor le dio poder para interpretar lo que había soñado el Faraón de Egipto. (Génesis 41). El Señor también le habla en sueños a José (Mateo 1) para que acepte a María como su esposa.

Dios, porque es Dios, se puede valer de cualquier cosa, aun de los sueños, para dar a conocer su Santa Voluntad. Sin embargo, en la mayoría de los casos, los sueños no son revelaciones ni mensajes de Dios, sino experiencias vividas o imaginadas que, como en forma de película, se proyectan en nuestra mente.
Muchas personas

se preocupan porque sueñan todas las noches. Pero, en realidad, todos necesitamos soñar. Las cosas que hemos vivido, todo lo que nos preocupa o asusta, se revive de alguna manera en los sueños. Por eso es también que muchas veces, cuando despertamos, nos sentimos un poco más serenos frente a los problemas.

P. Querido Padre Pedro
En mi parroquia están ofreciendo un curso acerca de "los sueños y el crecimiento espiritual". Se nos ha dicho que son clases para personas que quieran comprender el valor de sus sueños, como mensajes que Dios nos comunica. Pienso que esto no puede ser parte de la Iglesia Católica. ¿Podría usted decirme algo al respecto?

Ana Lucía

R. Estimada Ana Lucía

Tanto en el Antiguo como en el Nuevo Testamento, los sueños eran considerados medios normales a través de los cuales Dios se comunicaba con los seres humanos. Daniel era, inclusive, una persona que interpretaba los sueños. A través de sueños San José recibió algunas de las más importantes instrucciones relacionadas a la Sagrada Familia (Mr. 1/ 19-21, Mt. 2/13, Mt. 2/19-20). Las Escrituras también nos dicen que hemos de tener cuidado para asegurarnos que tales manifestaciones sean divinas. Para tal fin, sería aconsejable consultar pasajes como los de Isaías 29/8, Deuteronomio 13/1-5, Eclesiastés 34.

Dada la superficialidad con que se evalúa lo espiritual en el modernismo actual, y considerando lo propensas que son algunas personas en auto-denominarse expertas, yo tendría mucho cuidado a este respecto. Pero, en sí, la noción básica es bíblica y no está equivocada.

LA VOLUNTAD DE DIOS

P. Querido Padre
¿Cómo sé yo cuándo estoy haciendo la voluntad de Dios?

Alma Francis

R. Querida Alma

Cristo resume en dos mandamientos cuál es la voluntad de Dios. ¿Amamos a Dios sobre todas las cosas? ¿Es El el centro de nuestras vidas? y segundo ¿Amamos a nuestro prójimo como a nosotros mismos? Y recuerde que nuestro prójimo no es el que nos cae bien, ni el que conocemos. Lea la parábola del buen Samaritano. En ella Cristo nos enseña quién es nuestro prójimo y quién es el que hace Su voluntad (Lucas 10/25-37) y, por consiguiente, actúa como Dios quiere.

ME SIENTO VACÍO

P. Padre Pedro
Me siento vacío y sé que mi problema principal es que no conozco a Jesús. Sin embargo, no me acabo de decidir porque veo a tanta gente que dice ser cristiana y que hasta han tenido encuentros con Cristo pero que, en realidad, no actúan como cristianos. ¿Qué puedo hacer?

Rodolfo Arébalo

R. Estimado Rodolfo

Usted puede diagnosticar con claridad su problema y sabe cuál es el remedio - ¡Jesús! Pero no se acaba de decidir porque lo desilusionan tantos que se llaman cristianos y en realidad no lo son...

Rodolfo, es Cristo el que llenará el vacío de su vida. No lo haremos los que nos llamamos cristianos, ni los que tratamos de ser cristianos a pesar de nuestras debilidades y de nuestras caídas.

Decídase. ¡No se arrepentirá! Súmese a esa comunidad peregrina que, en vez de maltratar a los que fallan, a los que caen, deben, como su Maestro, tender una mano al hermano que cae en el camino.

¿ORAR A SOLAS O CON OTROS?

P. Querido Padre Pedro
Le ruego explicarme el versículo de la Biblia en que Jesús dice, "donde hay dos o tres reunidos en mi nombre, ahí estoy yo en medio de ellos." ¿Acaso no está El conmigo cuando oro a solas?

Miguel Urtecho

R. Estimado Miguel

Le sugiero que lea todo el capítulo 18 del Evangelio de San Mateo, en el cual se encuentra el versículo que usted cita. A través de una serie de parábolas, se nos recuerda que en el plan de Jesús no está el que sus seguidores sean individuos aislados fieles a El, sino más bien una asamblea, una "Iglesia" de personas que se ayuden y dependan unos de otros. Esta comunidad de creyentes habría de formar su hogar, el lugar donde ellos pudieran encontrar el apoyo necesario, inclusive para el perdón de sus pecados (18/18).

Obviamente, al decir estas palabras Nuestro Señor de ninguna manera nos dice que no oremos solos. El mismo se apartaba para hablar con el Padre. Sus indicaciones más bien nos confirman que una presencia poderosa y especial de Jesús Salvador ocurre cuando pocos miembros de Su familia se reunen para orar, ya que ese grupo se constituye en "pequeña iglesia", o mejor todavía, ellos representan -y comparten de manera particular- el poder de toda la iglesia en oración.

ORAR CON POCAS PALABRAS

P. Querido Padre Pedro
El otro día leí en la Biblia un pasaje en que Jesús nos dice que no repitamos palabras cuando oremos. Eso me preocupa bastante ya que hasta ahora yo he estado acostumbrado a rezar usando

oraciones que tienen las mismas palabras como el "Padre Nuestro"
y el "Ave María". Por favor explique. Gracias.

Roberto

R. Estimado Roberto

Recuerda que en ese pasaje que tú leíste (Mateo 6/6-8) Jesús
criticaba la manera de orar de los fariseos, personas expertas en las
leyes de Moisés, ya que su oración salia de sus labios pero no de sus
corazones.

Sin embargo, en seguida Jesús les dice a sus discípulos la forma en
que han de orar, el Padre Nuestro (Mateo 6/9-13) oración que han
de orar contínuamente porque es la oración que Jesús les enseña.

El Padre Nuestro, al igual que cualquier otra oración, aun las que
nosotros inventemos, puede convertirse en una repetición de
palabras si no mantenemos en nuestro corazón ese deseo ardiente
de mantenernos en íntima comunicación con el Padre a través de
la oración.

Sin embargo, el Padre Nuestro, al igual que cualquier otra oración,
bien intencionada, puede convertirse en expresión de entrega total y de amor a Dios que brota de lo más profundo de nuestro ser.

Por lo tanto, Roberto, no es tanto lo que decimos, sino nuestros
sentimientos y actitud cuando oramos al Padre, lo que hará la
diferencia.

POCOS DÍAS DE VIDA

P. Querido Padre Pedro
Recientemente el doctor me dijo que tengo una enfermedad seria
y que es muy posible que sólo pueda vivir unos meses más.
¿Por qué tengo tanto miedo, Padre, si yo soy una persona de fe?

Alicia Pérez

R. Estimada Alicia

Siento mucho lo sucedido y créame que si estuviera en su situación,
yo también sentiría miedo aunque, como usted, me considero una

persona de fe.

Yo creo que nosotros los cristianos, no le tenemos tanto miedo a la muerte en sí, como al padecimiento que trae consigo el proceso de la muerte.

Nos da miedo el dolor que podamos sentir, especialmente cuando la hora se aproxima. Nos da miedo el que nos veamos imposibilitados siendo, en muchos casos, "carga" para otros. Nos da miedo el tener que abandonar un mundo conocido y unas personas que amamos para entrar en un mundo del cual sabemos muy poco.

Sin embargo, como usted dice...tenemos la fe y es la fe la que nos sostiene. Cristo también sintió miedo cuando "Su hora," es decir, la hora de Su muerte se aproximaba. Tanto es así, que la Biblia (Luc. 22/44) nos dice que sudó sangre. Jesús tenía miedo del dolor que sufriría en el proceso de Su muerte.

Pero Jesús, como maestro al fin que es de todos nosotros, también nos da un ejemplo de lo que significa tener fe en el Padre aún cuando siente miedo "Padre, en Tus manos encomiendo mi espíritu" (Lucas 23/46).

Que Dios, nuestro Señor la bendiga, Alicia, y sepa que seremos muchos los que oraremos con usted para que su fe, al igual que la de Nuestro Señor, Jesucristo, sea inquebrantable.

¿POR QUÉ TENEMOS QUE SER BUENOS?

P. Querido Padre
Mi pregunta es simple, ¿Por qué tenemos que ser buenos?

Interesado

R. Estimado Interesado

Mi respuesta es simple. Tenemos que ser buenos porque si no somos buenos, somos malos. Si somos malos, estamos con el demonio. Y si estamos con el demonio, nuestro destino será la perdición eterna.

CAPÍTULO II

Dios/Jesús

¿CÓMO ESTAR SEGURO QUE DIOS EXISTE?

P. Querido Padre Pedro
¿Cómo podemos estar seguros de que Dios existe? Atentamente

Juan José Velázque

R. Estimado Juan José

Tu pregunta, aunque parece sencilla, ha sido motivo de inquietud de muchas personas, especialmente de los grandes pensadores y filósofos de la historia.

La respuesta a tu pregunta es la siguiente. Sabemos que Dios existe, primero porque El nos lo ha revelado y segundo, porque creemos en su revelación.

Dios nos revela que El existe de diferentes maneras. Primero, a través de su creación. Bien sabemos, de acuerdo a una de las principales leyes de física, que la materia no se crea ni se destruye, solamente se transforma. Dada esta realidad podemos afirmar que todo lo que contemplamos en este hermoso universo nuestro ha salido única y exclusivamente de la mano de Dios.

Dios es el Señor del universo. El ha creado el cielo y la tierra, la luna y las estrellas y por supuesto, la cúspide de Su creación que somos nosotros, los seres humanos.

Segundo, sabemos que Dios existe porque El nos lo ha revelado a través de muchas personas a quienes llamamos "Profetas," pero muy especialmente Dios se nos ha dado a conocer a través de Su Hijo Jesús...

Si lees el Nuevo Testamento, especialmente los evangelios, te darás cuenta, Juan José, lo grande y maravilloso que es Dios a través de todo lo que nos dice Jesús sobre El. La Biblia nos dice que Jesús es la Palabra de Dios que toma forma humana para que lo podamos entender en nuestro propio lenguaje y dentro del marco de nuestra propia experiencia. Jesús es esa Palabra de Dios que nos da a conocer su propia persona. "Y el Verbo se hizo carne y habitó entre nosotros," nos dice San Juan, y añade "Tanto amó Dios al mundo que le dio su Hijo único para que todo el que crea en El no se pierda, sino que tenga vida eterna (Juan 3/16).

Dios se nos revela también a través de nuestra fe. Esa fe que, a pesar de que no comprendemos todo acerca de Dios, nos da la certeza que El está cerca.

La fe es un don gratuito que Dios nos da para que lo conozcamos y lo podamos sentir como parte de nuestra existencia, guiándonos y protegiéndonos a lo largo de nuestro caminar por este mundo. Dios nos da fe a todos por igual. Unos, sin embargo, la ayudan a crecer más que otros.

La fe, nos dice San Pablo, es el esfuerzo por conseguir lo que esperamos y el convencimiento respecto de lo que no vemos. Por la fe comprendemos que el universo fue hecho por una palabra de Dios y entendemos que el mundo visible no tiene su origen en lo que se palpa.

Y San Pablo termina diciendo que sin la fe es imposible agradar a Dios, pues uno no se acerca a Dios sin antes creer que existe y que El recompensa a los que le buscan (Heb. 11).

¿CONOCE DIOS TODO MI FUTURO?

P. Estimado Padre
Quisiera una explicación práctica sobre si Dios sabe las cosas porque suceden o suceden porque las sabe.

Además, quisiera saber por qué San Pablo dice que sólo por la fe nos salvaremos, cuando Santiago dice que la fe sin obras está muerta.

Francisco Vigil

R. Estimado Francisco

Para responder a su primera inquietud, quisiera comenzar diciéndole que, entre los teólogos, existen dos tendencias sobre Dios y el futuro.

Los escolásticos, es decir, los que siguen el pensar de Santo Tomás de Aquino, dicen que Dios conoce no sólo el presente, sino que también conoce a fondo lo que va a pasar en el futuro. Ya que al fin y al cabo El es Dios y como Dios lo conoce todo.

A la otra tendencia pertenecen teólogos tan respetables como la escolástica. Esta última lleva el nombre de teología en proceso, o "process theology" como es conocida en inglés.

Los teólogos que se subscriben a la teología en proceso alegan que Dios no conoce a fondo el futuro, ya que El todavía no lo ha creado. Estos teólogos afirman que Dios conoce sólo lo que puede acontecer, de acuerdo a las circunstancias actuales. Ejemplo. Si usted estudia en el presente, sabe que en el futuro su información sobre lo que usted ha estudiado, será más intensa. Conoce el futuro, pero sólo en parte, ya que el futuro todavía no es realidad.

La Iglesia no ha prescrito ningún dogma al respecto, y acepta las dos tendencias como posibles.

La Iglesia sí enseña que, aunque Dios es el Ser Supremo, El nos ha dado plena libertad para que nosotros hagamos con nuestras vidas lo que queramos hacer. Dios respeta nuestra libertad infinitamente, y la respeta al extremo por lo mucho que nos ama.

Por lo mucho que nos ama, hace lo indecible para que, en la misma forma que nos conoce y nos ama, nosotros lleguemos a conocerlo y amarlo a El.

Para contestar a su segunda inquietud sobre San Pablo y Santiago, le diré que en ningún momento hay contradicción en lo que dicen. ¡Al contrario! Tanto Pablo como Santiago están convencidos de que la fe es necesaria para la salvación. Los dos están también totalmente de acuerdo de que la fe que no se demuestra con obras, está totalmente muerta. Si no hubiera sido así, San Pablo sólo hubiera creído, pero no hubiera hecho nada por Cristo.

Sabemos, sin embargo, que lo opuesto fue la realidad. San Pablo fue un hombre de una fe tan profunda, que su fe lo llevó a dar la vida por Jesús.

Qué lástima que, para muchos, San Pablo sea un hombre tan mal entendido.

DIOS CASTIGA A LOS HIJOS

P. Querido Padre
El libro del Éxodo nos habla de un Dios celoso que castigará a los hijos por los pecados de los padres, hasta la tercera y cuarta generación. ¿Quiere esto decir que mi hijo y los hijos de él serán castigados por el mal que yo hago?

Luis Agurcia

R. Estimado Luis

Uno de los fenómenos fascinantes en la Biblia -especialmente al leer la historia del Antiguo Testamento- es la purificación y elevación gradual del entendimiento humano de Dios, y de la relación humana con Dios.

Esto es especialmente cierto entre el pueblo Judío, desde Abraham a Cristo. En diferentes partes de la Biblia leemos, por ejemplo, cómo los ejércitos Hebreos aniquilaron a sus enemigos en las guerras - a hombres, mujeres y niños, y hasta a los animales-. Se nos dice que hacían esto con la bendición de Dios y a veces, hasta por orden de Dios.

Todo Cristiano -y probablemente la mayoría de los no creyentes actuales- encontrarían tal actitud absurda, brutal y contraria a todo principio Cristiano.

Aún en siglos avanzados del Antiguo Testamento, durante el período de la venida de Cristo, tal actitud hacia los enemigos era considerada incompatible con un debido conocimiento de Dios y de su amor por todas las personas.

Un desarrollo similar ocurre en el tema que usted menciona. Entre muchas culturas – incluyendo la judía – prevalece la teoría de que la culpabilidad y la inocencia, la santidad y el pecado, son parte de la tribu. Si el patriarca peca, la tribu entera se presenta como enemiga de Dios – o de los dioses. Si el patriarca es justo y bueno, la tribu comparte su santidad a pesar de cualquier mal comportamiento aislado que alguien pudiera manifestar.

La negación de esta identidad con la tribu se acentúa a medida que el tiempo avanza en el Antiguo Testamento. Quizá el ejemplo más dramático de esta actitud la vemos en el profeta Ezequiel, cuyo despertar a la reverencia ante la majestad y santidad infinita de Dios sobrepasa a todos los profetas.

En el capítulo 18 de su libro, el profeta describe la manera tan errada en que se entendía a Dios, y lo expresa con las palabras, "los padres comieron uva verde y los hijos tienen los dientes destemplados."

Tan grabado estaba el concepto tribal de culpabilidad que Ezequiel tuvo que defenderse (y a Dios) contra la acusación de que al tratar a las personas individualmente era injusto. Tuvo entonces el Señor que decir, "¡Que no son rectos mis caminos! ¿No son más bien los caminos de ustedes los que no son rectos?" (Ez. 18/29).

Antes de juzgar las ideas antiguas con dureza, nosotros hemos de preguntarnos la frecuencia con que hemos escuchado a otros decir -y quizá a nosotros mismos- ante alguna tragedia de un ser querido, "¿Qué es lo que yo he hecho para merecer esto?".

Desafortunadamente, tendemos a pensar que Dios se hace a nuestra imagen y semejanza, razón por la cual lo imaginamos vengativo, medio-juez y medio-ejecutor, como nosotros.

DUDAR DE DIOS

P. Estimado Padre
Sé que es pecado dudar de Dios, y me siento mal por dudar. ¿Podría indicarme la manera de aumentar mi fe?

Armando

R. Estimado Armando

Muchos luchan por tener fe, sin llegar a alcanzarla por completo. Incluso los santos tuvieron horas obscuras de fe, momentos de prueba y purificación. Esas dificultades de la fe no son en absoluto pecado, sino que ellas deben incitarnos a meditar y a profundizar nuestras creencias. ¡En muchos de los que dudan de su fe faltan los conocimientos más elementales de Dios! Nadie les ha mostrado suficientemente el camino hacia la fe y hacia Dios, y en tal caso existe más culpa ajena que propia.

Por otro lado, muchos son ellos mismos culpables de sus dudas, ya que van amontonando culpa tras culpa y no quieren arrepentirse jamás, y terminan por apartarse del camino de Dios. Su falta de fe es una huida de Dios. Si no ejercita la oración y los contactos con el Señor, esa experiencia interna de Su Creador se irá atrofiando hasta que surjan las dudas. Muchos son culpables de sus propias dudas porque se han conformado durante toda su vida con las exigencias mínimas de la vida religiosa. Si luego viene el sufrimiento o Dios no satisface de inmediato una petición, o si ellos ven un escándalo en la Iglesia, entonces su débil fe se rompe. Nosotros debemos hacer algo contra las dudas de la fe que constituyen un peligro incalculable, ya que si no vemos con claridad la meta del camino de la vida, ¿cómo podremos llegar a la meta? Si la base de la vida está amenazando ruina, ¿cómo vamos a poder construir encima de ella el edificio de la vida?

Si la fe está perforada, es hora de comenzar a meditar, reflexionar, escuchar, leer, adquirir conocimientos y certeza. Ante todo, lo primero que hemos de procurar es poner en orden nuestra conciencia, ya que Dios nos irá comunicando Su verdad hasta que entendamos con claridad Su voz y agradecidos creamos en El.

El ritmo de la vida y el ajetreo de los tiempos modernos apenas dejan tiempo para tener un contacto con Dios. En este aspecto, el creyente moderno tiene que crearse con mano fuerte una escala de valores. En su programa diario, Dios y la oración tienen que figurar en primer plano, y luego todo lo demás. Resulta que actualmente "todo lo demás" es lo que está absorbiendo casi la totalidad de nuestro tiempo (la lectura del periódico y los muchísimos quehaceres diarios), y el moderno paraíso de consumo nos seduce en tal modo que el interés por Dios amenaza con desaparecer. El creyente de nuestros días tiene que aprender aquí un dominio mayor de sí mismo al comprar y disfrutar los bienes de consumo modernos.

La palabra de Dios nos dice que "el que se niegue a creer al Hijo no verá la vida, sino que será merecedor de la cólera de Dios" (Juan 3/ 36). Sabemos, sin embargo, que este "poder" para creer viene de una luz interior que nos la tiene que dar Dios mismo. ¿Qué hacer para lograr esa luz o revelación que nos lleve a un "encuentro" con el Infinito? Toda oración puede ser un abrirse a la misma. Siempre que el Señor llame a nuestra conciencia fluirá en nosotros esa luz divina, caso de que nosotros atendamos esa llamada y la obedezcamos.

¿ESTÁ JESÚS PRESENTE EN LA HOSTIA?

P. Estimado Padre
¿Cómo podemos estar seguros que Jesús está presente en la hostia que recibimos en la Misa?

José Carlos

R. Estimado José Carlos

Las palabras "Este es mi cuerpo", "Esta es mi sangre," fueron pronunciadas por Jesús como promesa de que El daría a comer su carne y a beber su sangre.

Cuando hizo esa promesa dijo "Mi carne es comida verdadera y mi sangre es bebida verdadera" (Juan 6/55). Muchas personas se retiraron al escuchar estas palabras de Jesús a quien no entendieron, nos dice la Biblia. Jesús, que podía leer sus mentes y la incredulidad de sus corazones, los dejó ir, y aún hubiera dejado que los apóstoles se hubiesen ido si no hubieran aceptado sus palabras literalmente (Juan 6/61-70).

San Pablo, hablando de la presencia de Jesús en el pan y en el vino consagrados, nos dice "Así, pues, quien come el pan y bebe el cáliz del Señor indignamente, peca contra el cuerpo y la sangre de Jesús. Por esto, que cada uno examine su conciencia cuando va a comer del pan y beber de la copa. De otra manera, come y bebe su propia condenación al no reconocer el Cuerpo" (1 Cor. 11/27-29).

EXIGIRLE A DIOS

P. Querido Padre Pedro
Desde niña me fue enseñado a pedir a Dios en oración (y con humildad) "Danos hoy nuestro pan de cada día..." Sin embargo, en la escuela a mis hijos les han enseñado que hemos de pedir el pan como un derecho propio, exigiéndole al Padre "Danos hoy nuestro pan..." ¿Cómo aclararles su confusión?

Luisa Amanda

R. Estimada Luisa Amanda

Las palabras que el sacerdote dice al introducir el Padre Nuestro en la celebración de la Misa son "...y animado por tu divina enseñanza, nos atrevemos a decir Padre Nuestro...". Bastaría solamente un poco de atención para evitar la confusión de sus hijos.

No llamamos a Dios "Padre", ni le hacemos peticiones porque tengamos derechos, sino por la gracia de Su misericordia que nos anima a atrevernos a pedir de esa manera. El Bautismo nos da un derecho de ver a Dios bajo una nueva luz, pero siempre con la humildad y el asombro de una criatura ante Su Creador, quien ha decidido hacernos Sus hijos y por tanto ser El, nuestro Padre.

Las personas que en verdad aman, jamás exigen de otras personas, sino que más bien presentan sus deseos como peticiones. Si esto lo hacemos con la gente, ¿cómo no lo vamos a hacer con Dios?

¿FUE JESÚS A LA INDIA A PREPARARSE?

P. Querido Padre Pedro
Alguien me dijo que existen pruebas de que Jesús fue a la India antes de comenzar su vida pública en Palestina. ¿Es eso cierto?

Julián Valle

R. Estimado Julián

No existe ninguna evidencia histórica que indique que Jesús estuviera en la India durante su vida terrenal. Tampoco los Evangelios nos dicen nada al respecto.

Lo que sí es un hecho histórico es que la Iglesia en la India no es de origen reciente. Su historia se remonta al siglo primero de la era cristiana. Comerciantes del Imperio Romano viajaban con regularidad a través del Mar Rojo hasta la India. Estas vías comerciales abrieron el camino a los primeros misioneros cristianos. De acuerdo con otra teoría mas creíble que la que usted nos pregunta, fue el Apóstol Tomás el primero en llegar a esas tierras a predicar a Cristo. Ese comienzo temprano llena de orgullo aun hoy día a los cristianos de la India. El primer presidente de la República de la India, Rajendra Prasad así lo expresa en uno de los discursos conmemorando la labor evangelizadora del Apóstol Santo Tomás,

"Recuerden que Santo Tomás vino a la India cuando muchos de los países de Europa no eran aún cristianos. Es motivo de orgullo para nosotros que así sea".

¿FUE JESÚS UN MAGO?

P. Reverendo Padre
Alguien me dijo que Jesús era un mago y que por eso podía hacer grandes hazañas. ¿Puede ser eso posible?

Rogelio Peña

R. Estimado Rogelio

La teoría de que Jesús era un mago fue construida por algunos filósofos racionalistas para dar alguna explicación lógica de los tantos prodigios que hizo el Señor delante de tanta gente.

Sin embargo esas enseñanzas son tan válidas como esas que, todavía hoy en día, se empecinan en demostrar que la tierra es plana. ¿Ha oído usted alguna vez hablar de la Sociedad de la Tierra Plana? Créalo o no, existe.

Los milagros de Jesús fueron auténticos y de esa forma, nos dice la Palabra de Dios, manifestó Su gloria y muchos creyeron en El. Si Jesús no hubiera actuado con el poder de Dios es imposible que con tres pedazos de pan y dos peces hubiera dado de comer a una multitud de más de cinco mil hombres, sin contar a las mujeres y a los niños que también se encontraban allí (Jn. 6)

Si Jesús no hubiera obrado con el poder de Dios es imposible que de aquella agua que se encontraba en las seis tinajas de piedra (que eran enormes) hubiera podido cambiar su contenido en un vino tan delicioso que todos, y muy especialmente el mayordomo, quedaron sorprendidos al probarlo.

Porque Jesús no era mago, sino porque obraba con el poder de Dios, pudo darle visión al ciego, restaurar los miembros inactivos de un paralítico, sanar a un leproso y resucitar a los muertos.

Porque Jesús era Dios pudo permitir que la muerte tocara su cuerpo y, al tercer día, como lo había prometido, pudo darle vida a ese cuerpo que se encontraba inerte. Sólo Dios puede hacer tan gran maravilla... "Y El Verbo (Jesús) los que lo han recibido y creen en su nombre (es decir, creen en Jesús) se les ha concedido que fueran hijos de Dios" (Jn. 1).

HIJO DEL HOMBRE

P. Querido Padre Pedro
¿Por qué es que llaman a nuestro Señor Jesucristo el Hijo del Hombre cuando El es hijo de Dios?

Julio César Solís

R. Estimado Julio César

Nuestros padres en la fe, especialmente esos que escribieron los diferentes libros del Antiguo Testamento, bien sabían que el hombre, a causa del pecado, estaba destinado a experimentar mucho sufrimiento a lo largo de su vida.

San Pablo, hablando de Jesús, nos dice que El se hizo uno como nosotros...en todo, incluso en Su vulnerabilidad ante el sufrimiento...lo único es, afirma San Pablo, que Jesús nunca conoció el pecado.

Cuando Jesús dice de sí mismo que El es el Hijo del Hombre (puede leer Mateo 8/ 20, 10/23, 11/19 y 12/8) está dando a entender que va a sufrir mucho a causa del pecado...No del suyo, pero si el de toda la humanidad.

JESÚS ABANDONADO POR SU PADRE

P. Estimado Padre Pedro
En el Evangelio de San Mateo, Capítulo 27, el grito de Jesús desde la cruz es, "Elí, Elí lamá sabactani", cuyo significado es, "Dios mío, Dios mío, ¿por qué me has abandonado?"

¿En qué idioma estaba hablando Jesús? No es posible que más bien haya querido decir, "Dios mío, ¿dónde estás?"

El Jesús que yo conozco jamás diría que ha sido abandonado por su Padre, a quien había amado y en quien había confiado toda su vida.

Confundido

R. Estimado Confundido

Déjeme sacarlo de su confusión. Este pasaje ha sido un enigma para los Cristianos de todos los siglos, pero por lo menos dos puntos le ayudarán a entenderlos.

IIndudablemente, en Jesús hay dos naturalezas: la humana y la divina, Jesús en su humanidad (como hombre de carne y hueso) experimentó toda la desolación, soledad, tristeza y dolor a través de su Pasión. Fue una tortura tan tremenda que sudó hasta sangre, llevándole a un sentimiento de abandono total. Sin embargo, en su grito hay una expresión de profunda fe en medio de tanto dolor "¡Dios mío, Dios mío!"

En segundo lugar, esta exclamación de nuestro Señor ha sido posiblemente la que brotó del Salmo 22, uno de los pasajes gráficos del Antiguo Testamento que paralelamente presenta el sufrimiento de Jesús en la cruz. Las palabras que hoy citamos son las mismas palabras que inician ese salmo. El mismo salmo lo cita San Mateo (versículo 43) justo antes del versículo que hoy tomamos en consideración, y los siguientes versículos acerca de la sed de Jesús son también recopilación de las palabras que más adelante se mencionan en el mismo salmo, "Mi garganta está seca como teja, y al paladar mi lengua está pegada... han traspasado mis manos y mis pies."

Si es cierto que el Salmo 22 fue la invocación de este grito -como creen muchos escritores y maestros bíblicos Cristianos-, las palabras en sí presentan uno de los hechos más poderosos de fe, amor y victoria que jamás hayan sido pronunciados por Nuestro Señor.

JESÚS HIZO SUS MILAGROS, ¿COMO HOMBRE O COMO DIOS?

P. Estimado Padre Pedro

¿Jesús hizo los milagros como hombre o como Dios? Si los hizo como hombre, ¿por qué hoy no existe esta clase de milagros? Y si los hizo como Dios, ¿tuvo una influencia Divina que también pudo ser utilizada durante su Pasión y Muerte para contrarrestar el dolor?

Uno que busca

R. Estimado amigo que busca

Para empezar quiero decirle que Jesús es una sola persona. Por lo tanto El es completamente Dios y completamente Hombre.

Jesús como hombre, sufrió como sufrimos todos. Lo más probable es que sus sufrimientos fueron aún más agudos que los nuestros por el pago que le dieron aquellos a quienes Él quería hacerles bien.

Como hombre Jesús tuvo que decidirse si quería seguir la voluntad del Padre o la voluntad del Maligno (Vea las tentaciones de Jesús en el desierto, Lucas 4). Siendo humano padeció de hambre, de sed y de cansancio (Juan 4). Como uno igual que nosotros, sintió miedo hasta el punto en que sudaba gotas de sangre.

A través de Su humanidad Jesús nos enseña que, a pesar de todas las dificultades y obstáculos que podamos experimentar en la vida, es posible que lleguemos a tener una fe tan grande y tan completa que el sentido total de nuestra vida sea única y exclusivamente el hacer la voluntad del Padre.

Definitivamente que Jesús, como Dios, tenía todo el poder para realizar cualquier clase de milagro que Él deseara. Por lo tanto, fue esa fe inqueberantante en el amor del Padre lo que le impulsaba sana y libera a aquellos que estaban enfermos o atados por la maldad de este mundo.

Los milagros que Jesús hizo, se realizan a lo largo de la historia, hasta el presente, especialmente a través de personas que le siguen con sincero corazón y que tratan de ser hombres y mujeres de fe como lo fue el Maestro.

En todas las historias de los santos de la Iglesia, los mártires y de las personas que han tomado su cristianismo en serio, vemos cómo el Padre ha manifestado Su Poder a través de ellos para sanar, para desatar y para reconciliar, como lo hizo Jesús.

Yo soy testigo del Poder de Dios en estos tiempos y cómo el Señor utiliza a muchísima gente para obrar Sus milagros.

Dos pasajes bíblicos me vienen a la mente en los que el Señor Jesús nos reta y nos invita a continuar los milagros que Él realizó. Cuando estaba con sus discípulos, les dijo "Si tuvieran fe del tamaño de un grano de mostaza ordenarían a esa montaña que se trasladara al mar y así sucedería" (Mt. 17/20). En otra ocasión el Señor Jesús promete a sus discípulos y a sus sucesores que podrán obrar los mismos milagros que Él obró, y aún mayores (Jn. 14/12).

Finalmente, quiero asegurarle que Jesús no utilizó su influencia divina para sufrir menos cuando colgaba de la cruz. Por cierto, eso también lo pensó uno de los centuriones romanos quien le dijo "Si eres el Cristo sálvate a ti mismo." Sin embargo, sabiendo que tenía que cumplir con su sentencia hasta el final y entregado completamente en las manos del Padre, levantó sus ojos al Cielo y exclamó "Padre, perdónalos, porque no saben lo que hacen" (Lu. 22/34).

JESÚS NO FUE CATÓLICO

P. Querido Padre
Una amiga muy querida asiste a Iglesias Católicas y protestantes. Cuando yo le pido quedarse en la Católica, ella me responde "¿Por qué tenemos que ser Católicos, si el Señor no fue Católico sino Cristiano?

Luvia Reyes

R. Estimada Luvia

Para algunas personas es muy importante el "probar" diferentes Iglesias con la esperanza de que algún día han de encontrar la ideal. Desafortunadamente no existe la Iglesia ideal ya que, si queremos encontrar defectos, los encontraremos en todas.

Si esa persona que tanto busca ha sido siempre "Católica" -aunque a su manera- es importante que usted, que tanto la estima, le ayude a encontrar a Cristo a través de la fe Católica.

Cuando ella le arguya diciéndole que el Señor no fue Católico, respóndale que el Señor tampoco fue Cristiano.

Explíquele que "Cristiano" es el nombre que se le da a los seguidores de Cristo. Cristo no es Cristiano porque El no se sigue a sí mismo. Explíquele también que la palabra "Católico" significa universal y que "Católica" fue el nombre que se le dio a la comunidad naciente de cristianos cuando comenzaron a esparcirse por todo el mundo conocido de aquel entonces.

Finalmente, recuérdele que es nuestra responsabilidad el echar raíces donde Dios nos planta. Si nuestra fe ha sido la católica, es nuestra obligación el que nos preocupemos por conocerla, entenderla y hacerla parte de nuestra experiencia diaria. Esa es la única forma en que llegaremos a ser verdaderamente honestos con nosotros mismos, con los hermanos de nuestra comunidad (la Iglesia) y con el mismo Dios. El árbol que no echa raíces donde es plantado, más tarde o más temprano se marchita y se muere... Así nos pasa con nuestra vida espiritual. Pero aquel que echa raíces donde se encuentra, su vida se fortalece y es capaz de dar frutos en abundancia.

LO VAN A CRUCIFICAR DE NUEVO

P. Querido Padre
Sabemos que Jesús va a volver. Dígame si, cuando regrese, lo van a crucificar de nuevo. Espero su respuesta y que Dios lo bendiga.

América Murillo

R. Estimada América

Dos cosas. Primero, debemos aguardar la venida de Jesús porque, como nos dice la Biblia, vendrá el día menos pensado...Debemos, por lo tanto, estar siempre listos para su venida. Jesús murió una vez y para siempre para redimir al mundo del pecado. Su sacrificio en la cruz es eterno.

San Pablo, escribiéndole a los cristianos de Roma, dice (Romanos 6/9-10) "Cristo, una vez resucitado de entre los muertos, ya no muere más. La muerte ya no tiene dominio sobre El".

El Apóstol termina ese pedazo de su carta reafirmando que ha vencido la muerte al recordarnos que "la muerte de Cristo fue un morir al pecado" (es decir, que venció nuestra muerte causada por el pecado con su propia muerte), y un morir para siempre, su vida ahora es un vivir para Dios.

¿MURIÓ DIOS?

P. Estimado Padre
Tengo una confusión muy grande que necesito me aclare. Una persona amiga mía me estaba discutiendo que si Jesús había muerto, y si Jesús es Dios, entonces eso quiere decir que Dios también murió. ¿Puede ser esto posible?

Juan E. Ortega
R. Estimado Juan

Si bien es cierto que el cuerpo de Jesús quedó sin vida después de su muerte en la cruz, también es cierto que su espíritu no murió jamás, ya que como Dios, Jesús es eterno.

En esos tres días en que su cuerpo se encontraba en la tumba, San Pablo nos dice que los justos que murieron antes de su venida vieron su gloria después de su crucifixión, y a través de El sus almas fueron elevadas al cielo. San Pablo nos dice "Subió. ¿Qué quiere decir, sino que antes había bajado a las regiones inferiores.? El mismo que bajó, subió después (40 dias después de su resurrección) por encima de los cielos, para llenarlo todo" (Efesios 4/9-10).

Jesús, que siendo Dios es más poderoso que la misma muerte, dejó que la muerte se acercara a su cuerpo para probar de una vez y para siempre que El es Señor de la vida y aun a lo que está muerto. El es capaz de dar vida en abundancia. Por eso Jesús le dice a los jefes judíos "Destruyan este templo, (su cuerpo) y en tres dias lo reedificaré" (Juan 2/199).

Para que no haya confusión alguna de que Jesús al ser Dios resucita Su propio cuerpo, San Juan nos dice "En realidad, Jesús hablaba (no del templo de Jerusalén, sino) de este otro Templo que es Su cuerpo." Solamente cuando resucitó de entre los muertos, sus discípulos recordaron lo que El había dicho y creyeron tanto en la Escritura como en estas palabras de Jesús.

Así es, Juan. Jesús como Dios no murió nunca, pues aun después de su crucifixión, su espíritu vivió, vive y vivirá para siempre, ya que Jesús es Dios, fuente de toda vida, quien no muere jamás.

¿NACIÓ EL 25 DE DICIEMBRE?

P. Estimado Padre Pedro
Sé que mi pregunta no concuerda con la época ya que es sobre Navidad, no obstante, necesito respuestas ¿Es cierto que Jesús no nació el 25 de diciembre?

Gabriel Velázquez

R. Estimado Gabriel

Los cristianos comienzan a celebrar la fiesta de Navidad en el año 330 en Roma, es decir, tres siglos después de la muerte de Jesús.

Anteriormente, la Iglesia no conocía más que una fiesta-la Resurrección del Señor- que regeneraba la vida cristiana cada semana, el día domingo, y cada año, el dia de Pascua.

Durante más de tres siglos, después del nacimiento de Jesús, no hubo pues fiesta de Navidad. La primera mención de esta celebración se encontró en un calendario del año 354.

Especialistas en la historia de la Iglesia nos dicen que fue el Emperador Constantino quien no sólo dio derecho de ciudadanía a los cristianos, sino que veía con agrado cómo las fiestas cristianas comenzaban a imponerse a las paganas.

En el año 321 el mismo emperador decreta que, para gloria de Cristo, el primer dia de la semana sería festivo, ese dia, dedicado al sol, se convertiría en el dia del Señor o domingo.

También decretó que la fiesta del "sol invencible" que se celebraba en su imperio el 25 de diciembre, cuando la noche comienza a acostarse, se convertiría en el día en que se celebraría la venida de la Luz del Mundo que es Jesús.

¿Acaso no era Jesús el verdadero Sol que se levantaba en Oriente?

Fue así, pues, como poco a poco, se llegó a pensar que Jesús había nacido el 25 de diciembre, aunque los evangelios no dan ninguna indicación sobre esa fecha.

Navidad se impuso así a una fecha ya existente dándole un sentido nuevo. El día en que muchos seres humanos festejaban el fin de las largas noches (invierno), los cristianos comenzaban a festejar la Luz del Mundo, Jesús, quien ha venido a disipar las tinieblas de la humanidad.

P. Estimado Padre
Quisiera saber con claridad si Jesús realmente nació el 24 de Diciembre, o si es cierto lo que sostienen algunas personas de mi

comunidad, que dicen que fue más bien hacia Julio. Siendo lo fundamental que Jesucristo nació y es mi Salvador, yo sí quisiera alimentar mi cultura con ese dato.

Herminia Farfán

R. Estimada Herminia

Aún en los primeros tiempos de la era cristiana, no se sabía con exactitud la fecha del nacimiento de Jesús. Fue por eso que la fecha del 25 de Diciembre -que era anteriormente la fiesta del "Natalis (solis) invicti" o fiesta del sol- se cambia poco a poco por el día en que los cristianos escogieron para celebrar el nacimiento de Jesucristo-La luz del mundo. Al ser Jesús verdadera luz para la humanidad, se promueve esta fecha como parte del misterio de la encarnación. De esta manera, hacia el año 336 se pueden encontrar elementos históricos que testimonian la aprobación de la fiesta como parte de la liturgia cristiana.

¿NOS TIENTA DIOS?

P. Querido Padre Pedro
Cuando en el Padre Nuestro decimos "no nos dejes caer en tentación" ¿quiere decir que Dios también nos pone la tentación?

Elga García

R. Estimada Elga
¡No! Dios no nos tienta. El apóstol Santiago, al responder a esta misma interrogante dice "que ninguno diga cuando es tentado, 'De Dios me viene esta tentación'. Porque a Dios no le vienen tentaciones ni tampoco tienta a nadie" (Santiago 1/13).

Otra cosa es que El permita una prueba para nuestro propio bien y salud espiritual. Ejemplo de ellos es un amigo que vino a mí hace varios años buscando consuelo y orientación ante un diagnóstico de cáncer que le acababan de dar. Entonces oré por él, pero lo importante es que desde ese día, él también comenzó a orar.

El Señor no nos va a presentar un mal para tentarnos, pero a veces permite la tentación cuando descuidamos o abandonamos nuestra relación y comunicación con El, para que nos acerquemos a El.

Por ejemplo, mi amigo del cáncer hoy se encuentra muy bien, especialmente lleno de salud espiritual, creciendo cada día más en su comunicación con Dios, desde que regresó a la oración.

La Palabra de Dios continúa diciéndonos, "para cada uno la tentación proviene de sus malos deseos que lo arrastran y seducen." Y esto viene a ser como el niño gordito a quien la mamá pregunta "Juanito, ¿dónde estás?", y Juanito contesta, "aquí en la cocina, mamá. Estoy luchando contra una tentación." Lógicamente, si ese es el único lugar donde Juanito podía ser tentado, habría que evitar estarse en ese lugar.

Conozco a alguien que por muchos años ha estado sirviendo maravillosamente a Dios y a su familia, después de haber sido rescatado del alcoholismo. Este amigo conoce todo rincón de la ciudad donde se consume licor, pero me dice que siempre se mantiene alejado de ellos, porque sabe que allí está su tentación.

¿POR QUÉ JESÚS NO SANA A TODOS LOS ENFERMOS?

P. Padre Pedro
Si Jesús sanaba a todo el que se lo pedía, ¿por qué no había más personas que se lo pidieran?

Actualmente, al paso de un famoso "sanador" de Nueva York se congregan miles de personas. ¿Por qué quedarían enfermos en Israel en el tiempo de Jesús?

Pablo Medina

R. Estimado Pablo

A través de los siglos los cristianos se han preguntado, al igual que usted, por qué si Jesús curaba a una persona, no devolvía la salud a todos los enfermos.

Todavía más, si sus poderes para sanar no estaban limitados al tiempo y al espacio, teóricamente, El pudo haber curado a todas las personas a lo largo de la historia y así teminar de una vez por todas con el sufrimiento humano.

El hecho que Jesús no eliminara todo mal y dolor de nuestra condición humana no puede atribuirse a su falta de poder, o a su falta de amor y compasión, pues El demostró inmensamente Su amor misericordioso, hasta el sufrimiento, muerte en la cruz y resurrección.

Queda claro, entonces, que los milagros sanadores de Jesús tenían un propósito mayor que aliviar el dolor. Por un lado, Jesús contemplaba sus curaciones (y otros milagros físicos tales como devolver la vida a quienes habían muerto) como señales de Su poder supremo sobre todo mal.

Las curaciones presentaban vivo testimonio de que ni el sufrimiento físico ni el peor pecado humano podía ser mayor que el poder del bien, el poder que en El se hacía cuerpo como Dios, y explícitamente Jesús aclara esto en sanaciones como la del paralítico, que nos presenta San Lucas en el capítulo 6.

Un elemento importantísimo es que las curaciones de Jesús estaban íntimamente ligadas con la conversión interior de la gente. Curarse significaba haber creído en el poder sanador de Jesús y aceptarlo como salvador, como aquel que da la vida, la cura y la conserva. Y, tristemente, no todas las personas que rodearon al Señor creyeron profundamente en El, ni pidieron de corazón el ser sanados.

Otro aspecto importante es que los Evangelios no nos narran absolutamente todo lo que Jesús hizo, sino lo más representativo y recordado en las primeras comunidades cristianas.

Además, y quizá lo más importante, es que Jesús respeta profundamente la libertad y decisiones personales. Y muchas veces el sufrimiento y el dolor de todo tipo son producto del desorden, de decisiones mal tomadas y del pecado que por siglos ha reinado en el mundo y es eso exactamente lo que Jesús vino a curar, pero requiere de la colaboración seria, responsable y a fondo de cada uno de nosotros para arrancar de raíz todo el mal que hay en el mundo. Esa es nuestra labor, la de todos los hombres y mujeres del mundo y de todos los tiempos, hacer de la vida, del tiempo, del universo y de la humanidad un verdadero Reino de Dios.

¿POR QUÉ PERMITE DIOS EL SUFRIMIENTO?

P. Apreciado Padre
Si Dios nos ama tanto, ¿por qué permite que suframos tanto? ¿Por qué permite que haya tanta gente enferma y que haya tanto dolor en el mundo?

Ernesto

R. Estimado Ernesto

El dolor y el sufrimiento no vienen de Dios, pues todo lo que brota de Sus manos es bueno. De una manera misteriosa, el mal brota de nuestro ser interior, de nuestra desobediencia y falta de conocimiento de la razón por la que fuimos creados.

Dios permite el dolor pero no lo manda. Lo permite, digo, porque si Dios lo impidiera, nos quitaría nuestra libertad, nuestra oportunidad de escoger y decidir por nosotros mismos, que vendría a ser como quitarnos nuestra capacidad de amar.

Creo que ya va siendo tiempo, Ernesto, que dejemos de echarle la culpa a Dios por todas las cosas malas que nos pasan y que comencemos a tomar responsabilidad por los resultados de nuestras decisiones.

¿POR QUÉ SE DEJÓ MATAR JESÚS?

P. Estimado Padre
¿Si Jesús era Dios por qué dejó que lo mataran cuando El tenía el poder de desaparecer o de aniquilar al que tratara de hacerle daño?

Jorge Hernández

R. Estimado Jorge

¡Qué bonita su pregunta! Efectivamente, porque Jesús es Dios tenía el poder de hacer a los que lo crucificamos todo lo que usted dice...Pero, ¿haría usted eso a alguien a quien usted ama? ¿a su hermano?

Porque Jesús nos ama - ¡se hizo nuestro hermano! - no sólo da la vida por nosotros sino que pide a su Padre que es también Padre nuestro que nos perdone porque no sabemos lo que hacemos...Cristo padece y muere porque así lo ha querido su Padre y El vino a hacer la voluntad de su Padre.

No sólo nos redime Cristo con su muerte, Jorge, sino que con ella nos da el ejemplo de lo que El quiere que nosotros estemos dispuestos a hacer por TODOS nuestros hermanos, aún aquellos que tratan de hacernos daño.. ¿Estaríamos usted y yo dispuestos a hacer lo que hizo el Señor? ¿No es eso el sentido profundo de lo que es ser cristiano, seguidor de Cristo?

¿PUDO PECAR JESÚS?

P. Padre Pedro
Escuché a un predicador decir por radio que existe la posibilidad de que Jesús haya pecado cuando estuvo aquí en la tierra. ¿Qué explicación me podría usted dar a lo que dijo?

Sorprendida

R. Estimada Sorprendida

Jesús no pecó. Quien diga lo contrario está incurriendo en una herejía.

Lo que le anuncia el ángel a María es "tu hijo será Santo, y con razón lo llamarán Hijo de Dios" (Lucas 1/35). El era "santo, sin ningún defecto ni pecado" y "apartado de la maldad universal" (Hebreos 7/26). Era como nosotros en todo, menos en el pecado. No era pecador. Jamás se contaminó con el pecado.

Si Jesús hubiera pecado, hubiera al mismo tiempo rechazado la voluntad del Padre que lo envió. Sin embargo, tanto los Evangelios como las cartas de los Apóstoles claramente indican que la vida de Jesús no fue otra cosa sino el hacer la voluntad de Su Padre Dios.

¿QUÉ HIZO JESÚS EN SU VIDA OCULTA?

P. Apreciado Padre
Si Jesús vivió 33 años, ¿por qué tan sólo se revela una tercera parte de su vida terrenal? ¿Acaso no existieron pasajes de importancia dignos de mencionar durante ese tiempo?

Ernesto González

R. Estimado Ernesto

Ninguno de los hombres que escribieron los Evangelios conoció a Jesús cuando Él era pequeño, por lo tanto, no podemos esperar que hayan escrito sobre lo que sabían muy poco.

Para los cuatro evangelistas, Mateo, Marcos, Lucas y Juan, las cosas más importantes en la vida de Jesús comienzan a suceder cuando el Señor es bautizado y comienza su vida pública. Es desde ese momento en adelante en que Él empieza, ungido por el Espíritu, a dar a conocer al Padre que lo envió.

Recuerde, Jesús es la Palabra del Padre hecha carne y lo que más le interesa a sus seguidores es el mensaje que Él nos trae de Dios.

No obstante, para que podamos hacer una idea del nacimiento del Señor Jesús y de su crecimiento, San Lucas, especialmente, nos da detalles de la manera en que todo sucedió, comenzando con el anuncio que el ángel Gabriel le hizo a María (Lu. 1/26...) Más tarde, para que todos conociéramos que a medida que el Señor Jesús iba creciendo físicamente, también se iba creciendo en las cosas de Dios, San Lucas nos narra el pasaje en que María y José encuentran al niño en el Templo. Termina este incidente con las siguientes palabras "Jesús volvió con sus padres a Nazaret, donde vivió obedeciéndoles" (Lu. 2/51), nos da a entender que el Niño Dios creció como todos los demás niños, obedeciendo y amando a sus padres dentro del seno familiar.
comulgar en ambas liturgias.

CAPÍTULO III

La Salvación

CIELO

P. Querido Padre Pedro
Cuando una persona está en el cielo, ¿puede reconocer a sus familiares?

Diácono Rodríguez

R. Estimado Diácono

Cuando hablamos del cielo, nos referimos a ese estado de ser, "no es un lugar", donde vamos a estar en íntima comunión con Dios gozando de Su presencia, de Su paz y Su amor para toda la eternidad.

En el Capítulo 19 del Evangelio de San Mateo, Jesús habla del cielo y de nuestra relación entre nosotros como un estado en que seremos como ángeles, contemplando la Gloria de Dios. Ya no habrá casados ni solteros, ni madre ni padre, ni primos ni hermanos, sino que todos seremos un solo cuerpo, unidos a nuestro Padre Dios en Jesucristo. Entonces estaremos los unos en los otros como Jesús está en el Padre y el Padre está en Jesús, íntimamente unidos y ligados por el Espíritu de Dios que es Amor.

CONVERSIÓN

P. Apreciado Padre
Yo he sido católico toda mi vida y he tratado de cumplir lo mejor que he podido con las leyes de Dios y de la Iglesia. Sin embargo, hoy día se habla mucho que tenemos que "tener una conversión" para ser cristianos de verdad. Padre, ¿cómo puedo yo saber si estoy convertido?

Roberto Menéndez

R. Estimado Roberto

De acuerdo al sentido cristiano, la conversión se realiza cuando la persona deja de vivir como ella quiere para vivir como Jesús quiere.

La palabra conversión significa cambio. Cuando San Pablo, por ejemplo, habla de lo que significa la conversión dice que es el dejar de vivir según la corriente del mundo para vivir de acuerdo a las normas de Dios. Cuando San Juan Bautista habla de conversión exige que las personas se arrepientan y enderezcan sus vidas. Cuando Jesús habla de conversión dice que nuestra meta es llegar a ser perfectos como nuestro Padre Dios es perfecto.

La palabra conversión significa cambio. No cambio a medias, sino completo, rotundo. Como dicen, 180 grados en dirección opuesta.

Como todos sabemos, existen muchas personas que se llaman cristianas, pero que en realidad no lo son. Usualmente, la diferencia entre estas personas y los que no profesan religión es nula.

Son personas que, aunque hayan sido bautizadas, no han permitido que Dios cambie sus vidas y, por lo tanto, viven como si Dios no existiera. Fabrican sus planes de acuerdo a sus conveniencias, organizan sus vidas y ni siquiera se les ocurre preguntarle a Dios si El está de acuerdo, si ésa es Su Voluntad.

Son personas que, aunque hacen el bien no lo hacen necesariamente para mayor gloria de Dios, sino para satisfacción propia. Personas que, si creen, creen a su manera, como ellos quieren y lo que ellos quieren. Como consecuencia, lo que tienen es una enorme ignorancia religiosa que los lleva a creer en todo y a no creer en nada.

Conversión significa vivir a la inversa de como estas personas viven. Conversión significa ceder el control de nuestra persona a Dios para que sea El quien mande, quien ordene, quien dirija. El cristiano que se ha convertido sabe que él es el siervo de Jesús y que Jesús es su Señor.

El hombre o la mujer que está en ese proceso de conversión vive más y más como Jesús nos pide y cada vez se preocupa menos de hacer las cosas sólo por obligación. Entonces, el ir a misa, el tratar de ser bueno, el no cometer pecados se comienza a hacer, no porque así lo ordena la ley, sino porque nuestro deseo es agradar y complacer a Jesús en todo.

Fíjese en una cosa interesante. La actitud del que se llama cristiano, pero no lo es, es el hacer su propia voluntad. La actitud del cristiano que se ha convertido a Cristo es la de hacer la voluntad de su Señor Jesús.

Dada esta realidad, cada uno puede mirar hacia dentro y evaluar si vivimos como Jesús nos pide. Si así lo hacemos, al menos podemos decir que, con la gracia de Dios, hemos comenzado el proceso de conversión en nuestra vida.

¿CUANDO SERÁ EL FIN DEL MUNDO?

P. Querido Padre Pedro
¿Cuándo será el fin del mundo? ¿Qué es lo que la Iglesia enseña acerca del Mismo?

Un amigo

R. Estimado amigo

Son miles las falsas predicciones que han asustado al mundo en diferentes épocas de la historia, dejándonos siempre convencidos que en el plan de Dios no está el que nosotros sepamos el día y fecha del fin del mundo.

Sea que falten 100 ó 100,000 años, no lo sabemos. La Biblia solamente nos habla de situaciones que se harán presentes antes de que venga el fin, y aún así, es difícil descubrir lo que quieren decir los que escribieron las Sagradas Escrituras.

Sin embargo, esos que con signos y señales proclaman que "el fin está cerca" tienen su razón y argumento que hemos de entender, ni a la Iglesia ni a las Sagradas Escrituras les interesa satisfacer nuestra mera curiosidad, pero sí les interesa recordarnos que el día que dejemos esta tierra -y no el día que se esté quemando esta tierra- será el fin del mundo para ti y para mí.

¿DÓNDE VAN LOS QUE MUEREN Y NO SON CATÓLICOS?

P. Estimado Padre
¿Para dónde van las personas que mueren y no son católicas?

David Barboza, Costa Rica

R. Estimado Davi

Primeramente quiero decirle que me siento sumamente contento porque Mensaje se comienza a leer en su hermosísima Costa Rica. Ojalá, muy pronto, podamos llegar a todos nuestros hermanos de América Latina.

Segundo, quiero ratificarle que de acuerdo con las enseñanzas de la Iglesia, las personas se salvarán de acuerdo a la manera en que hayan respondido al Señor, basado en los conocimientos que hayan tenido de El, de Su Palabra y de Su Voluntad.

Como hemos explicado anteriormente en otras publicaciones, estamos convencidos de que Dios no va a esperar a que los miembros de una tribu en las selvas del Africa actúen y vivan como debe actuar y vivir una persona, que desde pequeña se le ha enseñado quién es Jesucristo y lo que El quiere y espera de cada uno de nosotros.

Finalmente, la Iglesia afirma que, aunque en ella, es decir en la Iglesia Católica, se encuentra la plenitud de la verdad, las otras iglesias comparten en un grado mayor o menor, esa verdad. Creemos, por lo tanto, que de acuerdo a la oportunidad que esas personas no católicas hayan tenido de conocer la Palabra y la Voluntad de Dios, El esperará que le correspondan.

EL CIELO ES ABURRIDO

P. Querido Padre
Hace tiempo que he estado por hacerle esta pregunta pero siempre me ha dado pena hacérsela. ¿Es cierto que cuando uno va al Cielo todo lo que va a hacer es sentarse a mirar a Dios por toda la eternidad? Si eso es así, me parece que sería un poco aburrido. ¿No cree usted?

Luis G. Pérez

R. Estimado Luis

Antes de escribirte esta carta tuve tiempo de conversar contigo sobre esta inquietud que has tenido en estos últimos tiempos. Como te dije en nuestra conversación, estoy de acuerdo contigo que si el Cielo fuera solamente el sentarnos en una silla por toda una eternidad, eso sería, seguramente, bastante aburrido.

Sabemos, sin embargo, que el Cielo es mucho más que eso, Todo ser humano anda por este mundo en busca de algo que es muy difícil de alcanzar que es la felicidad. Nos esforzamos, luchamos, trabajamos, nos superamos...Hacemos lo indecible por alcanzar la felicidad, pero resulta que, por mucho que nos esforcemos para lograrla, nunca la podemos alcanzar completamente. A veces nos parece que la hemos alcanzado pero, de pronto, se nos va de entre los dedos.

Dios es como el polo de un imán que continuamente nos llama hacia El. Y si bien es cierto que en el corazón de cada ser humano existe una insaciable ansia de felicidad es porque dentro de cada uno de nosotros hay un ansia de Dios, fuente de infinita felicidad, que sólo El puede satisfacer.

El Cielo, pues, es el descubrir infinitamente la inmensidad y las fibras más íntimas de ese

Dios que es nuestro Padre y nuestro Creador. Es el momento eterno en que todos nuestros vacíos se llenen, en que nuestro ser se sienta repleto y rebosado del amor más puro y sincero. El momento eterno en que, como dice la Biblia, las lágrimas y la soledad desaparecerán para siempre y finalmente nos podremos realizar como seres humanos al darnos cuenta que nuestra dignidad, que antes en este mundo considerábamos miserable, se ha elevado en ese instante y para siempre, a la dignidad de nuestro Dios.

EL PECADO QUE NO TIENE PERDÓN

P. Apreciado Padre
¿Cuál es el pecado que no tiene perdón?

Un interesado

R. Estimado Interesado

Jesús dijo "Se perdonará a los hombres todos sus pecados y todas las palabras con las que han ofendido a Dios. Pero el que calumnia al Espíritu Santo no tendrá jamás perdón, sino que arrastrará siempre su pecado". (Marcos 3, 28-29).

El pecado contra el Espíritu Santo es el atribuir voluntaria y deliberadamente las obras patentes de Dios al poder del demonio. Esto sucedió particularmente cuando algunos, viendo los milagros que Jesús hacía en nombre de Dios, decían que obraba con el poder de Satanás.

Esta calumnia no puede tener perdón ya que la persona decide rechazar concientemente a Dios y aceptar su poder como supremacía del demonio.

Al rechazar a Dios peca y al no reconocer su error Dios no le puede perdonar, ya que el perdón sólo Dios lo concede al que está arrepentido de corazón y resuelto a enmendarse.

¿ESTÁ EL CIELO ARRIBA?

P. Apreciado Padre
La Biblia nos dice que Jesús subió a los cielos. Comprendo que el

subir es una cosa relativa, ya que para los que nos encontremos en el norte del globo los que creen estar subiendo en el sur, están realmente bajando para nosotrcs. ¿Subió realmente Jesús a los cielos? Atentamente.

José

R. Estimado José

Si el Verbo de Dios que es Jesús se hizo carne fue para que pudiéramos entenderle de acuerdo a nuestros conocimientos y limitaciones.

En los tiempos de Jesús las personas creían que la tierra era plana. Para ellos no existía ni el norte ni el sur. Por lo tanto, cuando un objeto se elevaba del suelo, ellos estaban seguros de que estaba subiendo.

Después de su resurrección, Jesús se dejó ver por sus discípulos y permaneció con ellos por cuarenta días antes de regresar al Padre. En su momento de partida la Biblia nos dice que "Levantando las manos los bendijo. Y mientras los bendecía se alejó de ellos y fue elevado al cielo" (Lucas 24, 51).

Jesús se eleva primero, para demostrar que El tiene poder, aún sobre las leyes más fundamentales de la naturaleza como es la de la gravedad. Jesús tiene poder porque Jesús es Dios. Segundo, Jesús se eleva para indicar que Su Reino no es de este mundo, pero que está por encima de todas las pasiones y de los egoísmos terrenos. Al elevarse, Jesús reafirma la promesa que anteriormente le había hecho a sus discípulos de que El iba a ir por delante de ellos para prepararles un lugar en el Cielo "No se turben. Ustedes confían en Dios. Confíen también en Mí. En la Casa de mi Padre hay muchas mansiones." Si no fuera así, ¿les habría dicho que voy allá a prepararles un lugar? Después que Yo haya ido a prepararles un lugar, volveré a buscarlos para que, donde Yo esté, estén también ustedes."

P. Querido Padre Pedro
Los Hechos de los Apóstoles nos dicen que Jesús se elevó al Cielo en presencia de los Apóstoles. Mi pregunta es, ¿dónde, en realidad, se encuentra el Cielo?

Petra Fontánez

R. Estimada Petra

Recuerde que, cuando pensamos en una persona que creemos es más importante que nosotros, siempre la consideramos estar por encima o por arriba de nosotros.

Entre todos los seres que existen en el universo, el más importante es Dios. Por lo tanto siempre se considera que Dios está arriba, por encima de todo lo demás. Para el ser humano, lo que siempre ha estado por encima de nosotros ha sido ese espacio azul al que llamamos Cielo. Por tanto, si Jesús se elevó ante sus discípulos el día de su Ascensión, fue precisamente para confirmarles una vez más que El, como Dios, está por arriba... por encima de toda la creación.

Sin embargo, sabemos que donde está Dios, ahí está el Cielo, ya que cuando hablamos de "estar en el Cielo" estamos hablando de estar en Dios y... ¿Dónde está Dios? La Biblia nos lo dice y el catecismo nos lo recuerda ¡Dios está en todas partes !

LIMBO - NIÑOS QUE MUEREN SIN BAUTISMO

P. Recordado Padre Pedro
¿Qué pasa con los niños que mueren sin haber sido bautizados?

José Barrios

R. Estimado José

Con frecuencia personas que han pasado por esa experiencia preguntan lo mismo. Pregunta sin una respuesta que se base en la revelación de Dios, sin embargo una sobre la que muchos peritos intelectuales han especulado.

Por largo tiempo los teólogos han pensado que los niños que morían sin el bautismo iban a un lugar de felicidad natural. Dado que estas criaturas no habían escogido dar la espalda a Dios por el pecado, no podían ir al infierno.

Sin embargo, como no habían experimentado el don de la salvación a través del bautismo, no podían compartir la gloria de Dios en el Cielo.

Este sitio de felicidad natural era llamado "LIMBO" que en latín significa "sitio en el borde."

Hasta hace un corto tiempo era ésta la respuesta dada a la pregunta. Pero según reflexionamos con mayor profundidad en la Biblia y abriéndonos a las enseñanzas del Espíritu Santo sobre lo que Dios quiere revelarnos, somos capaces de dar una respuesta distinta del limbo.

Hay tres verdades fundamentales que debemos tener en cuenta al responder esta pregunta.

La primera es que Dios quiere que todos nos salvemos. El texto bíblico aparece en la primera carta de San Pablo a Timoteo, capítulo 2, versículo 4 "Porque Dios quiere que todos los hombres se salven y conozcan la verdad." Esto tiene que incluir a los niños que aparecen en el Evangelio como objetos especiales del amor de Dios. Es así como recordamos las palabras del Señor quien dijo "Dejen que los niños se acerquen a mí. No lo impidan. El Reino de Dios pertenece a los que son como ellos" (Lucas 18, 16).

La segunda verdad es que Jesús murió por todos. Por su muerte y resurrección todos han sido salvados. Leemos en Romanos 3, 23 "Todos los hombres, sin merecerlo, han sido justificados por el don de Dios a través de la redención realizada en Cristo Jesús." ¿Podemos excluir a los niños que mueren sin el don del agua del bautismo? ¡Seguramente que no!

Finalmente, creemos que una persona que escoge personalmente el apartarse de Dios a través del pecado mortal y morir en esa disposición mental y de corazón, antes de experimentar la pérdida de la vida eterna.

Dios no condena a nadie al infierno. El sólo confirma nuestra decisión de apartarnos por siempre de El.

Dadas estas verdades, creemos que Dios le da al infante que muere, sin el beneficio del agua bautismal, una oportunidad para recibir Su gracia.

En su misterioso y admirable amor, Dios da al infante antes de su muerte la habilidad de conocerlo como Dios y la gracia de la salvación. Se teoriza que el niño, en ese momento, escoge a Dios y queda con Dios por siempre cuando muere. Esto está de acuerdo con la doctrina de la Iglesia respecto al bautismo de deseo.

Como la doctrina del Limbo fue un esfuerzo humano de responder una pregunta difícil, así lo es la presente respuesta. Es la respuesta de la comunidad de fe, con la guía del Espíritu Santo que nos conduce hacia la Verdad.

NO SE REUNIÓ CON SU FAMILIA EN EL CIELO

P. Estimado Padre
¿Podría alguien que está en el cielo deducir que algún familiar o amigo se encuentra en el infierno o purgatorio por el hecho de que no están juntos en el cielo?

Juan José Rodríguez

R. Estimado Juan José

Sobre esta pregunta no encontramos ninguna enseñanza en particular, ni en la Biblia ni en la doctrina de la Iglesia.

San Pablo nos habla de que los bautizados somos parte del cuerpo de Cristo. A ese cuerpo pertenecen nuestros padres, hermanos, parientes, conocidos y aún las personas que nunca llegaremos a conocer en este mundo.

En el cielo, todos esos miembros que forman parte de este Cuerpo de Cristo o la Iglesia, gozarán en unidad de la presencia y amor pleno de Dios para toda la eternidad. Esto quiere decir que, estaremos rodeados de nuestros padres, parientes y amigos, sí, pero el centro de nuestra atención va a ser Dios. Por lo tanto, todos nuestros sentidos estarán centrados en El - sentirnos plenamente amados por Dios, poseídos por Dios, penetrados por Dios y poder corresponder a Dios de la misma manera, con la misma intensidad con que El nos ama a cada uno de nosotros.

ORAR POR LOS MUERTOS

P. Querido Padre Pedro
Quisiera que me explicara por qué nosotros los Católicos rezamos por los muertos. Gracias.

Leopoldo Martínez

R. Estimado Leopoldo

Creemos que usualmente los que mueren a esta vida no entran en el Cielo de inmediato. El Cielo es unidad perfecta con Dios y sólo los que están perfectamente limpios pueden unirse a Ese que es perfectamente puro...

Todo ser humano, cuando muere, muere pecador. Todos morimos sucios, imperfectos y débiles, por muy santos que hayamos sido en esta vida.

Cuando oramos, especialmente en comunidad, por la purificación completa de un hermano muerto, es el mismo Cristo el que hace suya nuestra oración y la eleva al Padre. Creemos esto porque, bien dijo el Señor que, cuando dos o más se reúnen en su nombre, ahí estará El (orando) entre ellos.

Orar por las personas que han muerto a esta vida ha sido parte de la fe del Pueblo de Dios desde antes de la llegada de Jesús. El libro segundo de Macabeos 12, 38-45, nos explica claramente que los creyentes oraron a Dios por el alma de sus compañeros muertos y reafirma que "si no hubieran creído que los compañeros caídos iban a resucitar, habría sido cosa inútil y estúpida orar por ellos."

Oremos, pues, por los que han muerto a este mundo, para que pasando por ese proceso de purificación, puedan alcanzar perfecta unidad con el Padre, llevados hasta El en los hombros de Jesús, el Buen Pastor.

¿POR QUÉ NOS CONDENA DIOS, SI ÉL NOS AMA?

P. Querido Padre Pedro
¿Por qué nos condena Dios si El nos ama?

Aricia Medina

R. Estimada Aricia

Muchas expresiones de la Biblia nos asustan, ya que hablan del "juicio de ira" de Dios, de "el llanto y el rechinar de dientes", de "el gusano que no muere" y de "el fuego que no se extingue". Leemos también que Dios "segará", "aplastará", "aniquilará" a sus enemigos... y con esto nos desanimamos y no podemos creer más que Dios nos ama, que Dios ame verdaderamente a los pecadores, a sus "enemigos".

Dios es El Amor, dice la Biblia. Su esencia es amor absoluto, y El no puede hacer otra cosa más que amar.

Dios no "castiga" ni empuja al pecador al sufrimiento, sino que es más bien el pecador quien huye de Dios. Expresado de otra manera, Dios no condena al pecador, sino que es éste quien no quiere tener nada que ver con Dios. El Todopoderoso respeta de un modo sorprendente esa libre decisión del ser humano. En la eternidad, el pecador estará separado de Dios tan sólo porque ese ser humano tampoco quiso en vida estar unido a Dios. El "juicio" de Dios, por tanto, no es otra cosa que un hacer visible la autodeterminación del pecador.

Las "penas" del infierno consisten precisamente en que el pecador ha rechazado todo aquello que lleva el sello del Señor, lo que huele al "perfume" de Dios. Cuando se abran los ojos después de la muerte, el pecador se dará cuenta de que no sólo ha rechazado a Dios, sino al mismo tiempo también todas las cosas creadas-el calor, la luz y la libertad, la vida y la fuerza, la paz y la alegría, la seguridad, la comunidad, etc. Y por esa razón, el pecador ha perdido a la vez esas cosas que son imágenes de Dios.

La presentación del Señor como Juez en el Nuevo Testamento, es para facilitarnos el entendimiento de lo divino por medio de imágenes humanas, para que podamos entender los efectos a que nuestras irreflexivas actitudes pueden llevarnos.

Dios es El Amor, pero el amor no se obtiene por la fuerza, sino que se ofrece libre y gratuitamente.

¿Por qué nos condena Dios si El nos ama? Dios no condena a nadie. Somos los seres humanos quienes decidimos a favor o en contra de la comunión con Dios.

¿POR QUÉ UNA VIDA TERRENAL?

P. Querido Padre Pedro
¿Para qué tenemos una vida terrenal, si tan sólo lo eterno es nuestra verdadera vida?

Inés Urías
R. Estimada Inés

Hagamos unas cuantas reflexiones de la realidad que usted señala.

Ciertamente nos desengañamos de los placeres de este mundo. La bebida, la risa y las sensaciones son bonitas y nobles, pero todo ellos es demasiado poco como meta de nuestra existencia. No puede saciar nuestro corazón, ya que nuestro interior queda vacío e insatisfecho.

Tampoco los seres humanos pueden representar para nosotros lo supremo, aun cuando querramos vivir y morir por ellos. Ninguno es capaz de llenar nuestro corazón.

Las personas que sufren mucho en esta vida, con frecuencia se preguntan ¿Para qué estamos en este mundo? Nacemos, amamos y sufrimos durante setenta años más o menos... y morimos. ¿Para qué todo ello? ¿No sería preferible que pusiésemos fin voluntariamente?

Al hacer reflexiones similares tal vez y por vez primera en nuestra vida hayamos notado con plena conciencia el hambre de lo eterno, de lo imperecedero y de lo indestructible. Luego, sabemos que sólo lo infinito y lo eterno pueden llenar lo más hondo de nuestro ser y saciar el hambre de nuestro corazón. El corazón humano es demasiado grande para que pueda saciarse con el polvo de la tierra. Los objetivos e ideales puramente terrenales no pueden llenarse a largo plazo. Unicamente cuando estemos convencidos de lo eterno e indestructible tendremos la disposición y poder para toda entrega, para todo cumplimiento del deber y paciencia en nuestra vida.

A menudo escuchamos a personas que dicen que "la vida eterna es sólo la importante, ya que comparada con ella, la vida terrenal es insignificante". Este parecer es erróneo y puede conducir a consecuencias catastróficas. Todos los que estamos en esta vida terrenal hemos de rechazar con razón ese modo de pensar, que es menosprecio injustificado a nuestras actividades y esfuerzos terrenales. De acuerdo con esa opinión, todos nuestros trabajos y preocupaciones carecerían de sentido y tendrían poco valor. Nuestra vida tendría una tarea única con sentido-amar a Dios sin amar al prójimo. Por ese motivo, muchos rechazan lo eterno porque según parece, impone exigencias tan injustas a nuestra vida.

Sin embargo, si lo no eterno ni lo terrenal son importantes, ¿qué significa realmente nuestra vida terrenal? La respuesta es que "Nuestra vida terrenal es una imagen fiel, un reflejo de lo eterno." Todo lo que apreciamos en este mundo es únicamente una luz refleja, una alegría y una imagen de aquella eternidad que hemos de contemplar una vez. Nuestra entrega al trabajo, nuestro interés por los problemas fundamentales de la vida, nuestro amor y sacrificios en el hogar y la familia, nuestra amistad, incluso nuestra técnica, nuestro progreso en todas las cosas, todo ello es un reflejo bueno y fiel de lo eterno y, por lo tanto, ha de concedérsele tanta importancia como a la eternidad misma. Cristo dice "En verdad les digo, lo que hicieron a uno solo, el más pequeño de estos mis hermanos, a mí me lo hicieron" (Mateo 25, 40).

Pero nuestros ojos de momento son todavía demasiado ciegos para que podamos ver con suficiente claridad lo infinito detrás de todas las cosas de la vida diaria. Y por lo mismo necesitamos la vida religiosa en el sentido estricto de la palabra, la oración, la Misa, las palabras de Cristo. De esa manera aprenderemos a entender que la vida terrenal tiene la misma importancia que la eterna. Los valores terrenales y eternos requieren el mismo esmero, esfuerzo y entrega, pues es en esta vida terrenal donde se decide nuestra vida eterna.

¿QUÉ DEBO HACER PARA GANAR EL CIELO?

P. Apreciado Padre Pedro
He escuchado muchas opiniones sobre la pregunta que le voy a hacer y quisiera que usted me guiara al respecto ¿Qué debo hacer para ganar el Cielo?. Con todo mi respeto.

Aníbal Rodriguez

R. Estimado Aníbal

Realmente nosotros no podemos hacer absolutamente nada para ganar el Cielo, ya que el Cielo o la Salvación llamada también Vida Eterna, es un don gratuito que Dios nos da a todos a través de Su único Hijo Jersucristo.

En la carta que San Pablo escribe a la Iglesia infante de Roma le dice que la Vida Eterna la recibimos por la fe en Jesucristo todos los que creemos, sin distinción de personas, pues todos hemos pecado y todos le hemos faltado a la gloria de Dios (Rom. 3, 21-31).

El que acepta en fe a Jesucristo ya está viviendo la Vida Eterna porque, aunque muera un día el cuerpo, nuestro espíritu continuará viviendo en la presencia de Dios por siempre.

El que acepta en fe a Jesucristo es el que le ha abierto su corazón al Señor y ha permitido que sea el Señor Jesús quien tome posesión de su vida. Al aceptar a Jesús como Señor de nuestra vida, El se convierte en nuestro mejor amigo, nuestro guía, nuestro más íntimo compañero que nos da el Cielo (Rev. 3, 20).

Por lo tanto, Aníbal, el Cielo no se gana, el Cielo se nos da a todos los que confesamos creer en Jesucristo. Pero, si bien es cierto que el Cielo no lo podemos ganar por nuestros propios méritos, también es cierto que si lo podemos perder cuando libremente lo rechazamos. Este rechazo lo llamamos pecado. El pecado, pues, es un no a Dios y un no al Cielo que nuestro Padre nos ofrece en la persona de Su Hijo Jesús.

La persona que ha aceptado a Cristo lucha con la fuerza del Señor para vencer la tentación y el pecado y vive una vida de entrega a Dios y a sus hermanos, como Jesús nos pide. Este estilo de vida no es un ideal, sino una realidad para el que cree, ya que para el cristiano no hay gozo mayor que agradar, amar y servir incondicionalmente a ese Padre que nos ha amado desde siempre y que nos ha escogido desde el principio para vivir con El por toda la eternidad.

¿QUÉ ES EL ALMA?

P. Padre Pedro
¿Podría usted explicarme lo que es el "alma"?

Lidia González

R. Estimada Lidia

Nuestra alma es la parte espiritual de nuestra naturaleza que nos identifica como humanos.

Mucho antes del Cristianismo, los filósofos griegos por ejemplo, se dieron cuenta de que hay realidades del ser humano que no pueden ser entendidas ni explicadas por célula cerebral alguna, ni por ningún otro medio "físico o material".

Desde siempre se ha investigado la manera de dar explicación a cosas como nuestra habillidad de conocer, de amar, de reír, de sentirnos felices, de perdonar y ser perdonados, de reflexionar y pensar y hacer planes. Para estas cosas ha de existir "algo" en nosotros que no son "miembros ni parte visible del cuerpo", algo que no podemos cortar por la mitad para examinarlo, en otras palabras, algo que los padres no saben ni pueden explicar a los hijos en esta generación física, porque necesitarían penetrar en el acto creativo y único de Dios.

En la tradición de los filósofos griegos (que los Cristianos usaron por varios siglos), la parte del cuerpo que no es materia era llamada alma. En tradiciones como la de los judíos, leemos en el Antiguo Testamento y en las cartas de San Pablo en el Nuevo Testamento, que cuerpo y alma son distintos, pero a la vez realidades que no se pueden separar.

Sin embargo, aun entonces, especialmente entre Cristianos, nadie negaba que había también un "espíritu" (parte nuestra que puede entrar en comunicación con el Espíritu de Dios), que constituye nuestra verdadera dignidad y que, junto a nuestros cuerpos, nos identifica como seres humanos.

¿QUÉ ES EL DESTINO?

P. Estimado Padre Pedro
Le agradecería ampliar con sus explicaciones sobre el destino. No he tenido una definición muy clara sobre lo que se llama destino.

Los criterios que he escuchado son, (a) El destino uno lo hace y (b) Uno ya lo trae al nacer.

¿Cuál es el verdedero?

Carmen Castillo

R. Estimada Carmen

De acuerdo con una de las definiciones del diccionario español

VOX, destino es el lugar donde va dirigido un envío.

Para nosotros los Católicos, el del ser humano es Dios, por eso San Agustín decía "Mi alma viene de Ti, Oh Dios, y mi alma no descansará hasta que descanse en Ti".

Nuestro destino, pues, está trazado, ya que nuestro propósito de existir es para que un día podamos llegar a vivir en completa unidad con nuestro Creador. Desde ese punto de vista, uno ya trae consigo el destino de su vida.

Sin embargo, de la misma forma que un auto que viaja por un camino trazado puede desviarse, asi puede y de hecho sucede con nosotros.

Pecamos y nos salimos del camino. Las consecuencias del pecado son siempre desastrosas ya que sus resultados son siempre el sufrimiento al igual que la destrucción de uno mismo y de los demás.

Podemos decir, pues, que tenemos libertad para forjar nuestro destino y Dios respeta esa libertad infinitamente.

Cada acción, cada decisión que tomemos en nuestra vida traerá consigo una consecuencia positiva o negativa, encaminada hacia Dios o hacia lo opuesto a El, que todos sabemos, es infierno.

¿QUÉ HAY QUE HACER PARA SALVARSE?

P. Querido Padre
Yo he tratado de ser una persona de fe toda mi vida. He tenido momentos en que he flaqueado y tal vez me he alejado un poco de Dios, mas, le he pedido fuerzas y nuevamente he sentido que me he acercado a El. Sin embargo, Padre, desde hace algún tiempo tengo una duda muy grande en mi corazón y necesito que me aclare ¿Qué hay que hacer para salvarse?

Teresa Betancourt

R. Estimada Teresa

Su pregunta me recuerda el famoso pasaje en el Evangelio de San Lucas en el que alguien le hace básicamente esa misma pregunta al Señor Jesús. Su respuesta fue "Esfuércense por entrar por la puerta angosta, porque yo les digo que muchos tratarán de entrar y no lo lograrán (Lucas 13, 24).

Lo que Jesús está diciendo es que si bien es cierto que El ha pagado el precio de nuestra salvación, nosotros, si queremos salvarnos, tenemos que esforzarnos, cooperando junto a El para que con Su fuerza podamos obtener la corona, como dice San Pablo.

El esforzarnos a obtener la salvación no es cosa fácil...cuesta mucho sacrificio, disciplina y sobre todo mucha fe. Como dice San Pablo: "Hay un solo Dios que nos salvará por medio de la fe" (Romanos 3, 30).

Será Dios el que nos salvará y lo hará por nuestra fe, pero tiene que ser una fe vivida, una fe que se traduce en acción. El Apóstol Santiago nos dice "¿Qué provecho saca uno cuando dice que tiene fe, pero no la demuestra con su manera de actuar? ¿Acaso lo puede salvar su fe?" (Stgo. 2, 14).

Por eso Jesús nos dice que, si queremos salvarnos, tenemos por necesidad que entrar por la puerta angosta...La puerta por la cual cuesta más trabajo entrar.

No podemos ser Católicos a medias ni "Católico a mi manera" si en realidad queremos salvarnos. No podemos, bajo ningún concepto estar a bien con Dios y con el demonio. O seguimos a uno y dejamos al otro o viceversa. Jesús lo dijo, "No se pueden tener dos señores. O están conmigo, o están en contra mía" (Mt. 6, 24).

Busque a Cristo, conozca a Cristo, ame a Cristo y siga a Cristo, ya que en El y sólo en El encontrará la salvación.

SALVACIÓN - CONDENACIÓN

¿Es necesario creer que ciertas personas se pueden condenar?

La amenaza del castigo es muy real en las Escrituras, y todo hombre debe tenerlo en cuenta en su propio caso, por más que crea que todos los demás hombres se salvarán, tiene que admitir la posibilidad auténtica de que podría ser El el único réprobo.

La Iglesia enseña que la condenación definitiva es la consecuencia de una actitud de rechazo constante a Dios en esta vida. Somos nosotros, cuando decidimos tener esta actitud, los que libremente escogemos el castigo que no es otra cosa sino el vivir por siempre en desgarradora soledad, apartados del único quien nos puede dar la felicidad que tanto buscamos y anhelamos - DIOS.

SALVACIÓN, FE Y OBRAS

P. Querido Padre Pedro
¿Cómo puedo hacer entender a mis queridos familiares que, como dice Romanos 6, 23 y Juan 6, 47, la vida eterna es un regalo para los que creen en Cristo Jesús? ¿Cómo puedo hacerles ver que no podemos salvarnos por las buenas obras? Me dicen que la Iglesia les ha enseñado a cumplir con sus obligaciones y que la Iglesia los salvará.

Allison de Pineda

R. Estimada Allison

Yo creo que lo más importante es, conocer a fondo lo que enseña la Palabra de Dios y la Iglesia sobre la fe y las obras.

En el tiempo de Jesús, entre las muchas castas judías, existía la de los fariseos quienes enseñaban y afirmaban que el cielo se ganaba con buenas obras. Ellos cumplían a cabalidad todas las leyes que hoy podemos conocer leyendo el Levítico, que es el tercer libro del Antiguo Testamento. Desafortunadamente, muchas de estas personas se preocupaban tanto de cumplir la ley para salvarse, que la religión para ellos se convertía en llenar una serie de obligaciones y preceptos.

Además de vivir una fe vacía, el mero hecho de preocuparse tanto de sí mismos, hacía que se convirtieran en personas egocentristas, sin amor por nada ni por nadie. A estas personas Jesús las llamó "Hipócritas, raza de víboras, sepulcros blanqueados" (Mt. 23, 13-36). Después de la Ascención de Jesús a los cielos, la Iglesia primitiva comienza a crecer y a desarrollarse bajo la actuación del Espíritu Santo. A ella se incorporan personas con diferentes conocimientos e influencias ambientales. Entre ellos, fariseos que, aunque ahora convertidos a Cristo, siguen influenciados por la creencia de que sólo haciendo buenas obras, la persona es capaz de salvarse.

A estas creencias, el apóstol Pablo responde como usted bien lo expresa, enseñando que la fe en Cristo es lo que nos salva. Sin embargo, debemos tener mucho cuidado en la forma en que entendemos a San Pablo.

Cuando San Pablo habla de fe, él no se refiere simplemente a una creencia superficial o desconectada de nuestra vida, como puede ser el que yo crea que en un lugar del Pacífico, aunque nunca la he visto, existe una isla que se llama Bora Bora.

La fe a la cual San Pablo se refiere es una fe que implica una entrega total y completa a la persona de Cristo, que, como consecuencia (y aquí es donde viene lo de las obras) nos impulsa a comprometernos con su misión de seguir luchando contra el mal y de seguir construyendo el Reino del Padre aquí en la tierra.

La fe y las obras tienen que ir, por lo tanto, mano a mano. Nadie puede decir que tiene fe si no obra de acuerdo con ella.

Por eso el Apóstol Santiago nos dice enfáticamente en su carta "Hermanos, ¿qué provecho saca uno cuando dice que tiene fe, pero no la demuestra con su manera de actuar? ¿Acaso lo puede salvar su fe? Si a un hermano o a una hermana les falta la ropa y el pan de cada día, y uno de ustedes les dice "Que les vaya bien, que no sientan frío ni hambre," sin darles lo que necesitan, ¿de qué les sirve? Así pasa con la fe si no se demuestra por la manera de actuar, está completamente muerta.

Y sería fácil rebatir a cualquiera, "Tú tienes la fe y yo hago el bien, ¿dónde está tu fe que no produce nada? Yo, por mi parte, te mostraré mi fe por el bien que hago. Crees tú que hay un solo Dios? Muy bien. No olvides que también los demonios creen y, sin embargo, tiemblan" (Santiago 2, 14-19).

P. Estimado Padre
¿Es cierto que nos podemos salvar haciendo buenas obras?

Manuel Rivera
Union City, Ca

R. Estimado Manuel

No. Las buenas obras no salvan. El único que salva es Jesucristo. Todos hemos pecado, dice San Pablo, y por lo tanto todos nos hemos apartado de la gracia de Dios. La consecuencia de nuestros pecados hubiera sido irreversible. Es decir, ni usted, ni yo, ni nadie podría aspirar al Cielo si Jesús no hubiera dado su vida por nosotros.

Jesús, al dar Su vida por cada uno de nosotros a través de Su sacrificio en la cruz, reconcilia al pecador con nuestro Padre Dios y abre así el Cielo para nosotros.

Si Jesús no hubiera muerto, un solo pecado nuestro hubiera bastado para perder el Cielo. Hoy sabemos que, porque Jesús dio su vida en el Calvario, usted y yo podemos pecar muchas veces y nunca perder el Cielo si de verdad estamos arrepentidos y dispuestos a enmendar nuestra relación con El y con nuestros hermanos.

Finalmente, quiero recordarle que si bien es cierto que las buenas obras no salvan, es importante que estemos conscientes de que ellas son necesarias en la vida de todo cristiano, ya que como dice el Apóstol Santiago, "la fe que no produce buenas obras está muerta" (Santiago 2, 16-17).

P. Estimado Padre
Unos amigos protestantes alegan que los Católicos creemos que nos salvamos por las buenas obras y no por fe. ¿Me da una explicación, por favor?

Interesada

R. Estimada Interesada

Las sectas acusan a la Iglesia Católica de sostener que el ser humano se puede salvar con sus buenas obras, es decir, sólo con su esfuerzo personal, sin tener en cuenta la gracia dada por Dios en Cristo Jesús. La Iglesia no sólo no ha sostenido jamás esa doctrina, sino que la condenó como herejía en el siglo V (Pelagianismo) y la volvió a condenar en el siglo VI (Semipelagianismo), pero muchos protestantes de hoy siguen repitiendo viejas acusaciones sin tomarse la molestia de examinar lealmente la fe de la Iglesia Católica y no las deformaciones de esa fe que puedan tener Católicos poco evangelizados.

Veamos, basados en la Biblia, lo que enseña la Iglesia Católica acerca de la fe y de las buenas obras.

Para salvarse es necesario creer -tener fe- en Dios y en su hijo Jesucristo (Mc 16/ 17. Jn 5,/24. 6,/19-47. 10/9. 17/ 3. Hch 15/ 11, 16/ 31-32. Rm. 1/ 17. 3/22-26. 5/ 1-2. 10/ 9-10. Ef. 2/ 8. 2 Tim. 2/ 15. Heb. 11/ 6).

Sin embargo, muchos otros pasajes de la Biblia afirman también que para salvarse es necesario hacer buenas obras (Mt. 19/ 16-17. 25/ 34-40. 26/ 27. Sant. 2/ 14-16. 2 Pe 2/ 5-10).

¿Acaso se contradice la Biblia porque en unas partes afirman que para salvarse es necesaria la fe, y en otras afirma que es necesario hacer buenas obras? De ninguna manera. Lo que pasa es que cuando la Biblia habla de la fe que Dios infunde gratuitamente en nosotros y con la cual nos justifica sin haber hecho nosotros nada para merecerla (Rom. 11/ 6. Jn 6/ 65), se entiende una fe completa, es decir, equivalente a fe más esperanza más caridad o buenas obras (Lc. 7/ 47-50. Rm. 5/ 1-5. 1 Cor. 13/ 2. Gál. 5/ 6). Una fe viva se vuelca en obras de amor por Dios y por los demás.

Por eso, cuando la Biblia (y con ella la Iglesia Católica) habla de buenas obras que conducen a la salvación, se refiere a las obras de la fe, es decir, a las obras que realiza el creyente impulsado por la gracia de Dios, y que son el signo de que su fe es auténtica (Sant. 2/ 18).

Las sectas, desafortunadamente, identifican las buenas obras de que habla la Iglesia Católica, con las obras de la Ley que censura San Pablo en los fariseos y, por consiguiente, hacen recaer sobre los católicos la condenación del Apóstol. Pero esa identificación, como hemos visto, es falsa, calumniosa y malintencionada, pues si examinaran con más honestidad la fe de la Iglesia, se les derrumbaría uno de los principales argumentos que alegan para permanecer separados de la verdadera Iglesia.

SALVACIÓN - LOS MANDAMIENTOS ¿JESÚS?

P. Padre Pedro
Si una persona ha guardado los Diez Mandamientos para ir al cielo, ¿qué sentido tiene que Jesús haya muerto en la cruz y derramado Su sangre por nosotros?

En el capítulo 3, versículo 24 de Romanos leemos que somos "rehabilitados por pura gracia y bondad, mediante el rescate que se dio en Cristo Jesús". ¿Acaso no es por la sangre de el Señor, y no por la observancia de la ley, que recibimos el perdón de los pecados y la vida eterna?

Jorge Mojiga

R. Estimado Jorge

Usted tiene razón. No guardamos la ley de Dios y Jesucristo para "comprar" el amor de Dios ni para "comprar" la Vida Eterna. Su amor y Su salvación son gratis, regalos totalmente inmerecidos.

Jesús criticó mucho a los Fariseos de su época porque pensaban que ellos podían ganarse el Cielo simplemente guardando la ley de Dios. Guardaban la ley pero eran egoístas, pensaban sólo en ellos y en su corazón había muy poco amor al prójimo. Por lo tanto, en innumerables ocasiones, Jesús les da a entender claramente que las leyes (los mandamientos) de Dios nos los dio para que podamos

amarnos y para que, por sobre todo, le lleguemos a amar a El con todas nuestras fuerzas. Y es amándole a El y al prójimo que, no sólo cumplimos con la ley, sino que le permitiremos que haga Su morada en nosotros... que viva en nosotros y que nos salve. "Porque todo el que le recibe se conviere en hijo de Dios". (Juan 1/ 12).

Finalmente, la muerte de Jesús tiene gran importancia, ya que El muere para liberarnos del infierno y para enseñarnos a amar al Padre y al prójimo, como El ama.

SAN DIMAS

P. Estimado Sacerdote
¿Puede usted decirme por qué razón la Iglesia no nos habla de San Dimas, cuando en realidad fue el único hombre canonizado por Jesús?

Carlos Matta-Dueño
Puerto Rico

R. Estimado Carlos

La Iglesia habla muy poco sobre la vida de Dimas porque, en realidad, no la conoce. Ni la Biblia, ni la Tradición nos dicen absolutamente nada sobre el "Buen Ladrón", excepto el pasaje en que, encontrándose crucificado al lado de Jesús, Este le promete que ese mismo día estará con El en el Paraíso.

Como usted bien dice, Dimas fue el único santo canonizado por Jesús. Es decir, la única persona a quien Jesús promete el cielo ese mismo día. Dimas es santo, como todos los que están en el Cielo son santos. De eso no cabe la menor duda. Sin embargo, hemos de tener en cuenta que cuando la Iglesia nos presenta a "santos", usualmente quiere darnos a conocer personas cuyas vidas se ha comprobado han sido ejemplo de compromiso cristiano. Ejemplo que nosotros debemos de imitar en nuestro seguir a Jesús.

¿SE SALVÓ MI AMIGA?

P. Querido Padre Pedro
Conocí a una amiga que vivió sin casarse y estuvo siempre alejada de la Iglesia porque no le permitían comulgar y cuando murió, no tuvo oportunidad de unos funerales religiosos, ni de confesarse antes de su muerte. Estoy muy preocupada acerca de si se salvó o no. En este caso, ¿servirá algo orar por ella?

Marisol Valverde

R. Estimada Marisol

Desafortunadamente hay una gran confusión por la actitud de la Iglesia frente a quienes no han celebrado su matrimonio Católico. La Iglesia no desea que quienes son sus hijos deban comulgar si a la vez no están cumpliendo con los otros preceptos de la Iglesia, pero esto lo exige la Iglesia no porque esté condenando a quienes no están casados por lo Católico, sino para evitar el escándalo que eso produciría en los hermanos débiles en la fe.

El que un Católico deje de cumplir con un mandamiento de la Iglesia no significa que automáticamente esté condenado, ya que la conciencia sólo la conoce Dios y es por eso que la Iglesia impone ciertas sanciones por las faltas cometidas, para evitar que se propague el incumplimiento de lo mandado por la Iglesia. Y esto lo hace la Iglesia porque ha recibido del Señor Jesús la potestad para apacentar las ovejas en la tierra, así como para declarar quienes están gozando de Dios de una manera especial, pero no tiene autoridad, como no la tiene ningún Cristiano, de asegurar que alguien se ha condenado, por grande que haya sido su pecado o el escándalo producido en los demás.

Por lo anterior podemos deducir que sólo Dios sabe cuál era la real situación por la cual su amiga nunca se casó por la Iglesia y cuál fue su actitud espiritual frente a Dios antes de su muerte. En cuanto a orar por su amiga, es desde luego una obligación moral la de orar por los difuntos, sin excluir a ninguno de ellos y esta obligación se aumenta cuando hemos conocido la persona y sabemos que en algo pudo fallar o su vida no fue del todo ejemplar. Por último, recordemos que el matrimonio por lo Católico sólo obliga a los que son Católicos y que desean vivir como marido y mujer, pero quienes no son Católicos deben casarse según su conciencia y en ese caso no están desobedeciendo una norma de la Iglesia que les correspondería obedecer si fueran católicos. Dado lo anterior, debemos tener un gran respeto por la vida matrimonial de quienes, no siendo católicos, no lo han hecho por la Iglesia sino de acuerdo a su Iglesia o el Estado, según su conciencia.

¿SI DIOS ME AMA, PUEDO HACER LO QUE ME VENGA EN GANA?

P. Querido Padre Pedro
Tengo un amigo que me dice que no hay que ser buen cristiano, ni

hay que ir a misa, ni cumplir con Dios. En otras palabras, él dice que podemos hacer lo que nos venga en gana porque, de todas maneras, Dios nos ama y nos perdona. ¿Qué me puede decir sobre ésto? Esperando su respuesta.

Emilio Uranza

R. Estimado Emilio

Desafortunadamente tu amigo habla así porque no ha sentido el amor de Dios para con él. Ya que el que verdaderamente ha experimentado el amor de Dios se siente impulsado a corresponder a ese amor. El corresponderle a alguien que nos trata con amor es algo muy común en nuestro diario vivir. Correspondemos al amor de nuestros padres, al amor de nuestro cónyuge. Al amor de nuestros hijos ya que, cuando uno se siente amado, uno corresponde con amor. Así nos sucede con Dios. Cuando nos sentimos verdaderamente amados por El, sentimos que no tenemos otra alternativa que corresponder a su amor con amor.

El que verdaderamente ama a Dios cumple la voluntad de Dios, no por temor al castigo sino por miedo a ofender a Ese a quien tanto uno ama. El que ama a Dios cumple los mandatos del Señor, no por obligación sino porque se goza en complacer a nuestro Creador.

El que siente el amor de Dios le entrega a El lo mejor de su vida y no espera al último momento, cuando ya su vida ha sido vivida egoístamente, para entregarle a Dios las sobras. Por mucho que Dios nos ame y nos perdone, el que elige ese camino, apartado de Dios, corre el peligro de forjar su propia condenación y, como resultado, vivir por siempre apartado de Dios en ese estado de soledad que llamamos Infierno. (No se puede servir a dos señores.)

Recuérdale a tu amigo que, aunque parezca difícil, todos podemos sentir lo mucho que Dios nos ama si realmente lo deseamos. Dile que en este mismo día caiga de rodillas al suelo y le pida al Señor Jesús que venga a él, y que lo llene con el poder de Su Espíritu que es el espíruto del amor de Dios. Estoy seguro que él, al igual que tantos miles de millones de hombres y mujeres a lo largo de la historia, también sentirá el amor de Dios y se podrá gozar en él.

Jesús bien lo dice "Pide y se te dará, toca y se te abrirá, llama y tu necesidad se responderá, porque quien pide recibe, quien busca halla y a quien llama se le abre. Pues ¿quién de ustedes es el que, si su hijo le pide pan, le da una piedra, o, si le pide un pez, le da una serpiente? Si pues, ustedes, siendo malos, saben dar cosas buenas a sus hijos, ¡cuánto más nuestro Padre que está en los cielos, dará cosas buenas a quien se las pide!. (Mateo 7, 7-11).

SUICIDIO

P. Apreciado Padre Pedro
Quisiera que, por favor, me explicara ¿Cuál es la posición de la Iglesia ante una persona que comete suicidio? ¿Puede esa persona ir al Cielo?

Luz Domínguez

R. Estimada Luz

Tanto la Palabra de Dios (la Biblia) al igual que el Cuerpo de Cristo (la Iglesia) han condenado el suicidio como inmoral y pecaminoso, ya que el ser humano ha recibido la vida como un don de Dios y sólo Dios tiene el poder de quitarla cuando El así lo desee. Es por eso que el Catecismo de la Iglesia Católica nos recuerda que "somos administradores y no propietarios de la vida que Dios nos ha confiado" y que por lo tanto no somos dueños de ella para hacer con nuestra vida lo que nos plazca.

El quinto mandamiento dice "No matarás." Esto, por supuesto incluye el no quitarnos nuestra propia vida.

El suicidio es, a menudo, una expresión de desesperación e indica una pérdida de la esperanza. La persona que pierde completamente la esperanza usualmente es porque no le da cabida a Dios en su vida.

El que tiene fe en el Señor y lo busca para sentirse más cerca de El, podrá pasar por situaciones muy difíciles que tal vez lo lleven a la depresión, a la desilusión y al abatimiento moral y espiritual pero nunca determinará irrevocablemente que su vida no tiene sentido y que por lo tanto es mejor quitársela.

¿Qué podemos esperar para los que destruyen su propia vida? El Catecismo Católico concluye que no debemos pensar que las personas que han cometido suicidio se han condenado, ya que "Dios puede haberles facilitado (la salvación) por caminos que El sólo conoce. Sólo Dios lo sabe. Sabemos que Dios es Amor. Que El nos ama a cada uno de nosotros con un amor especial que no conoce ni límites ni fronteras. Sabemos también que Dios, como Padre y Creador amante, luchará hasta el último de nuestros suspiros para que, apartándonos del mal, aunque sea al último momento de nuestra vida, nos podamos entregar a El y sólo a El completamente y para toda una eternidad.

¿TENEMOS QUE SER BAUTIZADOS PARA SALVARNOS?

P. Padre Pedro
¿Tenemos que estar bautizados para salvarnos?

Carlos Miguel

R. Estimado Carlos Miguel

Leemos en el Evangelio de San Juan las palabras que Jesús dijo a Nicodemo, que nadie puede entrar al Reino de Dios si no nace del agua y del Espíritu. En el Evangelio de Marcos, Jesús le dice a los Apóstoles que vayan por el mundo a proclamar la buena nueva a toda creación, y el que crea y acepte el bautismo se salvará, mientras que el que no crea será condenado.

Según el plan de Dios, el Bautismo es la norma para la salvación. Sin embargo, creemos que Dios no ha limitado la salvación solamente a quienes sean bautizados en agua. Leemos en la Primera Carta a Timoteo "El quiere que todos se salven y lleguen al conocimiento de la verdad" (2/4). Ante este hecho de la revelación, la Iglesia cree y enseña que Dios da a todos la oportunidad de salvarse. En otras palabras, la salvación es un regalo para la persona que libremente la acepta o la rechaza. La Iglesia profesa que toda salvación viene a través de la muerte y resurrección de Jesús.

"Pues, por gracia de Dios han sido salvados, por medio de la fe. Ustedes no tiene mérito en este asunto, es un regalo de Dios" (Efesios 2/8).

Al aceptar estas verdades, podemos hacernos las siguientes preguntas ¿Hay que bautizar con agua? ¿Qué sucede entonces con aquellas personas que -por desconocimiento y sin culpa- nunca tienen la oportunidad de bautizarse con agua? La voluntad de Dios es que todos se salven, y por eso la Iglesia enseña tres clases de bautismo, de agua, de fuego y de deseo.

El primero, de agua, está claro, ya que es la manera general que la mayoría de nosotros hemos experimentado como regalo de un Dios amoroso que por primera vez nos entrega la vida y el camino para avanzar en un proceso de salvación.

El segundo, por fuego, toca a quienes habiéndose preparado para ser bautizados con agua, fueron víctimas del martirio por profesar su fe en Jesucristo. Esto era frecuente en los primeros años de la Iglesia, y continúa en la actualidad en lugares donde los Cristianos son perseguidos.

El tercero, por deseo, está más generalizado de lo que nos imaginamos. Se trata, por ejemplo, de todos los que permanecieron fieles a Dios antes de la muerte y resurrección del Señor. Jesús los salvó. Su deseo de seguir a Dios y de hacer Su voluntad abrió para ellos el regalo de la salvación. Otro ejemplo es el de alguien que jamás ha oído hablar de Jesús ni del bautismo, pero cree en Dios. Si esa persona se salva es por Jesucristo, y el deseo que tiene esa persona de agradar a Dios es respuesta al llamado de Dios. El bautismo por deseo y el bautismo de fuego reflejan la realización misteriosa del plan de Dios que da a todos la oportunidad de salvarse.

CAPÍTULO IV

La**B**iblia

¿ACEPTÓ LA BIBLIA LA ESCLAVITUD?

P. Querido Padre

¿Es cierto que la Biblia acepta el concepto de esclavitud? San Pablo, por ejemplo, dice que los cristianos hemos de someternos a la esclavitud sin tratar de cambiar las cosas, y parece que estuviese a favor de ella.

Leticia Medina

R. Estimada Leticia

No todo lo que vemos que las personas hacen en las Escrituras -por muy santas que sean- representan el alto ideal de la actividad humana.

El Antiguo Testamento y el Nuevo Testamento desenvuelven el entendimiento gradual que las personas van teniendo de la Palabra de Dios a como El nos la quiere revelar. Obviamente, todavía hemos de recorrer largo trecho para poderla entender fielmente.

Ciertamente, los primeros Cristianos toleraban más que nosotos la esclavitud y otros males sociales.
Los aceptaban, quizá, como hechos que no eran capaces de

cambiar a corto plazo y se avenían a vivir con ellos, permaneciendo tan fieles a los ideales Cristianos como podían.

Al hablar de San Pablo, quizá el mejor ejemplo que tenemos de lo que él pensaba sobre este asunto sea su breve Carta a Filemón. El devolvió el esclavo Onésimo a Filemón-que había huido del lado de su amo-, aun cuando el esclavo quería permanecer en la compañía de Pablo. En su carta, Pablo dice que no quiere abusar de la generosidad de Filemón, reteniendo a Onésimo sin el permiso de su dueño, pero Pablo amonesta fuertemente y advierte que, esclavo o no, Onésimo y Filemón tienen igual valor a los ojos de Dios, verdad que ha de ser meditada por el dueño del esclavo antes de tomar una decisión al respecto.

En otras palabras, Pablo pareciera insistir en el ideal Cristiano sin tratar de desajustar las estructuras sociales existentes.

Existe evidencia de que Filemón devolvió su esclavo a Pablo. Más adelante, Onésimo es identificado como el obispo de Efeso, tan conocido por los primeros Cristianos.

AL PIE DE LA LETRA

P. Estimado Padre Pedro
Al leer la Biblia, ¿debemos tomar literalmente todo lo que en ella se dice?

Manuel Talledo

R. Estimado Manuel

Aunque la Biblia es el libro que contiende la Verdad de Dios, esto no significa que todo lo que en ella se dice sea literalmente verdad. Algunos grupos de cristianos sostienen que cada frase de la Biblia se debe tomar al pie de la letra. Al hacer esto, de hecho interpretan mal el significado de una serie de pasajes bíblicos y así enseñan a sus feligreses una serie de errores.

Por el contrario, la Iglesia Católica nos enseña que, al leer las Escrituras es, no sólo importante sino imprescindible, tomar en consideración los siguientes puntos.

En primer lugar, hemos de preguntarnos ¿Cuál fue la intención del escritor sagrado? ¿Qué trataba de decir acerca de Dios o acerca de la comunidad a quien escribía? ¿Cuáles eran las costumbres de sus contemporáneos? ¿Qué significaban las palabras que él escribía para las personas en esa época específica de la historia? Una vez que hayamos comprendido lo que el escritor trataba de decir, estaremos en la posición de poder aplicar sus palabras a nuestro diario vivir.

En segundo lugar, debemos de tener presente los diferentes géneros literarios encontrados en la Biblia. En ella encontramos poemas, oraciones, sentencias o proverbios (frases llenas de sabiduría) relatos de carácter histórico, sea sobre el pueblo Judío o sobre el Cristianismo, cartas o epístolas, parábolas, profecías, evangelios (o buenas nuevas) y apocalipsis, o visiones relativas al fin del mundo. Cada una de esta clase de composiciones escritas (géneros) expresa la verdad, pero en diferentes formas.

En algunas formas, es una equivocación el tomarlas literalmente. Por ejemplo, en el Evangelio de San Mateo dice Jesús, "Si tu mano te escandaliza, córtatela y bótala" (Mateo 5, 30). Ciertamente, Cristo no nos está exhortando a que abusemos de nuestro cuerpo, sino a que disciplinemos nuestras pasiones. Al decir esto, el Señor usa un lenguaje figurado, conocido como hipérbole (o exageración). Nosotros hacemos lo mismo cuando, por ejemplo, decimos, "Me muero de hambre".

ANTICRISTO

P. Querido Padre
Leyendo la Santa Biblia, Edición Latinoamericana, encuentro que Cartas de San Juan 1-2 versículo 18 dice que se debe rechazar al Anticristo porque ya es Anticristo el que niega que Jesús es el Cristo. También dice que para estar seguros de andar en la luz debemos rechazar al Anticristo, es decir, guardar firme la fe y lo que la fe enseña. Por favor, amplíe estos comentarios.

Carmen

R. Estimada Carmen

Cuando hablamos del "Anticristo" nos referimos a la persona, institución o poderío que está en contra de Cristo. Ese o esos que representan y que actúan con los medios del mal, la mentira, la cizaña, el odio, la venganza y sobre todo, los que actúan sin Dios. La Biblia nos habla del Anticristo, especialmente en el libro Apocalipsis, refiriéndose, principalmente, al Imperio Romano, ya que éste perseguía, torturaba y trataba de aplastar a la Iglesia que Cristo había fundado. Después del Imperio Romano han venido muchos Anticristos al mundo y seguirán viniendo hasta el fin de los tiempos en que Cristo vendrá en todo su esplendor y gloria. Anticristos podemos ser, aún nosotros, los que nos llamamos cristianos, cuando negando a Dios nos entregamos a las tentaciones del Maligno.

HARMAGEDÓN

P. Querido Padre
¿Qué significa la palabra Harmagedón?

Luis Padilla

R. Estimado Luis

La palabra Harmagedón aparece en la Biblia sólo una vez, en el Apocalipsis, libro que se atribuye al Apóstol Juan. En el Capítulo 16, vesículo 16 leemos, "Los reunieron entonces en el lugar llamado Harmagedón, en hebreo (o sea, Cerro de Meguido).

Juan le da el nombre griego de Harmagedón al lugar donde los reyes de la tierra se han de congregar para "la batalla del Día grande de Dios, Señor del Universo" (Ap. 16,14). Este nombre sugiere la palabra "har me giddo", Monte de Megiddo, donde probablemente las batallas más celebres de la Palestina se libraron. Es allí también donde acontece una de las más  famosas derrotas de la historia judía. (2 Reyes, 23, 29). El lugar se convertiría, pues, en símbolo para predecir la derrota de los que allí se reúnen.

A través de esta imagen Juan anunció a la civilización pagana que la hora del juicio de Dios y de la destrucción de sus imperios ha de llegar.

Hay quien interpreta hoy este pasaje como un anuncio del fin del mundo y buscan en él las señales de la llegada de ese fin.

Para los cristianos que recibieron este mensaje cargado de símbolos, probablemente claros para ellos pero difíciles de entender para nosotros, Juan podía estar anunciando la esperada caída del Imperio Romano.

Para muchos hermanos nuestros la palabra Harmagedón ha venido a significar la última batalla entre las fuerzas del mal y las fuerzas invencibles de Dios. Cuando esto suceda, el mundo llegará a su final. ¿Cuándo será esto? No lo sabemos. Sólo Dios lo sabe. A nosotros sólo nos resta vivir como si cada día fuera el fin del mundo ya que Jesús ha afirmado que el fin (la muerte) vendrá como un ladrón en la noche...cuando menos lo esperemos.

BIBLIAS CATÓLICAS Y PROTESTANTES

P. Apreciado Padre
Me gustaría saber si el contendido de las Biblias todas son iguales, o existe alguna diferencia con las protestantes. Agradeciéndole que amplíe con sus explicaciones.

Carmen

R. Estimada Carmen

Definitivamente hay diferencia entre la Biblia Católica y las Protestantes.

La diferencia mayor existe en los libros. La Biblia Católica tiene siete libros más que las Protestantes. Estos libros son, Tobías, Judit, Sabiduría, Sirac, Baruc, I Macabeos y II Macabeos.

Otras diferencias están en la forma en que los textos originales, escritos en Hebreo y Griego, han sido traducidos al idioma vernáculo.

Para estar seguro que una Biblia está aprobada por la Iglesia Católica se ha de buscar en sus primeras páginas por la aprobación eclesiástica. La persona que la aprueba es usualmente un obispo o arzobispo.

¿CUÁNTO TIEMPO TARDÓ EN ESCRIBIRSE EL NUEVO TESTAMENTO?

P. Querido Padre Pedro
¿Podría usted decirme cuánto tiempo tardó en escribirse el Nuevo Testamento?

Róger Ramírez

R. Estimado Róger

Si usted se refiere al tiempo que tomó el juntar los libros tal y como aparecen en nuestras Biblias, fue en el año 50 ó 51 -cerca de 20 años después de la muerte y resurrección de Jesús- cuando se escribió el primer libro del Nuevo Testamento, la primera carta a los Tesalonicenses.

El de San Marcos fue el primero de los cuatro Evangelios y parte probablemente del año 65 después de Cristo, aunque todos los otros Evangelios citan documentos, ceremonias litúrgicas y otras tradiciones que existieron en las comunidades cristianas antes de esa fecha.

Los últimos libros escritos fueron probablemente las tres cartas de San Juan y el libro del Apocalipsis, y todos ellos fueron probablemente escritos entre los años 90 y 100, ó 105.

Básicamente, fue en un período de aproximadamente 50 años en el que se escribieron los libros del Nuevo Testamento.

DISCÍPULO, APÓSTOL - DIFERENCIA

P. Querido Padre Pedro
¿Cuál es la diferencia entre un discípulo y un apóstol de acuerdo con el Nuevo Testamento?

María Reyes

R. Estimada María

La palabra discípulo significa estudiante. Es decir, ese que está aprendiendo. Este calificativo se aplica a todos los que seguían a Jesús.

Apóstol, por otra parte, significa "ese que es enviado". Es decir, un misionero. Esta palabra se usaba para distinguir a aquellos que acompañaron más de cerca a Jesús durante los días de su vida pública.

San Lucas (6, 13)) nos dice cómo Jesús "llamó a sus discípulos y escogió de entre ellos a doce, a quienes nombró apóstoles." El atributo de "apóstol" también se le da a otros cristianos de la Iglesia primitiva que, aunque no convivieron con Jesús, fueron especialmente comisionados para ser misioneros. Entre ellos se encuentran San Pablo (Colosenses 1, 1, etc.), Barnabé (Hechos 14, 14) y otros.

ECHAR LAS PERLAS A LOS CERDOS

P. Padre Pedro
¿Podría usted explicarme lo que Jesús quiere decirnos con eso de que no echemos nuestras perlas a los puercos?

Alvaro Gandía

R. Estimado Alvaro

Jesús usó esa expresión en el Sermón de la Montaña (Mateo 7, 1-6). El comenzó diciendo, "No juzguen y no serán juzgados". El no dijo que vamos a ser juzgados por Dios con la clase de juicio con que juzgamos a otros, sino más bien que si criticamos a los demás - juzgándolos continuamente- entonces llegaremos a ser juzgados o conocidos como esa clase de persona.

Jesús dio una serie de enseñanzas en ese lugar. Dijo además, "Hipócrita, sácate primero la viga que tienes en el ojo y así verás mejor para sacar la pelusa del ojo de tu hermano" (v.5). Podemos ver claramente el contraste y se nos advierte que no hemos de juzgar alguna pequeñez en otra persona, cuando uno mismo es culpable de cosas mucho más serias.

Es en el versículo seis que nos dice Jesús, "No den las cosas sagradas a los perros, ni echen sus perlas a los cerdos". (Entre los Judíos, los Gentiles eran entonces conocidos como perros). Y Jesús continúa diciendo, "ni echen sus perlas a los cerdos, para que no las pisoteen y después se lancen encima de ustedes para destrozarlos." Esto parece un poco difícil de interpretar, pero creo que el Señor quiso decir que "no hay que perder el tiempo dando testimonio a ciertas personas", pues aunque parezca extraño a muchos, hay momentos y situaciones en que no vale la pena intentar dar testimonio.

Permítanme presentarles un ejemplo de lo que quiero decir, Conocí a un borracho que sintiéndose incapaz de dejar el vicio, quería suicidarse, y fue a través de un Congreso que el Señor Jesús tocó su corazón y lo transformó de tal manera que no volvió a probar una gota de licor. Pero cuando llegó la noticia de su conversión a sus compañeros, ellos comenzaron a molestarlo desde el momento que puso pie en su lugar de trabajo, ya que le decían, "Aquí viene el beato", o "¡Predica un sermón para nosotros!", y lo molestaban de muchas otras maneras hasta que finalmente él se puso de pie y se enfrentó a ellos diciéndoles "Mi Señor me dijo que no tirara mis perlas a los puercos", y después se sentó.

Creo que este hombre usó muy bien este pasaje de las Escrituras, ya que tales compañeros solamente querían molestarlo, sin tener interés alguno en lo que dijeran los evangelios. Lo estaban ridiculizando y se burlaban de la conversión que había tenido... y aquella era una ocasión en la que no era posible dar testimonio de su cambio. (¿No nos sucede lo mismo con algunas personas de otras iglesias que tocan a la puerta de nuestra casa? Usualmente no vienen a compartir a Jesús, sino más bien a ridiculizar nuestra fe e imponer en nosotros sus criterios.)

No hace mucho tiempo que comencé a recibir continuas llamadas telefónicas de una mujer que solamente lo hacía cuando estaba borracha. Llegué inclusive a pensar en cambiar mi número telefónico por sus llamadas insistentes en que siempre quería hablar de religión conmigo, hasta que un día le dije, "Cuando no hayas tomado licor y quieras hablar de religión conmigo, ven a la Iglesia y escucharás todo lo que quieras saber y llevar contigo de regreso a casa."

Efectivamente y para sorpresa mía, esa mujer llegó a verme a la Iglesia, diciéndome que ella era dueña de un bar que había heredado de su difunto esposo. Con el pasar del tiempo ella cambió hasta llegar a dar gran testimonio de fe y conversión Cristiana.

¿ES PECADO SER RICO?

P. Querido Padre
Leyendo la Biblia tal parece como si Jesús estuviera en contra de los ricos y en favor de los pobres. ¿Es pecado ser rico?

Armando Ruiz

R. Estimado Armando

Jesús no está en contra de los ricos, más bien El está en contra de la actitud que hace de la riqueza un valor supremo.

Todo lo que Dios ha creado es bueno, y la Biblia nos dice que todo lo que El ha creado lo ha hecho para que seamos felices. Por eso, Dios da dominio al ser humano para que someta la tierra y todo lo que se encuentra en ella.

En alguna forma Dios ha proporcionado todo lo que existe para nuestro bien. Por lo tanto, todo lo creado nos debe hablar de lo mucho que nuestro Padre Dios nos ama. Todo lo creado es, por lo tanto, un medio que nos ayuda a sentir el poder infinito del amor de Dios.

El dinero, entre todo lo demás que existe en el mundo, puede ser un medio (eso es cuando lo tenemos) que nos ayuda a darnos cuenta que Dios nos ama tanto y se preocupa tanto por nosotros que nos da talento, fuerza, vida...para que podamos trabajar y comprar las cosas que necesitamos. Podemos decir, por lo tanto, que el tener dinero, aunque sea mucho dinero, no es malo ni es pecado, siempre y cuando éste sea un medio que nos ayuda a reconocer a Dios como el valor supremo y el dador de todo lo que tenemos y somos.

En una ocasión un joven rico le pregunta a Jesús qué es lo que tiene que hacer para salvarse. Después de preguntarle si cumplía los mandamientos, le dice "Vende todo lo que tienes, dale el dinero a los pobres. Después ven y sígueme." La Biblia nos dice que el joven se fue muy triste, pues tenía mucho dinero y no se quiso deshacer de él.

Este pasaje sugiere que Jesús le da a este joven a escoger entre su dinero y Dios. Sabemos lo que pasa, el joven escoge su dinero. Esto es lo que pasa también con muchos ricos. Al fin y al cabo, es Dios quien provee todo lo que tenemos, incluso nuestro dinero. Sin embargo, por el ansia de tener más y de poseer más, ponen a Dios a un lado y hacen del dinero un valor supremo...el ídolo por quien viven y hasta por quien matan, si es necesario. Dada esta realidad es que Jesús llega a decir "Primero entrará un camello por el ojo de una aguja que un rico en el Reino de los Cielos."

Pero, aclaremos un punto. Si bien es cierto que el rico puede hacer del dinero un valor supremo, también es cierto que el pobre puede hacer lo mismo del dinero del rico. Por eso es que hay tantos pobres que tampoco conocen a Dios. Ellos también han reemplazado al único y verdadero Dios por un dios falso, esto es, caballero Don Dinero.

Por lo tanto, Armando, puedo asegurarle que Jesús nunca se opuso a los ricos, ni a que los ricos tuvieran dinero. Sí se opuso, como es de notar, a que cualquier, rico o pobre, valorara más el dinero que a su propio Hacedor.

P. Querido Padre Pedro

Dice la Biblia que no podemos servir a Dios y al dinero. ¿Por qué tener que escoger cuando en este mundo y sociedad se nos hace imposible vivir sin el dinero?

Patricia Lugo
Wayne, Pa

R. Estimada Patricia

Lo malo no está en el dinero sino en nuestra actitud hacia él, en la manera como lo usamos y abusamos.

El problema está en nuestra ambición. Llegamos a desear poseer cosas a tal extremo que dedicamos la mayor parte de nuestro tiempo en trabajar para adquirir bienes materiales, descuidando

(y hasta abandonando) nuestra amistad con Dios y con los demás.

Pedimos a Dios con metas egoístas y cada día más, casi sin siquiera darnos cuenta, permitimos que el materialismo se adueñe de nosotros. Hacemos del dinero nuestro "amo y señor", que nos ciega a la gracia de Dios y a las necesidades de los demás. Continuamente sacamos nuestras cuentas de banco y nuestros criterios se suman a los de esta sociedad que nos dice que mientras más dinero tenemos, más seremos...y todos nos esforzamos por ganar más para ser más.

¿Por qué razón nos amparamos en las seguridades materiales? Por nuestra condición de pecado, por desear poseer y controlar...por el temor de no tener suficiente dinero para vivir. El ídolo del dinero nos lleva a comprar y almacenar cosas que no necesitamos, siempre deseando tener más. Tal actitud es señal clara de que servimos al Señor Dinero, que nos maneja como "amo y señor" que no nos dará vida plena, ni felicidad, ni paz...sino solamente preocupaciones.

Jesús nos señala que el único camino hacia la verdadera paz interior se encuentra poniendo toda nuestra confianza en Dios. Es El quien provee para nuestras necesidades diarias, sin que tengamos que buscar ni ambicionar abundancia de cosas. Buscando primero el Reino de Dios...todo lo demás se nos dará por añadidura.

Nadie nos puede quitar el amor de Dios. Somos nosotros mismos quienes libremente elegimos el apartarnos de su amor, el demasiado apego a las cosas y, especialmente, al dinero. Hay quienes poseen muchas riquezas y son generosos, así como también quienes tienen pocos bienes y pecan de avaricia. Por lo tanto, repetimos, Lo malo no está en tener dinero, sino en la forma en que lo usamos o abusamos de él.

EL MILENIO

P. Querido Padre Pedro
¿Qué significa el pasaje que en el libro del Apocalipsis nos dice que el reinado de Cristo será de 1,000 años?

Julio López

R. Estimado Julio

El libro del Apocalipsis puede confundirnos si nos olvidamos que es un libro de visiones, extremadamente complicado y lleno de símbolos místicos. Grandes y variados grupos a través de la historia del Cristianismo, tomaron este pasaje (capítulo 20 del Apocalipsis) literalmente. Ellos creían en un milenio real (tomado del Latín "mille anni", 1,000 años) durante los cuales Jesús reinaría, para llevar al Cielo a los salvados después de la derrota final del diablo.

En los pueblos antiguos, los números altos eran símbolos de muchísimo tiempo, infinito y sin medida. Quizás la idea de esos 1,000 años finales esté basada en un libro no bíblico que se titula "Los Secretos de Enoc" -en el cual se describe que el mundo tiene 7,000 años de edad- contando la época actual como los 1,000 años finales.

Con pocas excepciones, los milenaristas desaparecieron después de los mil años que vinieron y siguieron después de Cristo, y se hizo evidente que el pasaje citado ha de contener otro significado.

ESCÁNDALOS EN LA BIBLIA

P. Estimado Padre
En la lectura de Jueces 11, 29-39 se dice que Dios puso a los Amonitas en manos de Jefté para que éste los humillara. Que Jefté ofreció a su hija en holocausto porque Dios le dio la forma de vengarse de sus enemigos. Al terminar la lectura, los lectores dicen "Palabra de Dios". ¿Cómo puede ser "palabra de Dios" todo esto?
Grupo de S. J.

R. Estimados Miembros del grupo de S. J.

Tenemos que recordar que nunca debemos de leer la Biblia con nuestra mentalidad moderna. Si así lo hacemos, nunca entenderemos a fondo la enseñanza que el Santo Libro nos está tratando de comunicar. Recuerden que el ser humano ha conocido a Dios poco a poco.

Comienza todo, nos dice la Biblia, con un hombre que se llamaba Abraham (palabra Hebrea que significa "amigo de Dios"). En los tiempos de Abraham todos eran paganos, es decir, adoraban un sin número de dioses, pero no conocían al único y verdadero Dios, que es el Dios a quien nosotros adoramos.

Como Abraham, comenzaron a "gatear" en el descubrimiento y conocimiento de Dios. Poco a poco, la gente comenzó a darse cuenta de que Dios salvaba, de que es El y solamente El quien da la vida y es dueño absoluto de ella. Comenzaron a darse cuenta también de que Dios no es un Dios distante, pero que está presente entre los Suyos.

De allí se desarrolla la mentalidad de que, cuando van a una guerra y la ganan, es porque están convencidos de que Dios ganó la guerra porque está presente en ellos.

Por lo tanto, para los que nos precedieron en la fe en el Antiguo Testamento, los enemigos de ellos eran también los enemigos de Dios y pensaban que cuando ellos aniquilaban a los que les hacían mal, era porque Dios bendecía sus acciones.

¿EXISTIERON ADÁN Y EVA?

P. Estimado Padre
Mi hijo regresó de la escuela diciéndome que la maestra les había dicho que Adán y Eva no existieron. ¿Podría usted aclararme esto? Y si ellos fueron quienes comenzaron la humanidad, ¿cómo explicar las diferentes razas -chinos, negros, etc.?

Mabel Espinoza

R. Estimada Mabel

La enseñanza de la Iglesia a este respecto está clara en la encíclica "Hamani Generis" del Papa Pío XII (1950). En ella el Santo Padre insiste que la teoría de que hayan habido rnás de dos "primeros padres" de la raza humana no debe enseñarse como un hecho establecido. Sin embargo, los humanos no sabemos detalles -y probablemente jamás los sabremos.

De una cosa podemos estar seguros, y es que no encontraremos estas respuestas en la Biblia, porque las Sagradas Escrituras no fueron escritas para darnos datos de antropología como éstos. Fueran dos "primeros padres" o 200, tiene poco o nada que ver con la intención espiritual y teológica de la historia bíblica de Adán y Eva -la cual fue narrada, como hoy la conocemos- hace apenas pocos cientos de años antes de Cristo.

La historia que encontramos en los primeros capítulos del Génesis tiene más bien el propósito de trasmitirnos algunas de las más importantes verdades de nuestra fe, como por ejemplo, que el mundo, incluyendo la familia humana, debe su existencia al único Dios verdadero, que este mundo que vino de las manos de Dios es bueno y fue hecho para la felicidad del hombre, que toda maldad que existe sobre la tierra proviene del pecado y rebeldía del ser humano, que desde el principio Dios ha tenido un plan para salvar al ser humano del pecado, y así sucesivamente.

Del origen de las razas, ni la Biblia ni la revelación cristiana nos aclaran mucho. Algunos cristianos fundamentalistas profesan encontrar pasajes bíblicos que insinúan la manera como las diferentes razas se iniciaron, pero la Iglesia, nuevamente deja este tipo de respuestas a los antropólogos, y no a los teólogos ni a los estudiosos de las Sagradas Escrituras.

FIN DEL MUNDO

P. Querido Padre Pedro

Hace muchos años alguien me dijo que el mundo pronto se iba a terminar. No supe qué contestar. Por favor, deme su opinión al respecto. Cariñosamente.

América Murillo

R. Estimada América

Es un hecho que el mundo, tal y como lo conocemos se va a acabar. Primero, y de eso todos estamos conscientes, el mundo temporal de cada cual ha de terminar con nuestra muerte. Segundo, sabemos también que el mundo que nos rodea ha de terminar algún día y de esto los científicos han hablado mucho y han expuesto un sin número de teorías.

Dentro de algunas comunidades cristianas también se ha hablado mucho acerca del fin del mundo. Algunos anuncian con frecuencia, a través de sus enseñanzas, que el fin está cerca. Otros, han sido más atrevidos aún y han anunciado fechas exactas en que el fin ha de acontecer. Algunas de estas fechas fueron 1914 y 1955. Como todos sabemos, no acertaron en ninguna de esas fechas. Sin embargo, estas predicciones influenciaron a muchas personas a abandonar sus casas, sus familias, sus trabajos, para esperar el fin del mundo y la segunda venida del Señor. Como nada sucedió muchos perdieron la fe y otros quedaron sufriendo de desequilibrios psicológicos por el resto de sus vidas.

Esta experiencia nos debe enseñar a tratar de ser un poco más sumisos a las enseñanzas de la Iglesia Católica en vez de cada cual tratar de interpretar el mensaje de Jesús según se nos antoje.

La Iglesia, al interpretar la Palabra de Dios correctamente, nos dice que sólo el Padre (Dios) sabe cuándo acontecerá el fin del mundo. Jesús reafirma que nadie sabe cuándo sucederá y nos reta a preocuparnos de llevar siempre una vida digna de sus seguidores, ya que el fin puede acontecer en cualquier momento. Por lo tanto, lo importante no es cuándo, pero en qué forma vivo mi compromiso con Cristo para esperar debidamente el fin del mundo cuando quiera que esto llegue a suceder.

Por eso Jesús nos dice, Estén preparados y vigilando, ya que no saben cuándo será el día. Es como un hombre que parte al extranjero, deja su casa al cuidado de sus sirvientes y le da a cada uno un trabajo. Y al portero le manda estar despierto. Lo mismo ustedes, estén despiertos, ya que no saben cuándo regresará el dueño de casa (es decir Jesús). Puede ser al atardecer o a medianoche o al canto del gallo, o de madrugada (dando a entender que el fin del mundo y la segunda venida de Jesús puede acontecer en cualquier momento, pero nunca sabremos cuándo).

No sea que llegue de repente y los encuentre dormidos (dormidos o sin tener los pies bien afianzados en la realidad...apartados de los caminos del Señor). Lo que les digo a ustedes se lo digo a todos, "Estén despiertos" (Mc. 13, 33-37).

Por lo tanto, América, lo que importa para nosotros es el estar siempre con nuestro corazón y nuestra mente bien despiertos en el Señor. Vivir de tal manera que lleguemos a ser sus siervos...sus esclavos...como lo fue María.

Si llegamos a hacer eso, la hora en que el fin ocurrirá ya no nos interesará porque entonces cualquier hora que disponga el Señor será buena para nosotros.

FUNDAMENTALISMO BÍBLICO

P. Estimado Padre Pedro
Hoy día se habla mucho del fundamentalismo bíblico. Para entender mejor los artículos de Mensaje, ¿podría usted explicarnos algo al respecto?

Moisés y Alicia

R. Estimados Moisés y Alicia

Por fundamentalismo bíblico entendemos el gran número de cristianos que tienden a interpretar la Biblia literalmente. Muchos son los que a través de la historia, han enseñado doctrinas similares a las que los predicadores fundamentalistas actuales enseñan, pero me limitaré a darle información con raíces que brotan de los comienzos del siglo 20.
A fines del siglo 19 y principios del siglo 20, hubo profundos desacuerdos y divisiones entre las iglesias por asuntos de teología y de ciencia. Muchos maestros estaban a favor de los descubrimientos biológicos, sicológicos y científicos al explicar las Sagradas Escrituras. Estos Cristianos fueron llamados "Liberales" o "Modernistas". Por otro lado estaban los que fueron llamados

"Conservadores", ya que ellos no veían la necesidad de un entendimiento especial sobre las doctrinas básicas.

Un pequeño grupo de Conservadores llegó a oponerse totalmente a cuanto ellos llamaban Modernismo, y fue entre los años 1909 y 1915 que publicaron una serie de panfletos con el título de, "Los Fundamentales, Un Testimonio de la Verdad" El término "Fundamentalista" comenzó entonces a usarse para referirse a los Conservadores que estaban de acuerdo con las enseñanzas señaladas en los panfletos publicados.

¿Cuáles son algunas de las cosas que creen los Fundamentalistas?

Que la Biblia fue verbalmente inspirada por Dios y por tanto, las palabras de las Escrituras han de ser tomadas en su sentido literal. Creen que si algo no se encuentra en las Escrituras, no es de importancia para la fe. Sin embargo, los documentos del Concilio Vaticano II, en su Revelación Divina señalan que para intepretar las Escrituras hay que tomar en cuenta la importancia de la historia, cultura, forma literaria y propósito de los sagrados escritores.

La mayoría de los Fundamentalistas señalan la importancia de una experiencia emocional de nacer de nuevo. Muchos de ellos dicen que una persona no puede ser considerada cristiana a menos que haya pasado por experiencia tal, y que quienes no han nacido de nuevo por estos medios, irán al infierno. Esta creencia justifica la insistente predicación fundamentalista, a través de la que tratan de persuadir a otros a nacer de nuevo. La Iglesia Católica afirma el valor de las experiencias emocionales de la conversión, pero no enseña que el infierno espera a esos millones que no han tenido una experiencia emocional de nacer de nuevo.

Además, la mayoría de los predicadores fundamentalistas critican las enseñanzas y prácticas básicas de la Iglesia Católica. Por ejemplo, ellos niegan la Verdadera Presencia de Jesús en la Eucaristía, la autoridad que tiene el sacerdote para perdonar pecados a través del Sacramento de la Reconciliación, y el poder de intercesión de María y de los Santos.

Existen también diferencias en el significado de ciertos pasajes bíblicos, tales como la época de la Segunda Venida, el método del Bautizo y la necesidad de hablar en lenguas.

Los fundamentalistas ignoran el discernimiento que ha tenido la Iglesia sobre el significado de las Escrituras a lo largo de la historia.

También niegan la autoridad que tienen los obispos y el Papa para enseñar, mientras los Católicos creemos que esta autoridad para enseñar es necesaria para la unidad de la Iglesia, hecho básico para el Cristianismo desde que nació la Iglesia.

JUAN BAUTISTA

P. Querido Padre

¿Qué quiso decir Jesús con estas palabras? "Yo les aseguro que no se ha presentado entre los hombres alguien más grande que Juan Bautista. Sin embargo, el más pequeño en el Reino de los cielos es más que él." (Mt. 11, 11).

José M. V

R. Estimado José

Juan Bautista es el último de los profetas del Antiguo Testamento. La misión del profeta, entre otras cosas, es anunciar. Juan tiene el privilegio de anunciar al "esperado de los tiempos" que es Jesucristo.

Juan es el más próximo a Jesucristo en línea ascendiente de la Revelación. Tan próximo que Isabel, su madre, era prima de María, la madre de Jesús. Juan Bautista es más privilegiado que "muchos profetas y reyes, quienes desearon ver lo que ustedes ven y no lo vieron y oír lo que ustedes oyen y no lo oyeron", diría Jesús a las multitudes que le rodeaban (Lc. 10, 24). Además, Juan es el que tiene el privilegio de bautizar a Jesús en el río Jordán cuando éste se dispone para comenzar su vida pública.

Sin embargo, Juan es menor que cualquier cristiano en la Historia de la salvación, ya que él no pasa los umbrales del Reino que Jesús viene a establecer para siempre en este mundo a través de su muerte y resurrección, mientras que cualquier cristiano, por muy pequeño que sea, parte de la plenitud de ese Reino.

"Pues al ser bautizados fuimos sepultados junto con Cristo para compartir su muerte, a fin de que, al igual que Cristo, quien fue resucitado de entre los muertos para la gloria del Padre, también nosotros caminemos en una vida nueva". (Romanos 6; 4).

LA BIBLIA Y EL ALCOHOL

P. Estimado Padre
En un programa de televisión decía un sacerdote que se puede tomar licor moderadamente. Yo considero que cuando uno es Cristiano y toma, está dando mal ejemplo a los hijos y a todos. ¿No lo cree así?

Oscar González
Charlottesville, VA

R. Estimado Oscar

Déjeme decirle que lo felicito porque usted quiere conocer y hacer la voluntad de Dios. Que el Señor lo bendiga siempre y le de la gracia y el poder para que cada día le sea más fiel a El.

Usted me pregunta qué pienso yo sobre el ingerir bebidas alcohólicas. La Biblia, en ninguna parte está en contra de tomar con moderación. Sabemos que Jesús tomó, y por eso es que lo acusaron de ser borracho y comilón. Vea el evangelio de San Mateo, capítulo 19. Jesús dice "Luego viene el Hijo del Hombre, es decir Jesús, que come y bebe y dicen, es un comilón y un borracho, amigo de la gentuza y de los pecadores."

La Biblia, ni Jesús, están en contra de tomar mesuradamente, como dije al principio. El problema es cuando la persona se deja controlar por el alcohol y toma demasiado.

Mi consejo personal, Oscar, es que usted no tome, a no ser que sea por una ocasión muy especial y en forma muy moderada. Así le estará enseñando a sus hijos que el alcohol no es necesario para uno ser feliz. Que lo que sí hace feliz al ser humano, es Jesús. Que Dios lo bendiga siempre.

LOS CATÓLICOS Y LA BIBLIA

P. Querido Padre

Algunas de las cosas que nosotros los Católicos creemos no se encuentran en la Biblia. ¿Por qué?

Laura Roa

R. Estimada Laura

Casi todo lo que los Católicos creemos tiene su base en las Sagradas Escrituras, aunque hay pocas que en verdad no están en ellas.

¿Quiere esto decir que los Católicos somos infieles a las Escrituras, o que creemos en cosas que van en contra de las Escrituras?

De ninguna manera. Ningún dogma de fe Católico está en contra de ellas. Por el contrario, el correcto entendimiento de los versículos bíblicos y de la historia de la Iglesia demuestran que las enseñanzas de la Iglesia Católica son totalmente fieles a las Escrituras.

¿Cómo explicar el hecho que haya ciertos dogmas de fe que no se encuentran en las Escrituras?

Esto se explica reconociendo la importancia de lo que los Católicos llaman La Sagrada Tradición. La Sagrada Tradición incluye prácticas y manifestaciones de fe que eran importantes en la vida de la Iglesia naciente, pero que no fueron escritas en las Escrituras, (recuerde que las Escrituras nacen de la Tradición). Fueron, sí, escritas por los Padres de la Iglesia -escritores que nos dicen en qué creían los Cristianos durante esa primera etapa de la Iglesia.

Por ejemplo, un dogma de fe no-Escritural encontrado en La Sagrada Tradición es el dogma de la Asunción de María, madre de Dios, que fue asunta en cuerpo y alma al Cielo en el momento de su muerte. Otro ejemplo es el dogma de la Inmaculada Concepción- que María nació libre del pecado original. La Asunción de María y su Inmaculada Concepción han sido grandes esperanzas de la Iglesia desde los primeros siglos, ya que al igual que María está sin mancha al lado del Padre para siempre, así espera estar toda la Iglesia. Sin embargo, no hay ninguna referencia directa en la Biblia.

¿Por qué razón no fueron incluidos en la Biblia estos dogmas si eran tan importantes?
Porque la Biblia no incluye una declaración completa de las prácticas de fe de la Iglesia naciente. En ese entonces la Iglesia no se dispuso a escribir la Biblia. Los Evangelios y las Epístolas en el Nuevo Testamento fueron escritas a diferentes comunidades de Iglesia para animar su fe y para responder a problemas específicos en esas comunidades. La tarea de recopilar estos escritos en un solo libro para ayudar a fortalecer la vida de la Iglesia y el reconocimiento de que fueron escritos inspirados por Dios vino décadas después que fueran escritas. Por lo tanto, sería un error ver el Nuevo Testamento como una constitución de la Iglesia, o como una declaración completa de todo lo que sucedió al principio de la Iglesia o de todo lo que Jesús dijo y enseñó.

Escritas en la Biblia encontramos las palabras de San Juan al final de su Evangelio, quien dice "Jesús hizo muchas otras cosas. Si se escribieran una por una, creo que no habría lugar en el mundo para tantos libros" (Juan 21, 25).

MIEDO A LEER LA BIBLIA

P. Querido Padre
Cuando fui a New York mis sobrinos me dijeron que querían leer la Biblia, pero se sienten con miedo de confundirse al leerla. ¿Qué les puedo aconsejar?

América Murillo

R. Querida América

No nos cabe la menor duda que la lectura de la Biblia puede confundirnos ya que en ocasiones sus escritos reflejan una historia y un lenguaje ajeno al nuestro.

Prueba de las confusiones creadas confirman las muchas sectas cristianas que surgen con frecuencia reclamando el derecho de la correcta interpretación de su contenido.

Fue esta la razón por la que la Iglesia Católica aconsejaba que la Biblia fuera explicada por los expertos antes de ser puesta en las manos de los fieles o no expertos.

La razón sigue siendo válida, pero con una gran diferencia. Si sus sobrinos pueden consultar, en caso de duda, a quien les pueda aclarar el sentido de ciertos libros o ciertos pasajes, anímelos a que lean y reflexionen sobre lo que el Señor nos dice a través de las Sagradas Escrituras.

Hoy día contamos con comentarios populares y económicos que deben estar a nuestro lado para que nos aclaren los pasajes históricos y el sentido de las palabras que aparecen en la Biblia cuando sea menester. ¿No usamos comentarios muchas veces para comprender más a fondo obras literarias que son parte de nuestro legado, aunque hayan sido escritas hace sólo doscientos o trescientos años? ¿No le pedimos muchas veces a los expertos que nos las expliquen?

América, anime a sus sobrinos a dejarse empapar por la sabiduría y la actualidad de la Biblia. Pero que sea un empaparse inteligente y bien dirigido. Recuerde, sobran los medios, libros, panfletos, clases a nivel parroquial. Sus vidas, según entiendan paulatinamente la grandeza del Señor vertida en los libros del Antiguo y del Nuevo Testamento se enriquecerán increíblemente y le harán a usted una tía orgullosa.

NÚMERO 7 - PERFECCIÓN

P. Querido Padre
¿Por qué el número siete es símbolo de perfección, representando a Dios en la Biblia?

María L. Castellón

R. Estimada María

De acuerdo con nuestros antepasados en la fe, el número tres (3) simboliza el cielo y el número cuatro (4) simboliza la tierra. Si sumamos los números tres y cuatro nos dan siete, dando a entender que aún más grande que el cielo y que la tierra es Dios, ya que El lo abarca todo y está por encima de todo.

PALABRERIAS EN LA ORACIÓN

P. Querido Padre
El otro dia leí en la Biblia un pasaje en que Jesús nos dice que no repitamos palabras cuando oremos. Eso me preocupa bastante ya que hasta ahora yo he estado acostumbrado a rezar usando oraciones que tienen las mismas palabras como el "Padre Nuestro" y el "Ave María." Por favor explique. Gracias.

Roberto

R. Estimado Roberto

Recuerda que en ese pasaje que tú leíste (Mateo 6, 6-8) Jesús estaba criticando la manera de orar de los fariseos, personas expertas en las leyes de Moisés, ya que su oración salía de sus labios pero no de sus corazones.

Sin embargo, seguidamente, Jesús les dice a sus discípulos la forma en que han de orar el Padre Nuestro (Mateo 6, 9-13) oración que han de orar continuamente porque es la oración que Jesús les enseña.

El Padre Nuestro, al igual que cualquier otra oración, aún las que nosotros inventemos, puede convertirse en una repetición de palabras si no mantenemos en nuestro corazón ese deseo ardiente de mantenernos en íntima comunicación con el Padre a través de la oración.

Sin embargo, el Padre Nuestro, al igual que cualquier otra oración, bien intencionada, puede convertirse en expresión de entrega total y de amor a Dios que brota de lo más profundo de nuestro ser.

Por lo tanto, Roberto, no es tanto lo que decimos, sino nuestros sentimientos y actitud cuando oramos al Padre, lo que hará la diferencia.

¿PARA QUÉ ESTUDIAR TANTO LA BIBLIA?

P. Querido Padre
En el grupo de oración al cual asisto se ha dicho que para entender la Biblia no necesitamos estudiar tanto, que basta con solo orar y pedirle a Dios que Su Santo Espíritu nos lo aclare todo lo de la Biblia. ¿Es esto cierto?

Luvy Artiaga

R. Estimada Luvy

Ya han dicho los sabios que todo extremo es vicioso. Está tan equivocado quien afirma poder conocer la Biblia tan solo por el estudio, como quien afirma que solo la podemos conocer por la oración, sin necesidad de estudiar.

Ya San Pablo nos dice que es imposible creer si no se nos ha predicado y podríamos decir nosotros, ¿cómo es posible orar con la Biblia si ni siquiera la hemos escuchado o al menos la hemos leído? San Anselmo, en la edad media, aclaró que era imposible creer si al menos no entendíamos algo de aquello que debíamos creer y que, al entender un poco, aumentaríamos nuestra fe. De igual manera, si estudiamos la Biblia, la podremos conocer más y aumentar nuestra fe que, desde luego, es un don de Dios que se nos da sobre lo que vamos conociendo, ya que no se trata de una "revelación" privada que Dios haga a alguien. El hombre no es espíritu puro y por eso Dios le regaló los sentidos para que pudiera ver, oír, tocar, sentir, oler, gustar, y para que, a través de los sentidos, pudiera saber de Dios.

Sería necio despreciar el leer y estudiar la Palabra de Dios contenida en las Sagradas Escrituras, ya que Dios nos dio los ojos para leerla y el entendimiento para comprenderla, al menos en su contenido básico. Resultaría necio afirmar que solo estudiando técnicamente la Biblia la podremos entender del todo. Las dos cosas se requieren al igual que el camino del tren requiere de los dos rieles. Uno de ellos es el estudio y el otro la oración y así, apoyados en estos dos medios, podremos no sólo conocer, sino profundizar y llegar a vivir la palabra de Dios. En otras palabras, el estudio de la Biblia, además de la oración, requiere de la asistencia de la Tradición y del Magisterio de la Iglesia.

PECADO ORIGINAL

P. Querido Padre Pedro
¿Por qué razón seguimos siendo castigados por el pecado de Adán y Eva? ¿Acaso se supone .que las almas humanas son derivadas de los padres, al igual que los cuerpos? ¿No sería mejor decir que pecamos al imitar voluntariamente el pecado de desobediencia de Adán y Eva?

Confundida
Arabi, La.

R. Estimada Confundida

Habla usted de imitar el pecado de Adán y Eva, y es precisamente esta palabra lo que ha de traernos al centro de su pregunta. Yo puedo conscientemente decidir imitar a una persona, y no hay en ello ninguna conexión entre el acto que esa persona llevó a cabo y el que no cometí, con excepción de mi propio deseo de imitar.

Usemos ahora el lenguaje de la ciencia para hablar de genética y de herencia. Debido a que yo soy descendiente de mis padres, poseo ciertas características suyas (cabello, color de los ojos, de la piel, etc.) Son características que he heredado, me gusten o no,. Así mismo, parte de lo que heredamos de nuestros primeros padres es la inclinación al pecado, o sea, el pecado original. En otras palabras, hasta el bebé más bueno que crece en un hogar de padres buenos, en un ambiente bueno...lleva en sí la inclinación al pecado, resultado del pecado de Adán y Eva. Aun cuando el pecado haya sido "lavado" en el bautismo, los efectos quedan, y los podemos experimentar en carne propia al sentir los deseos desordenados de autonomía y concupiscencia.

PEDRO - ¿UN MIEMBRO MÁS DE LA IGLESIA?

P. Estimado Padre Pedro
Los protestantes suelen decir que cuando Jesús vino, ya la Iglesia existía. Que Pedro era miembro de ella, no la base, tal como se

nos enseña en nuestra fe.

Apreciaría su opinión al respecto.

Luisa T. Parsons
R. Estimada Luisa

Nuestros hermanos separados aciertan al decir que, cuando Jesús vino ya había una Iglesia, es decir, una comunidad de creyentes.

Dios había establecido con Abraham, y a través de él con su pueblo, lo que llamamos la Antigua Alianza descrita en los libros del Antiguo Testamento. El pueblo de Dios, esa comunidad de creyentes, esa Iglesia de la que nacería el Salvador.

En Cristo Jesús, sin embargo, Dios y Hombre, una nueva alianza, un nuevo testamento se anuda entre Dios y su pueblo. Como Abraham fue la cabeza del antiguo así es Cristo la cabeza, el Pastor del nuevo pueblo. Será la nueva comunidad de creyentes, cuya característica será el mandamiento del amor, dado por su Maestro. Pedro es escogido como la piedra sobre la que esta comunidad será fundada.

"Y ahora yo te digo, Tú eres Pedro, o sea Piedra, y sobre esta piedra edificaré mi iglesia que los poderes del infierno no podrán vencer."

"Yo te daré las llaves del Reino de los Cielos, todo lo que ates en la tierra será atado en el cielo y lo que desates en la tierra será desatado en los cielos". (Mt. 16, 18-19).

PROHIBIDO LLAMAR
"PADRE" A LOS SACERDOTES

P. Estimado Padre Pedro
Unos amigos Protestantes critican a los Católicos porque llamamos a nuestro sacerdote "Padre". Según ellos, esto va en contra de las enseñanzas de la Biblia, que en Mateo 23,9 nos dice, "no deben decirle Padre a nadie en la tierra, porque un solo Padre tienen - el que está en el Cielo".

Ivonne Mendieta

R. Estimada Ivonne

El uso del título "Padre" no es nuevo, pues se ha usado desde los primeros siglos del Cristianismo, aunque el nombre era tradicionalmente aplicado más bien a los monjes que a los sacerdotes. Los Protestantes gradualmente abandonaron su uso después de la Reforma.

La razón por la cual se llama al sacerdote "Padre" es sencilla y natural. El es quien administra los sacramentos que, en nombre de Cristo y de Su Iglesia, nos dan el nuevo nacimiento y la vida de gracia -Bautismo, Eucaristía, Penitencia y otros. También es el sacerdote el padre espiritual, quien cuida, instruye, apoya y nutre la vida de Dios en nosotros.

Es por esta razón que San Pablo no duda ni un momento en llamarse a sí mismo el padre de sus conversos Cristianos. "Aunque tuvieran en Cristo a diez mil guías que cuiden sus pasos", dijo él a los Corintios, "recuerden que sólo me tienen a mí como padre" (1 Cor. 4, 15)

En dos ocasiones llama "hijo" a Timoteo porque él ha sido quien ha llevado a la familia de Timoteo a la fe en Cristo. (Fil. 2, 22 y 1 Tim. 1, 2).

Entendida literalmente, esta parte del Evangelio de San Mateo nos prohibiría, inclusive, el llamar a nuestros padres naturales con ese nombre, o el llamar a nuestros instructores "maestros". Todo el contexto nos aclara que Jesús no estaba aferrado en las palabras en sí -padre o maestro-, lo que El más bien condenaba es la costumbre de algunos líderes en ostentar títulos con orgullo, para sentirse importantes.

En una acreditada colección de comentarios bíblicos Protestantes, se nos dice lo siguiente al respecto "si tomáramos literalmente este mandato, los títulos "doctor" y "profesor", tanto como "rabbi" y "padre" serían prohibidos a los Cristianos al. hablar o dirigirnos a nuestros dirigentes" (Biblia interpretada, volumen 7, del Evangelio de San Mateo).

¿QUÉ DICE LA IGLESIA SOBRE LA EVOLUCIÓN?

P. Estimado Padre

¿Qué dice la Iglesia acerca de la evolución? Actualmente se imparten enseñanzas a nivel de octavo grado en nuestros colegios Católicos y me pregunto qué derecho tienen los profesores de imponer sus ideas en las mentes de nuestros hijos. ¿Acaso no se necesita un permiso especial para enseñar evolución a niños de esa edad en nuestras escuelas Católicas?

Martín Robelo

R. Estimado Martín

No sé lo que quiere decir por "imponer". Uno no impone la evolución como tampoco impone la teoría del relativismo, ni de la física de Newton.

Si por evolución entiende usted la teoría de la vida humana (y de casi toda vida en la tierra) brotando y desarrollándose a través de otros seres vivos -a diferencia del haber sido creados por Dios "tomados directamente del barro"- la Iglesia no tiene ni una doctrina ni la otra.

Nuestra fe nos enseña que el mundo -incluyendo el ser humano- fue creado por Dios, y que la existencia de cada persona es el resultado de un acto particular de Su poder creativo.

Fuera de esto, sea que Dios nos haya creado instantáneamente o a través de un proceso de miles de años, no es asunto que la fe Católica discuta. Cualquier realidad, en nada afecta a la doctrina Católica.

Tampoco puede uno recurrir a la Biblia como punto de referencia, ya que las Escrituras (por lo menos desde el entendimiento Católico) no intentan responder a preguntas científicas o técnicas.

Las grandes declaraciones de fe del Génesis que a través de Su poder amoroso Dios creó el mundo y todo lo que existe, que de la mano de Dios brotó la Creación "toda ella buena", que aun después de la caída del ser humano Dios lo sigue llamando a entrar en unidad con su Creador y con su prójimo, y así sucesivamente- ninguno de los puntos mencionados tienen que ver con la manera exacta en que Dios creó a la familia humana.

Según el criterio eclesial, esto no es de incumbencia religiosa sino científica. Esto es cierto aún cuando algunos supuestos expertos del pasado -quienes no eran científicos ni teólogos- dijeron que la teoría de la evolución significaba muerte de la Biblia y del Cristianismo.

Personalmente, estoy convencido que la evidencia que nos viene de la biología, paleontología y ciencias relativas, hacen que por lo menos alguna forma evolutiva sea lógica.

Uno es libre de mantener su punto de vista si por cualquier razón piensa que la evidencia científica desvía. Una u otra manera de pensar no entra en conflicto con la doctrina de la Iglesia Católica.

¿QUÉ ES EL REINO DE DIOS?

P. Querido Padre
¿Qué es el Reino de Dios?

Manuel Gómez

R. Estimado Manuel

El reino de Dios es todo aquello que está sometido completamente a ese rey que es Dios. Cuando, en el Padre Nuestro decimos "venga a nosotros tu Reino" le estamos pidiendo al Señor que El nos someta, que El sea nuestro Rey.

Jesús es el primero en predicar la venida del Reino, ya que Jesús, al estar sometido completamente a la voluntad del Padre, en El estaba realizando el Reino de Dios.

Jesús, con su propia vida, anticipa el Reino. Es decir, la legión de todos aquellos que imitándole habían de servir al Padre y proclamarle como único Rey y Señor de sus vidas.

El Reino es la victoria definitiva de Dios sobre todos los enemigos de la raza humana. Sobre el pecado, el mal, la injusticia, la opresión y el sufrimiento.

Es a través de la sumisión de Jesús como Dios Padre vence, incluso, sobre el poder de la muerte. La resurrección de Cristo revela el destino glorioso del ser humano. Al final de los tiempos, Jesús volverá para establecer el Reino con todos los súbditos del Rey supremo. Entonces Dios, como nos dice la Biblia, será todo en todos, y Su Reino no tendrá fin.

QUITAR DE LA BIBLIA LO QUE NO ME GUSTA

P. Estimado Padre
En la fiesta de la Sagrada Familia, la segunda lectura está tomada de la carta de San Pablo a los Colosenses (3, 12-21). Nuestro pastor le dijo al lector que omitiera los versículos 18 al 21. "Esposas, sométanse a sus esposos..." Al preguntársele la razón, él dijo que lo hacía en respuesta a una carta de la diócesis, aconsejando al pastor a que substituyese la lectura por otra o que omitiese los versículos ofensivos.

¿Tiene el obispo local o un oficial diocesano) a autoridad para ordenar cambios o evisiones en las lecturas Dominicales?

Inquieta

R. Estimada Inquieta

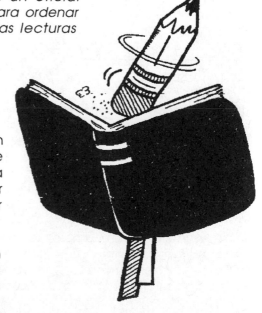

¡No! Ni el obispo, ni ningún sacerdote tiene derecho de cambiar ni de omitir ninguna palabra o pasaje bíblico por el hecho de que puede ser ofensivo a ciertas personas.

Recientemente se reunió en Washington la Conferencia de Obispos Católicos de los Estados Unidos y acordaron mantener el lenguaje inclusivo de la Biblia. Si aceptamos lo que las feministas piden, entonces ¿por qué no hacer desaparecer las partes problemáticas del Evangelio para quienes están divorciados y vueltos a casar? En otras palabras, ¿dónde está la linea divisoria en la que nosotros hemos de censurar, efectivamente a la Palabra de Dios?

Segundo, cuando un pasaje no se entiende debidamente, la actitud correcta no es la de dejar de usarlo, sino de explicarlo... y tal es el propósito de la homilía.

RESUCITAR O REVIVIR

P. Estimado Padre Núñez
No entiendo mucho la diferencia entre "Resurrección" y esos fenómenos de volver a la vida.¿Resucitaron Lázaro y el hijo de la viuda, o sólo volvieron a la vida?

Ramón Cervantes
Adjuntas, Puerto Rico

R. Estimado Ramón

Hoy en día la Teología es muy clara al diferenciar la palabra "Resurrección" de aquel acto por el cual a alguien se le "vuelve" de la muerte biológica a la vida temporal. Recordemos que el término "catalepsia" lo usa la medicina para hablar de alguien con todos los signos de estar muerto biológicamente, pero que en realidad podría estar vivo y por lo mismo, se le puede "volver" a la vida temporal, aunque después -y con el tiempo- tenga que morir definitivamente.

Este acto de volver a alguien a la vida temporal no se puede llamar teológicamente "Resurrección" sino "resucitación". De acuerdo a lo anterior, lo de Lázaro no fue resurrección sino resucitación y así también lo del hijo de la viuda y lo de todos aquellos casos que no pueda contar la ciencia médica de "regresar" a la vida temporal a quienes parecían muertos.

La "Resurrección" en cambio, no es un "volver" a la vida temporal, sino un "transformarse" por el poder de la misma Resurrección de Cristo en vida gloriosa, no perecedera y exenta de cualquier enfermedad para nunca más morir.

SAN PABLO ¿APÓSTOL?

P. Estimado Padre
¿En qué lugar de la Biblia se nos dice que Pablo fuese proclamado apóstol? Aún cuando él se refiere a sí mismo como tal, ¿no será que él se auto-nombró con tal título? Si no se auto-nombró, ¿quién le dió el título de apóstol?

Juan José Miranda
New Jersey

R. Estimado Juan Jose

En el Nuevo Testamento, San Pablo se refiere a sí mismo como apóstol en más de doce ocasiones (por ejemplo, Romanos 1-1. 1 Cor. 1-1. 1 Cor. 9-1. 2 Cor. 1-1. Gálatas 1-1)

El también se identificó a sí mismo como "apóstol de los Gentiles" (Romanos 11 - 13). Admite que no conoció a Jesucristo personalmente, pero enlaza su identidad apostólica al llamado especial que Dios le hizo en el camino a Damasco, contando la revelación especial que recibió de Jesús, a quien él perseguía cuando atacaba a la Iglesia de Dios.

En esta actitud de Pablo, sin embargo, jamás se descubre una actitud arrogante ni de ansias de poder o prestigio. Muy al contrario, Pablo lo tomó como parte de un llamado que Dios le hizo para comenzar la misión de cristianizar el mundo de aquel entonces.

SIGNIFICADO DE PALABRAS

P. Estimado Padre Pedro
Hace algún tiempo que estoy tomando clases de Biblia y las estoy disfrutando muchísimo. Me gustaría, sin embargo, que me aclarara el significado de los siguientes términos. Biblia, Evangelio, Católico, Iglesia y Carismas. En el amor de Jesús.

María Fuentes

R. Estimada María

Me alegró muchísimo que esté estudiando la Palabra de Dios. Ya verá cómo, poco a poco, esas palabras que lee en la Biblia van a ir cobrando vida y significado para usted.

El significado de las palabras es el siguiente,

BIBLIA - Palabra que viene del idioma griego y quiere decir biblioteca o colección de libros. Estoy seguro que ya en sus estudios bíblicos usted se ha dado cuenta que la Biblia no es un solo libro, sino más bien una recopilación de libros que comienza con el libro del Génesis, que es el primer libro que se encuentra en la Biblia y que termina con el libro del Apocalipsis, escrito por el Apóstol San Juan.

EVANGELIO - La palabra evangelio también tiene sus raíces en el idioma griego y significa "buena nueva." El Evangelio o la Buena Nueva es la noticia que Jesús viene a compartir con todos los seres humanos. La Buena Nueva que nos trae Jesús es que cada uno de nosotros tenemos un Padre que nos ama a tal extremo que está dispuesto a darlo todo por amor. Ese Padre que nos ama es Dios.

CATÓLICO - También esta palabra viene del idioma griego y significa universal. Este es el nombre que se le da a la Iglesia que Jesús funda una vez que comienza a esparcirse por todas las partes y regiones del mundo conocido en aquel entonces, atrayendo hacia sí, hombres, mujeres y niños de todos los países, culturas e idiomas. En eso pues, consiste la "catolicidad" de la Iglesia, que es universal, ya que sus miembros son de todas partes del mundo. Dios ofrece la salvación a través de Su Hijo Jesús, no a un grupito de personas, sino a Todos los que crean en El y le sigan.

IGLESIA - Esta palabra es derivada del latín y significa comunidad de creyentes. La Iglesia somos todos los que profesamos creer en Cristo y que, por medio del bautismo, nos hemos incorporado a Su Cuerpo. Es costumbre llamar a la "Casa de Dios" la Iglesia. Realmente, el término apropiado es el Templo. Es en el Templo donde se reúne la Iglesia, es decir, nosotros.

CARISMAS - Derivada del griego, esta palabra significa dones. Dios, porque nos ama y porque desea nuestra felicidad, nos da dones o talentos especiales para que podamos disfrutar la vida a plenitud y en ese disfrutar poder reconocer y sentirnos amados por Ese que nos da todo lo que poseemos. Sin embargo, los dones no se nos dan solamente para que los disfrutemos nosotros, sino para que los compartamos con los demás hermanos, con el propósito de que ellos también puedan disfrutar del amor de Dios compartiendo lo mucho que se nos ha dado.

Le aconsejo que lea la primera carta de San Pablo a los Corintios, capítulo 12. El también le explicará sobre esos maravillosos dones o carismas que el Señor nos ha dado.

¿YAVÉ O JEHOVÁ?

P. Estimado Padre
¿Por qué hay personas que llaman a Dios "Jehová"?

Jorge Palacio

R. Estimado Jorge

Cuenta la Biblia (Exodo 3) que un día en que Moisés cuidaba ovejas en el cerro de Horeb, esto es, el cerro de Dios, se le presentó el Señor bajo la apariencia de una llama ardiente en medio de una zarza que no se consumía.

Fue entonces cuando Dios le pidió a Moisés que fuera donde el faraón de Egipto y le ordenara que pusiera en libertad a los cautivos hebreos. Cuando Moisés le pregunta "¿quién debo decir que me envía?" Dios responde "Dile que te envía YHVH, o sea, Yo Soy el que Soy...el que hizo a todos. El que da la vida a todos, el Eterno Presente. El Ser por excelencia." (Todo eso significa YHVH en el idioma hebreo.)

Como sabemos, en el hebreo antiguo, idioma en que fue escrita la Biblia, no existían las vocales, sino solamente las consonantes. ¿Cómo pronunciar esas palabras entonces? ¿Qué vocales iban en medio de esas cuatro consonantes YHVH?

Cuando los protestantes tradujeron la Biblia creyeron que en medio de YHVH iban estas tres vocales, EOA, y así el nombre de Dios quedaba YeHoVaH, y por eso le han llamado Jehová a Dios.

Sin embargo, los teólogos modernos han llegado a la conclusión de que las vocales que se supone iban en medio de las consonantes YHVH eran AE, y así el nombre de Dios queda YaHVeH, o sea YAVE, nombre que aparece en las traducciones más modernas de la Biblia.

CAPÍTULO V

EL DEMONIO, EL INFIERNO y EL PURGATORIO

ÁNIMAS DEL PURGATORIO

P. Querido Padre

Yo soy una devota de las ánimas y siempre que les pido un favor me lo conceden, pero antes sueño con mucha gente conocida, sólo que no sé sus nombres y estoy confundida porque me han dicho unos amigos que las ánimas son seres que sólo se dedican al mal de la persona, pero yo les tengo tanta fe que no sé qué pensar.

En espera de su respuesta y mil gracias de nuevo.

María Luisa Martinez

R. Estimada María Luisa

Cuando hablamos de ánimas nos referimos a las almas de las personas que han muerto y que se encuentran todavía en ese proceso de purificación que llamamos Purgatorio. Las ánimas o almas del Purgatorio, lejos de ser malas, son almas buenas que están en espera de entrar al cielo.

Muchas de ellas pueden ser almas de nuestros parientes, amigos, aun la de nuestra madre, nuestro padre, nuestro cónyuge, nuestros hijos.

Si, cuando ellos estaban aquí en la tierra, les pedíamos que oraran por nuestras necesidades, yo creo, como usted, que con mayor razón debemos pedirles que intercedan por nosotros, ahora que se encuentran más cerca de Dios que antes.

CATÓLICOS QUE NO CREEN EN EL PURGATORIO

P. Padre Pedro
¿Es posible que los Cristianos que no creen en el Purgatorio vayan allí? Hay muchos Católicos que ya no creen que exista purgatorio.

Greg Miller

R. Estimado Greg

La realidad objetiva existe, la conozcamos o no. Por ejemplo, yo jamás he visitado la China, ni estoy convencido que Urano sea parte del universo, pero sé que son realidades que existen. Igual es el caso del Purgatorio o del Infierno.

¡Que una persona decida creer o no creer no quiere decir que no vaya a llegar allá algún día! Estoy convencido que muchos ateos han tenido la gran sorpresa de encontrarse cara-a-cara con Dios, cuya existencia negaban continuamente.

El Católico que ya no cree en el Purgatorio ha de volver a estudiar las enseñanzas de la Iglesia sobre este tema y orar para que le sea concedida una buena dosis de fe para aceptar lo que la Iglesia Católica enseña inspirada por el Espíritu Santo.

¿CREÓ DIOS EL INFIERNO?

P. Querido Padre
Dios creó el Cielo que es bueno...pero, ¿creó Dios también a Lucifer y al infierno?

Manuela Ortíz

R. Estimada Manuela

Es tradición Católica y enseñanza Cristiana que todos los ángeles - invisibles e inteligentes seres espirituales creados por Dios- fueron creados en un estado de amistad sobrenatural con Dios.

Tanto las Sagradas Escrituras como la tradición Cristiana dejan claro que esa creación, incluyendo a todos los ángeles, era buena porque venía de la mano del Creador. Leemos en el Génesis que Dios contempló la obra de Sus manos y "vio que era buena". Nada malo podía salir de las manos de un Dios que es bondad infinita.

Los Cristianos entendemos que el infierno es una separación eterna de Dios. Creemos que toda bondad y belleza es un reflejo de la bondad del propio Dios, y que sólo El puede colmar las ansias de nuestro corazón -la felicidad plena. La separación eterna de Dios sería el peor sufrimiento imaginable para cualquier ser humano. ¿Es posible que exista tal infierno? Sabemos que sí.

Dios nos creó en un acto de amor. Con su continuo acto de creatividad, El no sólo nos invita a corresponderle con amor, sino que Su amor nos capacita, nos permite y nos llena de energía para responder a ese amor por medio de nuestro propio crecimiento en bondad, santidad y relación amorosa con El.

Sin embargo, ni siquiera Dios puede obligarnos a amar. Por muy urgente que sea la invitación y por muy fuerte que sea la atracción del ser amado, quien llama a la otra persona a amar llega a un punto de decir "Sólo tú puedes dar la respuesta, ¿Es sí o es no?."

Dios no creó el infierno, pero el rechazo de Lucifer al amor de Dios bastó para que este existiera.

¿ES POSIBLE LA POSESIÓN DIABÓLICA?

P. Padre Pedro
¿Es posible que alguien esté poseído por el diablo? ¿Existe algún rito de exorcismo que el sacerdote pueda usar en tal caso? ¿Son reales las celebraciones de Misas Negras o son horrible creación de escritores de ficción?

José Luis

R. Estimado José Luis

La Misa Negra no es ficción. Es una ceremonia maquiabélica en que satanistas y adoradores del diablo, hacen una parodia del

Sacrificio de la Misa. Frecuentemente, para estos servicios sacrílegos tratan de obtener y de profanar una Hostia que ha sido consagrada.

Su pregunta acerca de una posesión es más difícil de contestar. Creer en ángeles y demonios es una realidad del cristianismo desde los tiempos de Cristo, y hasta en el Antiguo Testamento. Sin embargo, la naturaleza de estos seres es incierta, y existe muy poca doctrina oficial de la Iglesia acerca de ellos, aun cuando es enseñanza común que son seres inteligentes.

Mucho acerca de la posesión diabólica permanece sin respuesta, es decir, el control físico de un cuerpo humano por el diablo, porque se necesitan más estudios teológicos acerca de los ángeles y de los demonios.

Una cosa es cierta, ante los actuales conocimientos sobre desórdenes nerviosos y sicológicos, muchos extraños comportamientos a los que antes se atribuía ser de posesión diabólica, hoy encuentran explicaciones normales de índole natural.

¿EXISTE EL DEMONIO?

P. Querido Padre

¿Es cierto que el demonio no existe? Le hago esta pregunta porque el otro día, conversando con unos amigos, me dijeron que el demonio es sólo un cuento para asustar a la gente.

Esperando su respuesta.

Roberto López

R. Estimado Roberto

Ojalá sus amigos tuvieran razón. Desafortunadamente, tengo que decirte que no estoy de acuerdo con ellos ya que la influencia del demonio (espíritu del mal) se ve y se siente en todas partes y en todo momento. La Santa Biblia está llena de pasajes que nos hablan del demonio y de su continua influencia sobre la raza humana, que trata siempre de separarnos de Dios y de desviarnos por caminos que ofrecen placer y felicidad, pero que sólo nos llevan a nuestra propia destrucción. Sería bueno si leyeras lo que dice Jesús sobre el demonio, especialmente en el evangelio de San Mateo 5-37, 6-13, 12-43, 13-39 y 25-41.

Roberto, al igual que tus amigos, hay muchas personas hoy en día que no creen que el demonio existe y eso a él le va muy bien. Por ser tan astuto, el demonio es el primero que contribuye a hacer circular las noticias referentes a su propia muerte. Satanás se preocupa muy poco de los que no creen en él, pues ésos están ya de su lado.

LAS PELÍCULAS Y EL DEMONIO

P. Estimado Padre
Con frecuencia veo, en aquellas películas donde aparece el demonio, que es un ser monstruoso que suscita nuestro rechazo y no entiendo cómo es posible que, siendo tan repugnante, la gente lo pueda seguir como si les pudiera estar inspirando algo de confianza.

Aníbal Medina

R. Estimado Aníbal

Si el demonio fuera tan horrible en su aspecto como lo presentan en las películas, sin lugar a dudas a nadie le inspiraría confianza y muy pocos caerían en sus engaños. Pero la verdad acerca del demonio no la debemos buscar en las películas que buscan impresionar al auditorio con un ser repugnante, sino en las Sagradas Escrituras y el Magisterio oficial de la Iglesia, lo cual nos permitirá entender que muy al contrario, el demonio no solamente es un ángel, sino el más bello de ellos y desde luego, el más astuto de todos.

Santo Tomás, el gran doctor de la Iglesia, enseña que el demonio, al caer en desgracia por su soberbia, no perdió ninguna de sus características de su condición angélica, razón por la cual podemos entender que siendo tan bello y astuto pueda seguir engañando. Razón tiene la Biblia al llamarlo el padre de la mentira.

San Francisco decía que como el demonio salió del cielo, había que tener mucho cuidado con él, pues sabe más teología que cualquiera de nosotros, y continuamente vive metido en asuntos de Iglesia tratando de confundir con sus artimañas a los desprevenidos. De ahí que San Pablo nos exhorta a defendernos de todos los "oleajes y vientos de doctrina" (Efesios 4-14).

Usted tiene mucha razón al pensar que si el demonio fuera "feo" y despreciable, ¿cómo sería posible que lo siguieran tantos y se dejaran engañar por él? Pero recuerde que el demonio sigue siendo un ángel "bello" y muy "astuto" y que, al conocer tanto de nuestras debilidades, trata de confundir con su belleza y su astucia, para apartar al rebaño del Divino Pastor, Jesucristo, nuestro Señor.

POSESIÓN DEL DEMONIO

P. Estimado Padre
¿Es cierto que una persona puede ser poseída por el demonio, aún cuando esa persona es un niño o niña que no tiene uso de razón? Por favor, necesito su consejo.

José Aníbal

R. Estimado José Aníbal

Leemos en el Evangelio de San Marcos acerca de un hombre quien le dice a Jesús "Maestro, te he traído a mi hijo quien desde niño tiene un espíritu inmundo que se apodera de él, y el niño rechina los dientes..." (Mc. 9, 16-18).

Hoy, igual que con Adán y Eva, la persona que libremente escoge rechazar a Dios y seguir el mal y sus consecuencias, está abriendo voluntariamente la puerta de su vida a Satanás, con todas sus inmundicias y daños, los cuales pueden ser transmitidos a sus hijos. Creo que de la misma forma en que muchos males físicos pueden comunicarse de padres a hijos, de la misma manera, los males espirituales pueden ser transferidos.

Sin embargo, Jesús vino a este mundo precisamente para exterminar el daño y las consecuencias de la invasión del demonio. ¡Jesús vino para que tengamos vida! Así seguimos leyendo en el Evangelio cómo el padre del niño, afligido, le pregunta a Jesús "¿Puedes hacer algo por el niño? Ayúdanos, ten compasión de nosotros." Jesús primero reprende al padre por su falta de fe y le dice "¿Por qué dudas? ¿Por qué dices "si puedes"? TODO es posible para el que cree." Y Jesús ordenó al espíritu malo que saliera del niño (Mc. 9, 23-26).

¿QUIÉN ES EL DIABLO?

P. Estimado Padre Pedro
¿Quién es el Diablo? Otra cosa, cuando San Pablo habla de que nuestra lucha es contra los gobiernos del mundo, ¿a qué se refiere? Esperando su contestación.

Francisca Andrade

R. Estimada Francisca

Cuando Dios crea, nos dice la Biblia que todo, todo, es bueno. Y la razón por la que todo es bueno es porque todo lo creado brota del Creador que es perfectamente bueno.

Sin embargo, Dios crea seres que tienen el potencial de racionalizar y de tomar decisiones libremente. En esta categoría se van a encontrar los ángeles y los seres humanos.

La Biblia nos dice que ciertos ángeles decidieron rechazar el amor de Dios y apartarse de El para buscar la felicidad por su propia cuenta (Ez 28, 11-18). Se hicieron como dioses, adoraron su propio orgullo y su libertad, ya que fuera de Dios no existe libertad alguna, y eso los llevó a su propia condenación.

Desafortunadamente, como podemos ver en el diario vivir, el mal no sólo se contenta con su propia destrucción, sino que trata de buscar las formas de arrastrar a otros a la misma perdición. De ahí que el mal personificado en los seres que una vez gozaban de la amorosa presencia de Dios, ahora buscan los medios de arrastrar consigo a otros seres que al igual que ellos, pueden tomar la decisión de revelarse contra el Creador.

La Biblia nos habla entonces de la forma en que el mal, el pecado, entra en el mundo bueno que Dios había creado. En el principio había armonía entre los seres humanos pero se volvieron egoístas. El egoísmo los hizo sentirse autosuficientes. Pensaron entonces que a Dios ya no lo necesitaban,. Lo desobedecieron y fueron a buscar la felicidad por rumbos apartados de Dios, en la misma forma en que anteriormente lo hubieran hecho los ángeles. La Biblia nos dice que nuestros primeros padres comieron del fruto prohibido, es decir, desobedecieron a Dios. Esta desobediencia abrió las puertas al mal que en ese momento entró en el mundo y desde entonces se convirtió en parte de él.

Es por eso que desde entonces existen el dolor, el llanto, la guerra, la envidia, el rencor, la mentira, la codicia, la injusticia y la muerte. El mal arrastra a otros a ser malos y los impulsa a que abracen el mismo destino que es la perdición eterna.

La Biblia nos dice que el mal tiene una estructura jerárquica como la de Dios, la diferencia es que los males pueden actuar única y exclusivamente dentro del límite que Dios les permita.

A la cabeza de las legiones del poder del mal se encuentra el Diablo. La Palabra de Dios, la Biblia, le da al Diablo un sin número de títulos, como por ejemplo El Príncipe de este mundo, el Príncipe de los demonios, el Mentiroso o el Padre de la Mentira, el Seductor, el Acusador, el Disfrazado como ángel de luz, el Juzgado, el Quebrantado y el Encadenado.

La palabra "diablo" significa rebelde. De acuerdo con la Biblia, el Diablo es el jefe de todos los espíritus malignos. Al Diablo también se le conoce con el nombre de Satanás, palabra hebrea que significa adversario.

Hoy en día el Diablo es un ser muy popular. Se disfraza de poder, de gobiernos, de ejércitos, de películas de fama, de dinero, de placeres carnales, de vicios, de venganzas y de muerte. Y el Diablo, con sus legiones, sigue arrancando la conciencia del ser humano y seduciéndolo con el pecado para que rechazando a Dios se deje arrastrar por las corrientes del mal.

Por lo tanto, como dice San Pablo, nuestra lucha es contra todos estos poderes y gobiernos del mundo ya que nuestra lucha, como hombres y mujeres de Cristo, es contra el poder del mal que existe en todos estos instrumentos que el Diablo utiliza para seducirnos y para arrastrarnos en la corriente del mal.

El mal lo tenemos que combatir con el arma del bien, todo lo que Jesús nos enseña, y rechazarlo siempre en el nombre de Jesucristo. Cuando Jesús viene, El ordena al mal que se aleje de los hombres. Por lo tanto, el exorcismo de los demonios lo presenta la Biblia como el preludio de la venida del Reino de Dios en la persona de Jesús. Esta tensión entre la Iglesia y el mal continuará a través de la historia hasta que el Diablo con sus legiones sean echados para siempre en el infierno (Revelaciones 20, 8-10).

¿QUÉ ES EL PURGATORIO?

P. Muy estimado Padre
¿Qué es el purgatorio?

Alina García

R. Estimada Alina

La Iglesia Católica llama purgatorio a ese estado en que se entra después de morir, por el cual muchas personas que se han salvado tienen que pasar para llegar a ser capaces de gozar de la visión beatífica, es decir, para poder contemplar a Dios. Este proceso de purificación exige una purgación de la propia voluntad. De ahí el término purgatorio.

Algunos se preguntan ¿Por qué la necesidad de recurrir a esta doctrina? ¿Por qué no hablar solamente en términos de cielo e infierno?

La doctrina Católica del Purgatorio reconoce el hecho de que algunas pesonas mueren antes de haber alcanzado en esta vida la perfección espiritual que Dios esperaba de ellos.

¿QUÉ PIENSA LA IGLESIA DEL INFIERNO?

P. Querido Padre
¿Qué piensa la Iglesia del infierno?

Rosa María Meléndez

R. Estimada Rosa María

La Iglesia enseña que el infierno, desafortunadamente, existe.

Quisiera asegurarle, sin embargo, que muchos de los conceptos populares sobre la sede de Satán -como el lugar en el que arde el fuego y las rocas son como lava candente- la Iglesia jamás enseñó.

La Biblia ha usado en ocasiones idioma simbólico para dar a entender los grandes sufrimientos por los que pasarán las personas que libremente optan por seguir al maligno,.

La Iglesia siempre ha enseñado y continuará enseñando que el ser humano puede deliberadamente apartarse de Dios, optando vivir con las puertas de su corazón cerradas a Dios, es decir, en pecado. Esta separación del amor divino es lo que finalmente lleva al ser humano a ese estado de completo y eterno distanciamiento de Dios, estado de ser que llamamos infierno.

¿QUÉ SON LOS DEMONIOS?

P. Padre Pedro
Le ruego me explique lo que en realidad, según la Biblia, son los demonios.

José Quintero

R. Estimado José

Textualmente nos dice la Biblia que "nuestra lucha no es contra fuerzas humanas, sino contra los gobernantes y autoridades que dirigen este mundo y sus fuerzas ocultas. Nos enfrentamos con los espíritus y las fuerzas sobrenaturales del mal" (Efesios 6. 12).

El enemigo es espiritual y la guerra también, por lo que necesitamos un poder espiritual.

Existe un mundo demoníaco a nuestro alrededor que se está manifestando en la actualidad. Años atrás, la mención de la presencia de los demonios entre nosotros hubiese atraído risas y burlas de parte de los cristianos que me escuchaban, pero vemos cómo en la actualidad han proliferado los cultos Satánicos. Encontramos las iglesias satánicas en muchas ciudades, y para muchos ya no son extrañas ni ajenas las terribles prácticas y celebraciones de sus cultos.

En días pasados, alguien vino a decirme "Las cosas horribles que cuentan son reales y verdaderas, Padre. Lo he comprobado". ¿Y quién dice que no son reales? le contesté. Si usted todavía no lo cree, tiene la obligación de abrir bien los ojos para darse cuenta de todo lo que está sucediendo a su alrededor. Muchísimas personas son conquistadas, engañadas y llevadas a toda clase de prácticas ocultas. Hay fuerzas espirituales que trabajan en este mundo, fuerzas del mal que luchan en contra de la Iglesia, en contra del creyente, en contra de Dios, en contra de Cristo.

La Biblia nos habla de los Poderes, de los Principados y gobernantes de este mundo de tinieblas, y ellos son los demonios que obedecen a Satanás y están al acecho de los asuntos y personas en el mundo.

Hemos localizado e identificado al enemigo, y ese enemigo es espiritual. Tenemos que aprender a reconocer los lugares donde está la batalla, ya que a través de los años la Iglesia ha venido perdiendo de vista la batalla espiritual. Desafortunadamente hemos llegado a pensar que si tenemos un edificio precioso, atraemos a multitudes y si tenemos suficientes entradas económicas, ya todo va bien en la Iglesia.

Es hora de que comencemos a responder a preguntas tales ¿Cómo miembros de la Iglesia nos basamos en Cristo? ¿Se enseña y obedece la Palabra de Dios? ¿Existe un espíritu de amor y de colaboración entre la feligresía? ¿Se ha reducido el chisme y la murmuración?

TRES DÍAS DE TINIEBLAS

P. Estimado Padre

Recientemente leí un libro escrito por un sacerdote Católico en el que dice que se acercan tres días de tinieblas como castigo de Dios por todos los pecados que la gente está cometiendo. ¿Qué hay de cierto en todo eso?

Juan López

R. Estimado Juan

El libro al que usted se refiere se titula "El Cielo nos avisa Muy próximos, 3 días de tinieblas."

Para comenzar, debo decirle que he tratado de averiguar si el autor de dicho libro es realmente un sacerdote Católico, pero hasta el presente no he tenido éxito. Segundo, es importante que usted esté consciente de que ese libro no tiene la aprobación oficial de la Iglesia o "el imprimatur", por lo tanto, lo que el libro dice está basado en la opinión de una persona y no de la Iglesia.

¿Qué dice el libro? Básicamente que el mundo está cada día perdiéndose más a causa del pecado. Como consecuencia de tanto pecado y de tanta maldad, al mundo le espera un castigo como no se ha visto ninguno otro desde el Diluvio. El autor se basa sobre todo en profecías que se supone han hecho grandes santos de la Iglesia, como son Santa Brígida (1303-1373), San Anselmo (Siglo XIII) y San Vicente Ferrer (1350-1419). Estas profecías anuncian el fin de un mundo (mundo de pecado), un juicio de naciones y una catástrofe universal que sobrevendrá a la humanidad por vivir los seres humanos alejados de Dios y de espaldas al evangelio de Cristo.

Según el autor de este libro, personas de peso en la Iglesia han asegurado que vendrá sobre la tierra una obscuridad total que durará tres días y tres noches. Nada será visible y el aire se volverá pestilente, nocivo, y dañará aunque no exclusivamente a los enemigos de la religión. Durante los tres días de tinieblas, la luz artificial será imposible, sólo las velas benditas arderán.

¿Será esto cierto? Sólo Dios sabe. Lo que sí puedo decirle es que en más de una ocasión he tenido personas que han venido a mí para que les bendiga velas y andan preocupados pensando cuándo ocurrirán estas cosas.

Mi consejo es el mismo consejo de Jesús, "Busquen primero el Reino." Es decir, tratemos de seguir sometiéndonos a la voluntad de Dios. Tratemos de encontrarle y de servirle. Tratemos de someternos fielmente a Sus deseos... a Su voluntad. Si estamos con Dios, podemos estar seguros de que nada tenemos que temer.

CAPÍTULO VI

Los Sacramentos

BAUTISMO

P. Querido Padre Pedro
¿Por qué es necesario que los padres de infantes que se bautizan garanticen que van a educar católicamente al niño o niña?

Guillermo

R. Estimado Guillermo

El Bautizo no es una ceremonia meramente social. Es un compromiso serio con el Señor, compromiso que contrae el bautizado.

Cuando el que va a ser bautizado no puede aceptar a Cristo por sí mismo por no tener suficiente uso de razón, los padres y padrinos asumen esta responsabilidad por él. Si el niño al crecer no va a vivir y a poner en práctica la fe católica que por supuesto tiene que ser trasmitida a él o a ella por sus padres y padrinos, entonces no tiene sentido comprometerlo con algo que probablemente no va a cumplir. Para este niño que no va a ser educado como Católico, es preferible esperar a que esta garantía exista o que él mismo decida más adelante.

BAUTISMO "EN NOMBRE DE CRISTO"

P. Estimado Padre Pedro
Un pastor de una Iglesia no Católica me dijo que el bautizo solamente vale cuando la persona es bautizada en el nombre de Jesucristo. ¿Es eso cierto?

Alicia

R. Estimada Alicia

Yo admiro a las personas que, como usted, tienen deseos de conocer más sobre el Señor Jesús y sobre la fe cristiana. Tenga cuidado, no obstante, de preguntarle a personas que no son de su misma fe, ya que su manera de interpretar la Palabra de Dios es diferente y eso la puede confundir más de lo que la puede ayudar.

El bautizar en "nombre de Cristo" significa con la autoridad de Cristo. Jesús nos da su autoridad para que bauticemos y, a través del bautismo, hagamos que otros se incorporen a Su Cuerpo, que es la Iglesia.

Si usted presencia un bautizo en la Iglesia Católica escuchará que el sacerdote o diácono invocará las tres Divinas Personas. Esto lo hace según el mandato del mismo Jesús quien dijo antes de regresar al Padre "Todo poder se me ha dado en el cielo y en la tierra. Por eso, vayan y hagan que todos los pueblos sean mis discípulos. Bautícenlos, en el nombre del Padre y del Hijo y del Espíritu Santo, y enséñenles a cumplir todo lo que yo les he encomendado" (Mateo 28:19).

BAUTISMO DE NIÑOS

P. Querido Padre Pedro
¿Por qué se bautiza a los niños?

María José Munguía

R. Estimada María José

Al bautizar a los pequeñitos, reflejamos lo bien que comprendemos el Bautismo en sí. Dice San Pablo en su Primera Carta a Timoteo, capítulo 2, versículo 4, que Dios quiere que todos los hombres se salven y alcancen el conocimiento de la verdad. Jesús reveló a Nicodemo -el Fariseo- (y a través de él, a nosotros) el plan de salvación - En el Evangelio de San Juan, capítulo 3, Jesús dice "Les aseguro que nadie puede entrar al Reino de Dios si no ha nacido del agua y del espíritu."

El Bautismo es un sacramento, en otras palabras, es un signo externo del amor personal de Dios para nosotros. No basta que hayamos nacido en una familia humana, sino que hemos de renacer como miembros de la familia de Dios, para compartir Su naturaleza divina. Es en este renacer espiritual que experimentamos por vez primera los efectos salvíficos de la muerte y resurrección de Jesús.

Este regalo de la salvación nos es dado gratuitamente, como expresión de Su amor infinito. El siguiente ejemplo puede ayudarnos a entender. El amor que de mis padres recibo es un don gratuito, necesito de su amor para estar vivo. Sin embargo, su amor no depende de mi respuesta. El amor es tan esencial para mí que mis padres no se esperaron a que yo tuviera edad suficiente para entenderlo o para corresponder a su amor, todo lo contrario, ellos me amaron desde mi concepción hasta mi edad adulta. Su amor vino primero, y mi respuesta fue secundaria. Lo mismo es verdad acerca del amor de Dios por nosotros. Dios quiere compartir Su vida con nosotros, y El no espera a que nosotros estemos preparados para aceptarlo y creer en El, más bien, Su vida es tan importante para nosotros que El quiere que la experimentemos desde los primeros días de nuestra existencia, ¿Acaso Jesús no regañó a los Discípulos cuando trataron de evitar que los padres de familia le llevaran a sus niños? El dijo "Dejen que los niños vengan a mí, no se lo impidan, porque de ellos es el Reino de los Cielos." Lo primero es el amor de Dios. Leemos en la Primera Carta de San Juan, capítulo 4, versículo 10, "En esto está el amor, no en que nosotros hayamos amado a Dios primero, sino en que El nos amó a nosotros." Nuestro amor es secundario. Mientras el bautismo de niños enfatiza la prioridad del amor de Dios, no quita la necesidad de que la persona bautizada comprometa su vida con Dios como respuesta. Así como nosotros experimentamos el amor de nuestros padres muchos años antes de que podamos expresarles nuestro amor, una persona que se bautiza en su niñez experimenta la vida y el amor de Dios años antes de escoger a Jesús como su Señor y Salvador personal como respuesta.

No hay en las Sagradas Escrituras una declaración específica de que los pequeños fueran bautizados, pero sí hay bastantes declaraciones que lo hacen entender. Recordemos que la Buena Nueva fue proclamada a un adulto. Leemos en las Escrituras que cuando los paganos se hacían creyentes, no era solamente el dueño de la casa quien era bautizado, sino todos los de su casa. Indudablemente, esto incluía a los hijos todos, incluyendo a los bebés. (1 Corintios 1:16)

COMULGAR VARIAS VECES

P. Querido Padre Pedro
¿Se puede recibir la Comunión más de una vez al día sin haber pedido permiso especial?

Julia Medina

R. Querida Julia

En el pasado, la Iglesia pidió que la Comunión fuera recibida solamente una vez al día. Hace pocos años, sin embargo, se anuló tal reglamento, permitiendo comulgar más de una vez en ocasiones especiales.

Existen dos categorías de tales ocasiones que pueden servirnos de guía. La primera en Misas y ritos especiales -bodas, funerales, bautizos, unción de los enfermos, etc. Uno bien puede, por ejemplo, asistir a una boda el Sábado por la mañana y por la tarde del mismo día asistir a una Misa Dominical. La persona bien puede comulgar en ambas ocasiones.

También, si alguien sirve en un ministerio específico como de lector en una segunda Misa, él o ella puede perfectamente comulgar en ellas.

Otra posibilidad -aunque poco común- sería cuando alguien cumple con dos Misas de guardar en un mismo día. Por ejemplo, si un día feriado cae en Sábado, bien podría asistir a Misa celebrando el día de guardar y a Misa por la tarde valedera para el Domingo, y comulgar en ambas liturgias.

El Código de la Ley Canónica sencillamente dice que cualquiera que haya recibido la Eucaristía puede nuevamente recibirla el mismo día solamente dentro de una celebración Eucarística (CCL 917).

Podremos mejor entender si estamos conscientes de dos inquietudes que tiene la Iglesia en este respecto. Primero -y punto básico- es que lo normal de un cristiano ha de ser (a menos que se encuentre en pecado grave) que reciba la Eucaristía siempre que participa en una Misa. Así lo entienden y practican los Católicos en su mayoría. El recibir la Comunión es parte integral -no extra opcional- en la celebración de la Eucaristía. Si esto es valedero para todos, con mayor razón se aplica a quienes sirven en ministerios específicos en la liturgia.

Por otro lado, la Iglesia sabe que algunos católicos son tentados a tratar las cosas sagradas -incluyendo la Misa- en forma supersticiosa. Conocí a una señora que orgullosamente contaba que ella asistía a 11 Misas -o a sus partes esenciales- los Domingos.

Para evitar que las personas cayeran en similares hábitos de Comulgar, la Iglesia reglamentó en el pasado hacerlo una sola vez al día, al igual que los cambios actuales lo establecen, para que el Pueblo de Dios al confiar en su mayor y mejor conocimiento y significado de la Eucaristía, no cometa abusos. Y al mismo tiempo, para animarlos a recibir la Comunión - aunque sea más de una vez al día.

CONFESARSE Y SEGUIR PECANDO

P. Estimado Padre Pedro
¿Por qué es que, cuando nos confesamos, tenemos que hacer el propósito de no pecar más, cuando sabemos que somos pecadores y que vamos a seguir pecando? Por favor, sáqueme de esta duda.

Jorge Motto

R. Estimado Jorge

Por propósito de no pecar más se entiende la intención sincera de no volver a pecar. Dios mismo no perdona un pecado si el pecador no se propone dejar de cometerlo.

A menos que una persona decida no repetir su ofensa, no se puede decir que esté arrepentida de ella. El propósito de evitar el pecado en adelante, por consiguiente, es necesario para el perdón.

Es importante recordar, sin embargo, que lo que Dios pide en lo tocante a resolución para lo futuro es que intentemos hacer lo mejor que podamos.

Nadie puede decir con seguridad "Estoy cierto de que nunca volveré a cometer este pecado," ya que, como usted dice, todos somos pecadores. Por eso, lo único que podemos decir es "Con la ayuda de Dios haré lo más que pueda. Quiero no volver a cometer este pecado y huiré de todo lo que pudiera ser ocasión de una nueva caída, y sé que con Dios a mi lado le podré ser fiel y venceré la tentación de cometer el pecado que me daña y me aparta de mi Señor."

CONFESIÓN COMUNITARIA

P. Padre Pedro
Me dijeron que ya no se acostumbra que los Católicos digamos al sacerdote cuando fue nuestra última confesión. Hace poco tuvimos en nuestra parroquia un examen de conciencia público y después, el sacerdote esperó a que cada quien se acercase al altar a decirle una de las cosas que más le estaba molestando, y al final, se asignó una penitencia general y se nos despidió.

¿Podría usted decirme si este servicio es realmente un Sacramento de la Reconciliación?

Lola
Harvey, La.

R. Estimada Lola

Comenzaré por decir que este Sacramento se puede experimentar a través de tres formas diferentes. El más común y corriente es a través de la confesión individual de los pecados, recibiendo una absolución individual.

El segundo es un servicio penitencial comunitario (generalmente acostumbrado en las parroquias en tiempo de Adviento o de Cuaresma). En él, después de compartir algunas lecturas Bíblicas, se hace un examen de conciencia comunitario, confesión privada y absolución individual, y después se despide a los allí congregados.

La tercera opción es la de una absolución general, que involucra absolver a todos en confesión privada, y ha de ser practicada solamente en casos de emergencia (por ejemplo, cuando hace meses los soldados partieron de los Estados Unidos hacia la Guerra del Golfo). Las leyes de la Iglesia requieren que quien haya recibido la absolución de esta manera, haga una confesión privada tan pronto como pueda y, por supuesto, antes de recibir otra absolución general por segunda vez. Los obispos Estadounidenses han decretado que la absolución general no ha de ser concedida a menos que la persona no tenga acceso a un sacerdote por un período de más de un mes. En otras palabras, no basta que un gran número de pesonas se encuentren congregadas en una Iglesia para justificar que todos reciban la absolución general, si se considera que ellos pueden ir a un sacerdote cualquier día. Lo contrario sería aceptable en territorio de misiones donde el sacerdote llega solamente una o dos veces al año.

La Iglesia toma muy en serio su ministeio de sanar a los pecadores, procurándoles la mayor asistencia posible en su proceso de arrepentimiento, para llevarlos de regreso a la santidad. Tal proceso no es posible en una gran asamblea. Cristo viene a nosotros personalmente -no en un grupo anónimo- y la Iglesia ha de reflejar el mismo acercamiento particular en tan importante ministerio como es el de la reconciliación del pueblo con Dios.

¿DE DÓNDE SE ORIGINO LA PALABRA SACRAMENTO?

P. Querido Padre
¿Dónde se originó la palabra Sacramento?

Elías Barona

R. Estimado Elías

En el mundo antiguo, la palabra latina "sacramentum" significaba el compromiso de entregarse sin reservas por amor a su tierra, que un soldado hacía en su ingreso en una legión del imperio romano.

Pensando en este compromiso sin reservas, Tertuliano, un escritor cristiano, llamó al bautismo "Sacramento", a principios del siglo tercero de nuestra era.

Al introducir este uso, Tertuliano subrayaba la importancia de la renuncia a Satanás y el compromiso que el bautizado contraía con la comunidad de discípulos de Jesús.

Para los cristianos de aquella época y las venideras, la palabra sacramentum fue un recuerdo constante del nuevo estilo de vida a la que nos comprometemos al recibir los sacramentos. San Pablo desarrolló extensamente este tema al tratar el bautismo (Romanos 6:3-11) y la Eucaristía (I Corintios 10:14-21, 11:17-34)

¿HAY QUE CONFESARSE PARA COMULGAR?

P. Querido Padre
Quisiera saber si es cierto que ya no hace falta confesarse para comulgar.

Martha Gutiérrez

R. Estimada Martha

¿Quién le ha dicho eso no sabe lo que está diciendo. La Iglesia Católica ha enseñado y enseñará siempre que la confesión de los pecados es necesaria para vivir en unidad con el Señor y con todos nuestros hermanos los hombres.

La confesión nos acerca a Dios del que nos alejamos cuando pecamos, nos reconcilia con Dios al que rechazamos cuando caemos en la tentación. La confesión nos ayuda a sanar la herida que causamos al Cuerpo de Cristo del que, como miembros de la Iglesia, somos parte.

No tiene sentido acercarnos a recibir el Cuerpo del Señor si nuestras acciones nos han alejado de El, si nuestra vida nos ha desgarrado de su Cuerpo.

Si es esta la situación, desde luego hace falta acercarse al sacramento de la reconciliación antes de participar en el banquete eucarístico.

Pero si nuestra vida es vivida de cara a Dios y al servicio del hermano, acerquémonos sin miedo a El, después de reconocer que "no somos dignos de que entre en nuestra casa pero sabemos que una palabra Suya bastará para sanar nuestra alma."

JESÚS ESTÁ PRESENTE EN LA HOSTIA

P. Estimado Padre
¿Cómo podemos estar seguros que Jesús está presente en la hostia que recibimos en la Misa?

José Carlos

R. Estimado José Carlos

Las palabras "Este es mi cuerpo", "Esta es mi sangre," fueron pronunciadas por Jesús como promesa de que El daría a comer su carne y a beber su sangre.

Cuando hizo esa promesa dijo "Mi carne es comida verdadera y mi sangre es bebida verdadera" (Juan 6/55). Los que escucharon a Jesús entendieron estas palabras en forma literal, por eso es que muchas comenzaron a retirarse, nos dice la Biblia. Jesús, que podía leer sus mentes y la incredulidad de sus corazones, los dejó ir, y aun hubiera dejado que los apóstoles se hubiesen ido si no hubieran aceptado sus palabras literalmente (Juan 6/61-70).

San Pablo, hablando de la presencia de Jesús en el pan y el vino consagrados, nos dice "Así, pues, quien come el pan y bebe el cáliz del Señor indignamente, peca contra el cuerpo y la sangre de Jesús. Por esto, que cada uno examine su conciencia cuando va a comer del pan y beber de la copa. De otra manera, come y bebe su propia condenación al no reconocer el Cuerpo" (1 Corintios 11:27-29).

P. Padre Pedro
¿Está Cristo realmente presente en la Eucaristía?

Angel Marenco
Miami, Florida

R. Estimado Angel

En la Eucaristía, Cristo está presente y ejerce su influjo en la palabra que se nos dirige por medio de la Escritura y la predicación. Cristo está presente en el sacerdote que preside para reunirnos, conducirnos en la oración y llevar nuestro homenaje a Dios. Cristo está presente en toda la comunidad reunida en su nombre. Por

Cristo esta comunidad del pueblo de Dios se acerca a Dios para decir la amorosa palabra proferida por Jesús, "Padre." Así, al igual que los primeros cristianos, también nosotros profesamos creer en la presencia real de Cristo en cuanto Señor y sumo sacerdote en la celebración eucarística. El es quien nos reúne y nos da de comer **su propio cuerpo y su propia sangre.**

Esta convicción se basa en las palabras específicas "**mi carne es verdadera comida, y mi sangre es verdadera bebida**" (Juan 6:55), y en la sorprendente implicación que deduce san Pablo, "el que coma del pan o beba de la copa del Señor indignamente, será reo del cuerpo y de la sangre del Señor" (1 Corintios 11:27).

LISTA DE PECADOS

P. Padre Pedro
Sé que hay muchísimos Católicos que, al igual que yo, no se confiesan. Antes lo hacía mensualmente, pero he dejado pasar un año y no sé por dónde comenzar a hacer mi examen de conciencia, pues no recuerdo ni la mitad de los pecados cometidos. ¿Quiere usted ayudarme?

Manuel

R. Estimado Manuel

Razón tiene en
decir muchos
son los que se
han alejado del
Sacramento de
la Reconciliación,
y creo podrán
ayudarle los tres
puntos que a
continuación le
señalaré.

No es necesario
que usted haga
lista de todos los pecados, pues solamente las ofensas graves necesitan ser confesadas. Si lleva una vida honesta y sincera, los pecados vendrán a su mente en cualquier momento, sin que usted necesite horas de reflexión para recordarlos.

Segundo, cualquier pecado olvidado es perdonado en el arrepentimiento general por todas sus ofensas. Si creyera haber olvidado algo serio, no permita que esto le preocupe, ya que puede mencionarlo en la próxima ocasión que se acerque al confesionario.

De último, pero de mayor importancia, es el hecho que Dios no tiene tanto interés en que usted recuerde su pasado o en que haya logrado vaciar limpia su alma. Lo que Dios quiere es su corazón, su compromiso, su futuro, su amor, todo lo que usted tiene y quiere darle. Por favor, no espere más tiempo.

LOS SACRAMENTOS NO SE COMPRAN

P. Querido Padre Pedro
He oído muchas veces estas preguntas. ¿Cuánto tengo que pagar por una misa o por un bautizo o por un funeral? He escuchado que los sacramentos se compran. Padre, ¿qué opina usted sobre esto?

Norma Cruz

R. Estimada Norma

Lo primero que tenemos que aprender es que los sacramentos no se compran. Por lo tanto, la palabra "pagar" por una misa o un bautizo o un funeral, está mal empleada.

Tanto la misa como el bautismo y los demás sacramentos son momentos especiales que Dios usa para adentrarse en las vidas de los presentes. A través del bautizo, Dios sella a la criatura con el Espíritu Santo y la convierte en miembro de Su Cuerpo, la Iglesia. A través de la Misa, el Señor entrega a los presentes su propio cuerpo y sangre, al mismo tiempo en que, juntos, nos entregamos los unos a los otros en el mismo Señor. A través del matrimonio, Dios se entrega a la pareja en el amor que sienten el uno por el otro.

Dios es el que se entrega a nosotros a través de cada sacramento. Nosotros no tenemos con qué pagarle a Dios para que se nos dé. El se nos da porque nos ama. Es por eso que los sacramentos no se pagan.

Ahora bien, la Biblia insiste en un sin-número de pasajes en que nosotros somos los mayordomos de los bienes que recibimos de Dios. Todo lo bueno que tenemos viene del Señor y, por lo tanto, a El le pertenece todo lo nuestro.

Dios quiere que disfrutemos lo que El tan generosamente nos da, pero también quiere que compartamos lo que, sin merecerlo, recibimos de El. Una de las formas en que la Biblia insiste en que compartamos nuestros bienes es con la Iglesia que necesita de nuestra aportación económica responsable para poder continuar la misión que Jesús nos encomendó. Es decir, la de cuidar las necesidades físicas y sobre todo espirituales de los que tienen menos que nosotros.

Hay otros que dicen que lo que se da es una "limosna" por una misa o por un bautizo celebrado. Esa palabra tampoco está bien, ya que el dar limosna por haber recibido un sacramento es menospreciar lo que Dios hace por nosotros. Aún más, con esa actitud de dar de lo que nos sobra menospreciamos al mismo Dios a quien le damos "algo" por el favor que nos hizo.

NEGAR LA ABSOLUCIÓN

P. Apreciado Padre Pedro
¿Es cierto que un sacerdote puede negar el perdón a una persona que vaya a confesarse? Esperando ansiosamente su respuesta.

Manuel Frenso

R. Estimado Manuel

Hay dos momentos que me vienen a la mente, en la vida de Jesús, en que El autoriza a sus discípulos para que perdonen, o no perdonen, en Su nombre.

El primer momento lo encontramos en el Evangelio de San Mateo, capítulo 16, en el que el Señor le dice a Pedro, "Y ahora, yo te digo, Tú eres Pedro, o sea Piedra, y sobre esta piedra edificaré mi Iglesia que los poderes del Infierno no podrán vencer. Yo te daré las llaves del Reino de los Cielos, todo lo que ates en la tierra será atado en el cielo, y lo que desates en la tierra será desatado en los cielos."

El segundo momento lo encontramos en el Evangelio de San Juan, Capítulo 20, comenzando con el versículo 21, "El les volvió a decir, 'La paz esté con ustedes. Así como el Padre me envió a mí, así yo los envío a ustedes. Dicho esto, sopló sobre ellos, 'Reciban el Espíritu Santo, a quienes ustedes perdonen, queden perdonados, y a quienes no liberen de sus pecados, queden atados.' "

Jesús le da Su Autoridad a Sus discípulos para que, en su nombre y en nombre de su cuerpo la Iglesia, aten o desaten perdonen o no. Los primeros discípulos de Jesús, los Apóstoles, fueron los primeros obispos de la Iglesia, que a la vez, fueron ordenando a otros obispos y presbíteros (sacerdotes) según era necesario para poder así continuar la misión encomendada por Jesús de predicar la Buena Nueva, sanar y reconciliar. El poder que reciben de Jesús, ellos lo comparten con otros con el propósito de que el mandato de Jesús sea cumplido, sin interrupción, hasta el fin de los tiempos.

Por lo tanto, Manuel, si bien es cierto que el sacerdote tiene el poder para perdonar al penitente en nombre de Dios y de Su Iglesia, la comunidad de creyentes a quien ofendemos cuando pecamos, el sacerdote también, de acuerdo al mandato de Jesús, puede negar ese perdón.

¿Cuándo se le niega el perdón al penitente? Cuando éste confiesa su pecado sin propósito de enmienda. Es decir, confiesa que ha pecado pero quiere seguir pecando. En esa situación el sacerdote no puede administrar el perdón ya que no hay verdadero arrepentimiento.

P. Estimado Padre

Asisto a Misa diaria y me confieso una vez al mes. El sacerdote no me da la absolución porque desde mi confesión pasada, yo no recuerdo ningún pecado cometido para confesar (ni siquiera venial). Sé que la Biblia dice que hasta el hombre justo peca siete veces al día. ¿Podría usted ayudarme?

Mercedes
California

R. Estimada Mercedes

Si no existe el pecado, no puede haber perdón para lo que no existe. La invito a meditar en ello, pues si usted no tiene pecados, ¿para qué quiere la absolución? ¿Absolverla de qué?

Por otra parte, no imagino a alguien que pueda pasar todo un mes sin pecar, por eso le sugiero que cada noche se haga un cuidadoso examen de conciencia, guiándose por los mandamientos para determinar sus fracasos en cumplir con la Ley de Dios y meditando en las palabras de Jesús como medio para descubrir si usted progresa o no en su vivencia Cristiana. Pienso que usted necesita desarrollar una mayor sensibilidad a lo que es pecado y tener mayor conciencia del daño que el pecado (cualquier pecado, mortal o venial) ocasiona y afecta nuestra relación con Dios, quien llama a cada uno de nosotros a la santidad y a la perfección.

PADRINOS

P. Querido Padre Pedro
Los padrinos de mi hijo quieren saber si también pueden ser sus padrinos de Confirmación. ¿Está aceptado por la Iglesia?

Ana María
Reedly, Ca.

R. Estimada Ana María

No está solamente aceptado, sino que es también recomendable que quienes han apadrinado a un niño en su Bautizo, lo hagan también en su Confirmación. La razón es obvia, ya que el compromiso asumido por el padrino en la Confirmación es el mismo que asumió en el Bautizo, que dicho en otras palabras, no es más que ayudar al niño a vivir su compromiso bautismal bajo la influencia del Espíritu Santo. Al apadrinar al niño en ambas ocasiones, el padrino no hace más que afianzar su compromiso haciéndolo más efectivo.

Por supuesto que también puede usted buscar otro padrino de Confirmación, teniendo cuidado en elegir a alguien que tenga cualidades espirituales y la suficiente madurez para poder responder a su compromiso, y que además sea católico y que a su vez haya recibido los Sacramentos del Bautismo, Confirmación y la Eucaristía.

PADRINOS MALOS

P. Estimado Padre
Una persona que no ha sido bautizada, no ha tomado la primera comunión, no se ha confirmado y, en ninguna de las Iglesias que ha visitado se ha sentido satisfecha y, cuando llega a la Iglesia Católica le dan ganas de llorar y se marcha. ¿Podría esta persona ser madrina o padrino de un niño o matrimonio?

Epifanía Velazquez

R. Estimada Epifanía

Cada día que pasa, los líderes de la Iglesia están más conscientes de la importancia de preparar adecuadamente a los padres y padrinos de la criatura que va a ser bautizada, ya que del ejemplo de ellos dependerá, en gran parte, la relación que ese infante tendrá con el Señor Jesús en los años venideros.

Por lo tanto, la Iglesia pide que, al menos, uno de los padrinos tiene que ser católico practicante. El católico practicante es uno que no sólo recibe con frecuencia los sacramentos pero, mas aún, es aquella persona que trata de vivir a cabalidad las enseñanzas de Jesús.

Si el padrino de la criatura es un católico practicante, entonces la señora a quien usted se refiere en su carta puede ser madrina, aunque no sea cristiana.

Le aconsejo, sin embargo, que hable con los padres de la criatura y que les haga ver la inmensa responsabilidad que tienen ante Dios, de buscar los mejores padrinos para su bebé.

¿POR QUÉ CONFESARNOS CON UN SACERDOTE?

P. Apreciado Padre Pedro
¿Por qué debemos confesar los pecados a un sacerdote?

Emilio Díaz

R. Estimado Emilio

El pecado ofende a Dios y a la comunidad, así que el pecador necesita del perdón de ambos. Algunas veces, debido a la misma naturaleza del pecado cometido, no debemos, ni podemos acudir a la persona ofendida. Tampoco nos obliga la confesión pública, especialmente porque eso iría contra nosotros mismos.

El sacerdote, que representa a Dios nuestro Padre misericordioso, y al Pueblo Peregrino del Señor, puede hablar, y de hecho lo hace, en nombre de los dos cuando nos absuelve de nuestros pecados y nos reconcilia con Dios y con la Iglesia.

Jesús ya no recorre los caminos de la tierra con su cuerpo físico. Sin embargo continúa su labor de curar nuestras almas por medio del ministerio de la Iglesia. El pronuncia todavía aquellas palabras capaces de darnos aliento y esperanza, "Tus pecados te son perdonados."

Actualmente lo hace a través del Sacramento de la Reconciliación (La Confesión), el sacramento de la misericordia divina. Por su gran amor para con los pecadores, el Señor nos ha dado el modo de penetrar con su acción curativa todos los rincones de la tierra.

El día de Resurrección Jesús dio a los Apóstoles el poder de perdonar los pecados (Juan 20/21-23). La Iglesia, en nombre de Cristo, continúa transmitiendo esta facultad a los sacerdotes durante su ordenación.

Es cierto que el sacerdote no puede leer la mente y el corazón del pecador como Jesús lo hacía, pero actualmente el pecador, una vez confesados sus pecados y recibida la absolución de Dios y de la Comunidad de Creyentes por medio del sacerdote, puede estar tan seguro de que ha quedado espiritualmente tan sano como todos a quien Jesús les dijera un día "Queda sano...Ve en paz."

P. Estimado Padre

Algunos amigos que pertenecen a otras denominaciones cristianas, constantemente me están haciendo caer en cuenta que sólo los Católicos nos confesamos con un hombre, mientras que ellos confiesan sus pecados directamente a Dios. ¿Será que estamos equivocados los Católicos al confesarnos con un hombre?

Ana María Salcedo

R. Estimada Ana María

Pregúntele a sus amigos por qué van ellos a orar y a alabar al Señor con otros hombres cuando Jesús dice que al orar lo hagamos en privado en la alcoba y ahí, en lo secreto, el Padre nos escuchará. Muy seguramente le explicarán también, ¿como es eso de poder amar a Jesús al darle de comer o de beber a un hombre? No se trata de polemizar sino de reflexionar con ellos acerca del plan de Dios que desea ser conocido, servido y recibido como hombre, no sólo por la encarnación del Hijo de Dios sino porque así lo quiso el mismo Jesús al subir al Padre. En cuanto a la confesión de los pecados con un hombre, no hay un solo texto de la Sagrada Escritura que lo prohiba, es más, si leemos la carta de Santiago encontramos que nos dice, "confiesense sus pecados unos a otros" También le dijo el Señor a los Apóstoles "a quienes les perdonaren los pecados le serán perdonados y a quienes se los retengan, le serán retenidos". ¿No significa eso que para poder perdonar esos pecados deben ser conocidos y para poder ser conocidos deben ser confesados? ¿Cómo podemos decirle a Jesús que NO, cuando ha sido El mismo quien quiso que nuestros pecados le fueran confesados, no directamente en lo privado de nuestras alcobas, sino en la intimidad de la confesión que hacemos al sacerdote, como hombre que es y con potestad de orden para hacerlo? Algunas iglesias cristianas están retornando a cumplir la enseñanza del Señor de confesar los pecados a sus ministros. Observemos cuando hacen aquellos hermosos testimonios de su pecaminosa vida pasada delante de la asamblea conformada por hombres. Nosotros, los Católicos, podemos estar seguros de la enseñanza de la Iglesia y desde luego, aunque respetemos las otras iglesias, no debemos poner tanta atención a sus interpretaciones, ya que debemos escuchar y seguir las enseñanzas de nuestra Iglesia y si no, no tendría sentido ser Católico y permanecer fieles en la Iglesia de la cual las otras denominaciones se han desprendido.

PROPÓSITO DE NO PECAR

P. Estimado Padre
¿Por qué, cuando nos confesamos, tenemos que prometer no pecar más cuando sabemos que muy posiblemente seguiremos pecando?

Jorge Edgardo

R. Estimado Jorge Edgardo

Por propósito de no pecar más se entiende la intención sincera de no volver a pecar. Dios mismo, no perdona un pecado, si el pecador no se propone dejar de cometerlo.

A menos que una persona decida no repetir su ofensa, no se puede decir que esté arrepentida de ella. El propósito de evitar el pecado en adelante, por consiguiente, es necesario para el perdón.

Es importante recordar, sin embargo, que lo que Dios pide en lo tocante a resolución para lo futuro es que intentemos hacer lo mejor que podamos.

Nadie puede decir con seguridad, "Estoy cierto de que nunca volveré a cometer este pecado," ya que, como dice la Biblia, todos somos pecadores.

Por eso, lo único que podemos decir es, "Con la ayuda de Dios haré lo que pueda. Quiero no volver a cometer este pecado y huiré de todo lo que pudiera ser ocasión de una nueva caída, y sé que, con Dios a mi lado, le podré ser fiel y venceré la tentación de cometer la falta que me daña y me aparta de mi Señor."

Esa, estimado Jorge Edgardo, es la disposición que Jesús y la Iglesia desean que tengamos cuando, arrepentidos, nos confesamos. Eso es lo que significa "el propósito de no pecar más."

¿QUÉ LES PASARÁ A LOS QUE NO SE BAUTIZAN?

P. Querido Padre
El Espiritu Santo vive en nosotros desde que recibimos el Bautismo. Pero, ¿qué es de los que no son bautizados?

José Emilio

R. Estimado José Emilio

Usted dice correctamente que los que hemos sido bautizados hemos recibido el Espiritu Santo. ¿Qué es de los que no se han bautizado? Pues ellos no lo han recibido.

La pregunta que viene de immediato a nuestra mente es que si esto les impedirá ir al Cielo. Yo le diría que no, ya que sabemos que finalmente seremos juzgados de acuerdo a la forma en que hemos vivido.

Tanto la Biblia como la Iglesia enseñan que Dios es todo misericordia y, aunque es infinitamente justo, El quiere que todas sus criaturas se salven.

Por lo tanto creemos que Dios ha de juzgar nuestra fidelidad a El de acuerdo a las oportunidades que hayamos tenido en nuestra vida de conocerle.

Un hombre o una mujer de una tribu remota de Africa podrá morir sin nunca haberse bautizado y, aún más, sin ni siquiera haber escuchado jamás el nombre de Jesús. Sin embargo, estamos convencidos de que, si esa persona le ha sido fiel a Dios de acuerdo a sus conocimientos y posibilidades, lo más probable es que tenga tanta oportunidad de salvarse como la persona en esta parte del mundo que haya sido bautizada y que durante su vida le haya sido fiel al Señor.

Lo importante pues, es buscarle a El primero, utilizando todos los medios y oportunidades a nuestro alcance. El resto se nos dará por añadidura.

¿QUÉ SE DEBE HACER CON UN ENFERMO GRAVE?

P. Querido Padre
Cuando un familiar se encuentra enfermo de gravedad, ¿qué han de hacer los familiares antes que llegue el sacerdote a administrar el Sacramento de la Unción de los Enfermos?

Sonia Briceño
Gretna, La.

R. Estimada Sonia

Conviene que los familiares al lado de la cama coloquen una mesa con un crucifijo, dos velas encendidas y agua bendita, que nos recuerda el agua con que fuimos bautizados. Esto debe ponerse encima de un mantel de lino blanco, que nos recuerda de la victoria de Jesús sobre la muerte y el pecado.

En el cuarto no han de haber ruidos que distraigan (radio, televisión o equipos de sonido). En el caso que el sacerdote lleve el Santísimo Sacramento consigo, se debe recibir en la puerta y con reverencia llevarlo al cuarto del enfermo, anunciándole que llega para que esté consciente y atento,.

En el caso que no sea posible hacer tales preparativos, por lo menos hay que asegurar que el enfermo y el sacerdote (junto con familiares o amigos presentes) propicien un ambiente donde la oración fervorosa se haga posible.

Muchos sacerdotes se sorprenden de la falta de respeto manifestada ante la presencia del Santísimo Sacramento en estos tiempos modernos, a la vez que de la falta de sensibilidad manifestada por las personas que en momento tan importante y crítico rodean al enfermo (hablan vanamente y hacen chistes, con verdadero irrespeto). Tal comportamiento indica que ignoran totalmente lo sagrado, y más bien se abren a paganas actitudes, aunque francamente, hasta los Romanos no-creyentes de antaño daban mayor importancia a tal acto que muchos Católicos contemporáneos.

A decir verdad, algunos sacerdotes han propiciado tal actitud de indiferencia al decirle a las personas que actúen "con naturalidad" en el proceso del Sacramento de la Unción a un enfermo. Pero hay una gran diferencia entre actuar "con naturalidad" y en actuar con falta de respeto e irreverencia.

SE ME OLVIDAN MIS PECADOS

P. Querido Padre Pedro

Cuando voy a confesarme no me puedo acordar de todos los pecados cometidos para decírselos al sacerdote. ¿Qué me aconseja que haga?

Tengo nueve años de edad y estoy en cuarto grado.

Ana María

R. Estimada Ana María

Ante todo, quiero felicitarte por interesarte tanto en el Sacramento de la Confesión, y por tu deseo de querer recibirlo de la manera correcta.

Quiero recordarte algo que seguramente ya sabes. Este sacramento no sólo perdona los pecados, sino que nos hace fuertes para poder vivir nuestra vida cristiana. La gracia que Jesús nos regala cuando vamos a confesarnos nos ayuda a recordar y a desear mantener nuestras vidas en la línea que Jesús nos enseña.

Fortalecida con el ejercicio de este sacramento, no es tan importante que te esfuerces en recordar todos los actos y ofensas que has cometido durante el día, pero sí es muy importante que te esfuerces en crecer en confianza hacia Dios, en tu amor por El y por esos que te rodean - tu familia, amistades, y por supuesto, por tu propia persona.

Menciono estos detalles para que entiendas que lo primerísimo que Nuestro Señor quiere es que nos sintamos cómodos y contentos cuando vamos a encontrarnos con Su amor perdonador en el Sacramento de la Confesión. Después de eso, te recomiendo que leas otras enseñanzas tanto acerca de la Confesión como de otros temas de nuestra fe. Tu conocimiento de Dios ha de aumentar a medida que vayas creciendo.

Si en tu escuela no encuentras libros que te ayuden a mejor entender las cosas de Dios, puedes pedir a algún sacerdote de tu parroquia que te preste alguno, o que te indique alguna librería católica donde puedas encontrar un folleto que te ayude a saber más de la Penitencia y de los otros sacramentos que Dios nos ha dejado para que caminemos llenos de salud y felicidad.

CAPÍTULO VII

EL Matrimonio y La Vida Familiar

ANULACIÓN DE MATRIMONIOS

P. Querido Padre Pedro

Quiero saber si es cierto lo que me dijo una amiga, que se puede anular un matrimonio Católico en cualquier Parroquia por sólo $250.00 ¿Es cierto?

R. Rojas

R. Estimada señora Rojas

Los 250 dólares (en realidad son $300.00) son para pagar los gastos del proceso de anulamiento, pero no para comprarlo. Tampoco es cierto que el matrimonio pueda ser anulado en una parroquia. El párroco, u otro sacerdote, presenta el caso al tribunal eclesiástico de la Diócesis. Este tribunal, después de estudiar detenidamente la evidencia presentada a favor y en contra de la validez del matrimonio declara si, en realidad, un matrimonio sacramental tuvo lugar o no.

La Iglesia Católica toma muy en serio las palabras de la Biblia (Mateo 19/6) que dicen que "lo que Dios ha unido el hombre no puede dividir." Por lo tanto, la Iglesia, siguiendo la Palabra de Dios, se opone al divorcio.

El divorcio civil declara que la unión entre las dos personas que antes estaban casadas ha quedado rota. El anulamiento eclesiástico, por otra partre, es una declaración pública que dice que, después de haber investigado minuciosamente la situación, se ha comprobado que nunca existió una verdadera unión matrimonial en esa pareja desde su comienzo. El anulamiento eclesiástico es, por lo tanto, la declaración de la Iglesia de que esa pareja nunca estuvo casada ante los ojos de Dios, aun cuando la ceremonia se efectuó en el seno de la Iglesia.

Un matrimonio puede ser declarado nulo e inválido por razones sicológias, impotencia, inestabilidad, presiones externas, etc.

Es importante recordar que los hijos siguen siendo considerados legítimos aun cuando un matrimonio llegue a ser declarado nulo e inválido por la Iglesia.

No es fácil que la Iglesia declare que un matrimonio es nulo e inválido. Sin embargo, las autoridades eclesiásticas harán todo lo que está en sus manos por ser lo más justos posible ante los ojos de Dios.

Por otra parte, existen muchas personas hoy en día que están libres para casarse o que de hecho se han vuelto a casar porque la Iglesia ha declarado su primer matrimonio nulo e inválido.

Visite a un sacerdote si necesita ampliar esta breve información o quisiera más orientación.

P. Querido Padre
¿Tiene derecho una persona a volver a casarse por la Iglesia estando el cónyuge vivo y sobre todo, lo autoriza la Iglesia solamente porque no hay hijos de por medio?

Consuelo Solares

R. Estimada Consuelo

Desafortunadamente no conozco a fondo el caso que usted me presenta. Sin embargo, dos cosas puedo decirle sin ninguna duda a equivocarme.

Primero, quiero asegurarle que la Iglesia es muy cuidadosa cuando anula un matrimonio. La Iglesia definitivamente no cree en el divorcio. Más aún, enseña que lo que Dios unió, el hombre no puede separarlo. Así dice la Biblia y así lo enseña y lo cree la Iglesia.

Cuando un matrimonio se anula, lo que en realidad dice la Iglesia es que Dios no unió ese matrimonio. Que si bien es cierto que hubo una ceremonia religiosa, que la disposición de ambos cuando se casaron no estaba de acuerdo con lo que Dios quería para ellos o para su matrimonio y por lo tanto, no fue un matrimonio de acuerdo a la voluntad o al plan de Dios.

Si esto es así, aunque haya habido una ceremonia por la Iglesia, la Iglesia puede considerar y declarar que esa unión es nula, ya que no está de acuerdo a la voluntad de Dios.

Segundo, como bien sabemos uno de los fines del matrimonio es la procreación de los hijos. Si el matrimonio del que usted me habla nunca tuvo hijos, tal vez fue porque uno de los esposos nunca quiso tenerlos. Si eso es cierto, entonces el matrimonio puede ser anulado, es decir, declarado inválido, ya que, al menos uno de los dos esposos está yendo en contra de la voluntad de Dios, que es que estén abiertos a la posibilidad de tener hijos.

CASARSE CON UN DIVORCIADO

P. Padre Pedro
Mis hijos recibieron estricta educación Católica y mi hija es a la vez muy firme en su fe. Ama y desea casarse con un hombre que ha estado divorciado por siete años.

Ambos expusieron su caso a un sacerdote que les dijo que no pueden casarse en la Iglesia Católica. Esto ha sido un golpe terrible para mi hija que pensaba que ella podía llevar a su esposo a ser miembro de la Iglesia Católica. ¿No sería posible casarlos, aunque no fuera en el altar mayor?

Beatriz

R. Estimada Beatriz

Cualquier Católico que haya sido formado en nuestra fe ha de ser consciente de las enseñanzas básicas de la Iglesia respecto al matrimonio, y que se expone a serios problemas al permitir una seria relación con una persona divorciada.

A veces se puede obtener una anulación que haga posible que una pareja se case conforme a las leyes de la fe Católica. Pero la Iglesia no tiene el poder ni la autoridad ante Dios para hacer lo que usted menciona, o sea, aprobar la boda de un hombre y una mujer sin tomar en cuenta los esposos o esposas previas, sencillamente porque los dos estén enamorados y quieran un boda Católica.

El sacerdote a quien usted acudió le aconsejó bien. El lugar donde se celebra el matrimonio, ya sea el altar mayor o los laterales- no tienen nada que ver con la validez del matrimonio. Mientras uno de los esposos esté vivo, ningún matrimonio por la Iglesia es posible sin una anulación que dé la libertad para casarse.

Si su hija tiene la base Católica que usted menciona, le aconsejo regresar a su sacerdote (o a otro sacerdote), pidiéndole que investigue las posibilidades en el caso.

CASARSE EN VARIAS IGLESIAS

P. Querido Padre Pedro
Tengo un amigo que se casó por la Iglesia Católica. Hace cinco años contrajo matrimonio en una Iglesia protestante con una mujer diferente. El ya no es católico. Ante los ojos de Dios, ¿comete él adulterio?

Lupe

R. Estimada Lupe

De acuerdo con la doctrina moral de la Iglesia Católica, su amigo está cometiendo adulterio, ya que su primer matrimonio y no el reciente es el que la Iglesia reconoce.

En el evangelio de San Mateo, capítulo 5, Jesús le dice a los que le escuchan "Se dijo también, ' el que despida a su mujer le dará un certificado de divorcio'. Pero yo les digo que el que despide -fuera del caso de infidelidad- la empuja al adulterio. Y también el que se case con una mujer divorciada comete adulterio."

El que se casa con una mujer divorciada comete adulterio. ¿Por qué? Porque de acuerdo con la ley de Dios esa mujer está ya casada con su primer esposo. La misma ley que se aplica en este caso a una mujer, también es aplicada a los hombres.

COMULGAR DESPUÉS DE GOLPEAR A LA ESPOSA

P. Estimado Padre
¿Qué cree usted de un hombre que golpea a su mujer y después comulga? Muy agradecida por la respuesta que pueda darme a la mayor brevedad posible.

Una interesada

R. Estimada Señora

Sinceramente, yo le tengo muy poco respeto a las personas que utilizan la fuerza física para alcanzar su propósito. Peor aún, si el propósito que desean alcanzar a través de la fuerza física es que se les ame, se les escuche, se les comprenda y se les respete.

Un hombre que abusa físicamente de su esposa debe examinar su conciencia ante Dios. La Biblia, una y otra vez, exhorta tanto al hombre como a la mujer a vivir una vida conyugal basada en la dádiva recíproca de todo su ser.

El hacer lo contrario va en contra de los designios del Señor quien, en muchas ocasiones y de diferentes maneras, ha dicho que todo cuanto le hacemos a otras personas se lo hacemos a El también.

De aquí tenemos que concluir pues, que si un hombre le pega a su esposa (no importa las circunstancias que lo hayan impulsado a cometer este acto), le pega también al mismo Cristo.
No veo, entonces, como una persona que golpea y maltrata a la persona de Cristo en su semejante, especialmente su esposa, pueda después acercarse a recibir al Señor en la Santa Comunión sin antes haberse arrepentido, confesado y haber enmendado su comportamiento.

DIVORCIO

P. Estimado Padre Pedro

¿Por qué la Iglesia Católica no acepta el divorcio cuando lo lógico es que dos personas que no puedan convivir juntas tengan la oportunidad de rehacer sus vidas a través de nuevas relaciones matrimoniales.

Esperando su respuesta.

Elena Peralta

R. Estimada Elena

Oímos con frecuencia esta pregunta y entendemos la angustia que, muchas veces, la acompaña. Sabemos que, desde un punto de vista puramente humano no tiene sentido que dos personas que no pueden convivir juntas no puedan rehacer sus vidas.

Permítame, pues, aclarar dos puntos claves.

1. Es Cristo el que no acepta el divorcio, y consecuentemente, la Iglesia no puede ir en contra del mandato del Maestro. En Marcos los Fariseos vienen a Jesús con ánimo de probarlo y le preguntan, ¿Puede el marido despedir a su esposa? (Mc. 10/2).

La respuesta de Jesús - la invito a que la lea - es tajante. "(Dios) los hizo hombre y mujer. Por eso dejará el hombre a su padre y a su madre para unirse con su esposa y serán los dos uno solo. De manera que ya no son dos, sino uno solo. Por eso, lo que Dios unió, que el hombre no lo separe" (Mc. 10/6-9).

Elena, no está en manos de la Iglesia cambiar el mandato del Señor. La Iglesia acepta la separación legal de un matrimonio que no puede seguir conviviendo. Pero si existió el vínculo del que habla Jesús, esa unidad entre hombre y mujer que simboliza la alianza entre Dios y su pueblo está fuera de la jurisdicción de la Iglesia el disolverlo. Y, por lo tanto, no puede corroborar o aprobar la unión subsiguiente de un católico divorciado legalmente.

La Iglesia, después de una investigación cuidadosa, puede descubrir y declararlo así, que ese vínculo, esa entrega total que exige el matrimonio nunca existió en esa pareja. Eso es una anulación - una declaración de que nunca existió verdadero matrimonio sacramental, sino sólo legal.

2. Ya ve la importancia de que nuestros jóvenes entiendan lo que es el matrimonio antes de embarcarse en esa aventura de toda una vida. Están tan acostumbrados a ver matrimonios disueltos que se les oye decir con frecuencia, "yo me caso y, si no funciona, nos divorciamos." No es eso el ideal ni el plan de Dios. Dios no hizo con nosotros una alianza "a ver si funcionaba..." Su alianza es eterna.

Así debe serlo el matrimonio, símbolo y sacramento de esa alianza.

EL QUE SE CASA, QUIERE CASA

P. Estimado Padre
¿Qué le diría usted a esas personas que al formar su propio hogar siguen atados a la familia de origen y por lo tanto ponen en peligro la estabilidad del hogar, dejándose -consciente o inconscientemente- manipular por ellos?

Eileen Espinosa

R. Estimada Eileen

Hay un adagio español -tan viejo como sabio- que dice "El que se casa, casa quiere". Desafortunadamente, son muchos los matrimonios que se han roto a causa de conflictos que han tenido con los miembros de la familia de ambos.

Mi consejo para los matrimonios que están teniendo conflictos con los miembros de sus familias es el siguiente. Reconozcan que después de Dios, no existe persona más importante sobre la tierra que su cónyuge. Esto quiere decir que los deseos de la persona con quien usted está casada y la felicidad de esa persona tienen que ser más importantes que los deseos o la felicidad de las personas que están a su alrededor, incluso la felicidad o deseos de sus propios hijos -y a veces a costa de los propios hijos, que a veces no pueden ser concebidos debido a tensiones ocasionadas sobre la pareja-.

Si su cónyuge es el número uno, después de Dios, entonces no sólo su lista de prioridades en sus relaciones personales se arreglará, sino que volverá la armonía y la estabilidad a su vida y a su hogar.

Por eso claramente la Palabra de Dios nos dice "El hombre dejará a su padre y a su madre y se unirá a su mujer y serán los dos un solo ser" (Génesis 2/24). Esto claramente quiere decir que tanto el hombre como la mujer, tanto el esposo como la esposa, desde el momento de su casamiento han de estar dispuestos a poner a toda persona en un segundo nivel para poner al cónyuge en el puesto más importante de su vida y de su corazón.

ESPOSA PURITANA

P. Estimado Padre Pedro
Mi esposa es muy puritana en nuestra vida íntima matrimonial y no permite que nuestra vida sexual se vuelva interesante. Al yo querer que probemos diferentes actos amorosos, ¿hago mal o es inmoral mi manera de pensar?

Juan
Rhinebeck, New York

R. Estimado Juan

A través de los siglos, la respuesta de los confesores a esa pregunta ha sido la misma. Mientras el acto sexual se lleve normalmente, ninguna caricia o posición será considerada inmoral. El esposo y la esposa tienen amplia libertad para variar sus expresiones sexuales.

El enfoque del matrimonio, sin embargo, no está en el cuerpo como sentido físico. En el matrimonio, dos personas se entregan uno al otro como ofrenda individual, única.

Quizá su esposa se preocupa por la moralidad en ciertas maneras de realizar el sexo y usted, aunque está en capacidad de tranquilizar su conciencia al respecto, ante todo ha de tratar de comprender los sentimientos individuales de su esposa en otros aspectos de su convivencia diaria. Es muy cierto que el sexo es emocionante, porque Dios así lo hizo, pero ante todo, El lo regaló como expresión de unidad y de amor. Es ese amor el que precisamente puede requerir de usted que se abstenga de hacer cosas con las cuales no cometería pecado, pero sí ofendería la sensibilidad de su esposa.

FORNICACIÓN EN EL MATRIMONIO

P. Estimado Padre Pedro
¿Cuándo hay fornicación en el matrimonio?

Interesada

R. Estimada Interesada

Fornicación se define como "el acto sexual fuera del matrimonio." Técnicamente hablando, hay fornicación a) cuando uno de los dos cónyuges tiene relaciones sexuales fuera de su matrimonio. Este acto, además de conocerse como fornicación, también se le conoce como adulterio o violación de la fe conyugal. b) cuando dos católicos tienen relaciones sexuales, habiéndose casado solamente por la ley civil.

HIJOS QUE NO RESPETAN A SUS PADRES

P. Estimado Padre
Tengo un hijo que no me respeta como padre, ni respeta a su madre tampoco. Ella y yo hemos sufrido mucho. Nos grita, nos insulta y dice que no quiere saber nada de Dios. Sabemos que anda por malos caminos, pero ya no sabemos qué hacer para ayudarlo. Esperando sus consejos.

Alberto

R. Estimado Alberto

Su pregunta, desafortunadamente se la hacen hoy día muchos padres. Es un hecho que nuestros hijos crecen en un ambiente distinto del nuestro. A veces no sabemos a quién culpar. Les hemos dado a ellos lo que nuestros padres no nos dieron a nosotros. Pueden

conducir un automóvil siendo aún niños. Pueden ver en la televisión, -desde luego en sus propios hogares y a veces juntos con sus padres-, lo que sólo se veía en los cines y teatros de las partes malas del pueblo o la ciudad. cuando nosotros crecíamos. Y desde luego, para completar el cuadro, la música que oyen glorifica a un sexo que ha perdido su belleza - La belleza puesta en él por Dios, al ser compartido por los conyuges como expresión de su amor.

Muchas escuelas, centros de disciplina en nuestros días, son con frecuencia campos de batalla entre estudiantes y maestros. Cuánto nos hubiéramos atrevido a rechazar las libertades que tantos padres se creen forzados a "conceder" hoy día a sus hijos porque otros muchachos de la edad de nuestros hijos la tienen.

Alberto, vivimos en una sociedad en la que nuestra juventud crece convencida de que las reglas se han hecho para romperlas. Crecen con una filosofía -vieja pero más joven hoy que nunca- que hace al ser humano la medida, el patrón de todas las cosas. Dios, Cristo...¿quién se acuerda de El? Comentamos con miedo esa actitud monstruosa de tantos jóvenes que han aceptado el credo proclamado durante la revolución de los años setenta "do my own thing". Tú haz lo tuyo y yo hago lo mío. ¿Lo de los demás? Eso es problema de ellos.

Sé que sólo estoy hablando de causas cuando lo que usted necesita son remedios. Y desde fuera los remedios son fáciles de dar. Puedo decirle que su hijo tiene que aprender que sus derechos terminan donde comienzan los derechos de los otros, incluidos desde luego, los de sus padres. Pero ¿hasta qué punto no están los padres dispuestos a olvidarse de sus derechos? Puedo sugerirle ayuda profesional. Si su hijo es aún menor de edad existe la posibilidad de que en su escuela haya programas que ofrezcan esta ayuda. Algo más que está ayudando a un número creciente de jóvenes son los grupos Católicos de Pastoral Juvenil. Averigue con su párroco si tal grupo existe en su parroquia o en una parroquia cercana. Uno o varios de los jóvenes podrían tratar de acercarse a su hijo y, con su ejemplo y su amistad, tratar de acercarlo a Dios. Podría ser la solución para el problema de su hijo.

Cuenten con mis oraciones y recuerden que la oración con verdadera fe puede mover montañas.

LOS NIÑOS Y LOS CELOS

P. Querido Padre
¿Es cierto que un niño pequeño puede sentir celos, y si esto es cierto, qué podemos hacer nosotros los padres para quitárselo?

Atentamente, Joaquín y Lucy Venítez

R. Estimados Lucy y Joaquín

En efecto los niños sienten celo, ya que tienen la tendencia, en cierta edad sobre todo, a creer que son dueños de la tierra y el cielo y se enojan contra los seres y aun contra las cosas que se oponen a sus caprichos.

Nacen los celos en los hijos, cuando empiezan a comprender, confusamente, que en realidad ellos no son los propietarios de todo cuanto existe. Desde ese momento ustedes tienen la difícil tarea de evitar que el sentimiento de los celos oscurezca a sus niños.

Un gran filósofo griego decía siempre a los padres "Traten de repartir su amor sin preferencias, como el cielo reparte la lluvia sobre los campos."

Por eso, Lucy y Joaquín, enseñen a sus hijos, siempre que se presente la ocasión, a querer a sus semejantes y a entender que el amor es fuente inagotable de alegría. Esto lo van a lograr, especialmente, a través del ejemplo que ustedes les den a ellos. Sólo en la forma señalada es posible vencer el egoísmo de los niños, e incorporarlos, lentamente, en la caridad cristiana.

MATRIMONIO CIVIL Y RELIGIOSO

P. Querido Padre

Aunque yo soy católica y mi hija y su novio también, no sé explicarles, en forma convincente la diferencia tan grande que existe entre el matrimonio civil y el religioso. Yo sé que ellos recibirán cursos de preparación para el matrimonio, pero me gustaría, como madre, al fin, poderlos orientar en esto.

Elsa Gómez de Castilla

R. Estimada Elsa

El matrimonio religioso, por ser un sacramento, eleva el contrato matrimonial al plano sobrenatural.

En cambio, el matrimonio civil es sólo un contrato legal, que no posee el carácter de sacramento, sino que pertenece al plano meramente natural. Tal matrimonio es considerado inválido por las leyes de la Iglesia, mientras no se complete con la bendición de Dios, es decir, con el matrimonio religioso. Lo que voy a decir, a continuación se aplica al matrimonio entre dos católicos, entre un católico y otro cristiano, entre dos cristianos no católicos.

Podemos definir el matrimonio religioso como la unión en Cristo de un hombre y una mujer, mediante la profesión de ambos del voto matrimonial en presencia de un Sacerdote y con el propósito de formar una comunidad física y espiritual indisoluble.

Mediante el sacramento del matrimonio el amor entre el esposo y la esposa se convierte en un signo del amor eterno que Cristo tiene a Su Iglesia. Los contrayentes son los ministros del sacramento. El sacerdote, cuya presencia es normalmente necesaria para que el matrimonio entre católicos sea válido, es solamente un testigo oficial de la Iglesia. El sacerdote representa a Cristo y a la comunidad católica de creyentes, frente a la cual dos cristianos, en su calidad de miembros del Cuerpo Místico de Cristo, se prometen amor y entrega por el resto de sus vidas. El efecto esencial del sacramento es el vínculo matrimonial, que por su naturaleza excluye a cualquier otra persona y dura toda la vida. Si un matrimonio entre cristianos (una de las partes tiene que ser cristiana) se efectúa cumpliendo todos los requisitos para que sea válido, y es consumado mediante el acto sexual, constituye un vínculo que sólo la muerte puede disolver.

Mediante este sacramento los esposos reciben una especie de consagración de la dignidad del estado matrimonial y de los deberes que este estado conlleva. Reciben todas las gracias necesarias para ser fieles a su amor y educar a sus hijos.

La Ley Canónica de la Iglesia tiene una extensa legislación que regula el sacramento del matrimonio. Si se violan estas leyes, el sacramento no tiene lugar, aún cuando exteriormente se lleve a cabo la ceremonia. Es por eso, que en algunos casos y después de un cuidadoso estudio, la Iglesia llega a la conclusión de que un matrimonio no existió, es decir, fue nulo. A esto se llama anular un matrimonio. Algunas de las causales por las cuales un matrimonio es declarado nulo son, el engaño de una de las partes, sobre serias deficiencias, tales como enfermedades mentales o físicas, la falta de libertad, por ejemplo, cuando la mujer o el hombre se casan porque ella está embarazada, cuando una de las partes tuvo la intención de no tener ni siquiera un hijo en ese matrimonio, o no asumió el compromiso para siempre, sino para probar, y otras.

Aprovecho la ocasión, estimada Elsa, para felicitarla por su inquietud de instruir y orientar a sus hijos y le aseguro que está usted siguiendo las directivas del Concilio Vaticano II cuando dice "los padres deben educar a sus hijos, preparándolos para la vida, instruyéndolos sobre la dignidad, los deberes y la expresión del amor conyugal, exhortándolos a cultivar la pureza y el pudor y a mantenerse vírgenes antes del matrimonio, y tomar este estado sólo después de un bien llevado noviazgo" (Gaudium et Spes, #49).

MATRIMONIOS MIXTOS

P. Estimado Padre
Soy católica soltera y mi novio es un no-católico divorciado. Quisiera conocer las posibilidades de un matrimonio, y también si me sería negado el Sacramento de la Comunión. Mi novio está inclusive dispuesto a convertirse si fuera necesario.

Liana

R. Estimada Liana

Para responder a su pregunta -en cuanto a la posibilidad de contraer matrimonio con ese joven bajo los reglamentos de la Iglesia Católica- le aconsejo conversar en detalle con un sacerdote de su parroquia.

Hay demasiados factores involucrados (matrimonios previos, estado bautismal, etc.) que impiden dar una respuesta específica.

Para bien suyo, le sugiero que piense muy bien el paso que quiere dar.

Recuerde ante todo, que la respuesta a su pregunta puede ser un "no". Lógicamente, usted está comenzando esta investigación con la esperanza de que "haya alguna manera de arreglar las cosas", pero si no hay manera, evite sufrimiento innecesario -tanto suyo como de los demás-.

En segundo lugar, si usted toma la decisión de hacer lo que no es correcto, usted misma estará cerrando su derecho de acercarse a la mesa del Señor para recibirlo en la Comunión. Bien sabe usted que no hay policías ni persona alguna que evite que alguien se acerque a recibir la Eucaristía, y que lo único que impide al Católico acercarse a recibir al Señor es saber que ha ofendido a Dios, que le ha desobedecido, sin haberse arrepentido ni confesado. El individuo en sí es el único juez de sus actos.

P. Querido Padre Pedro
Como Católica que soy, estoy con serias dudas acerca de la posibilidad de contraer matrimonio Católico con mi novio que pertenece a otra religión. ¿Cuáles serían las condiciones para poderme casar por lo Católico con él?.

Nadine
Miami, Florida

R. Estimada Nadine

La Iglesia le permitre a sus hijos el casarse aun por lo Católico, así el otro contrayente no lo sea, para evitar que quien sea Católico se vea privado de este sacramento al encontrar como el amor de su vida a alguien que no sea Católico. Sin embargo, existen ciertas condiciones que se deben tener muy en cuenta como las siguientes. Primero, quien sea Católico debe asegurarse que su cónyuge no sea un impedimento para la práctica de su fe o la de sus futuros hijos. Segunda, que las costumbres de quien no es católico no sean contrarias a la moral cristiana de tal manera que al menos la dignidad de la Ley Natural quede asegurada en esa vida matrimonial de un Católico y un no Católico.

Al respecto, debemos comentar que en muchos casos de matrimonios entre un Católico y un no Católico, la cristiana actitud de la parte Católica, al tratar de cumplir con lo que le corresponde, y tener una actitud comprensiva, logra la conversión de la parte no Católica.

MI HIJO NO QUIERE IR A LA IGLESIA

P. Muy Estimado Padre
Estamos muy preocupados por la frialdad religiosa de uno de nuestros hijos y por más que le insisto, no logro hacerlo recapacitar para que asista a los servicios religiosos de la Iglesia y sea un buen Católico practicante. ¿Qué debemos hacer para que nuestro hijo no sea tan indiferente con la Iglesia?

Inquieta

R. Estimada Inquieta

Se cuenta en la historia de la Iglesia que Santa Mónica tuvo un hijo no solo "frío" en asuntos religiosos, sino muy descarriado y comprometido con mucha clase de pecados en su época. Como toda buena madre, Santa Mónica sufría muchísimo por esto, pero ella no se preocupó tanto en decirle y decirle que se convirtiera, como en orar y orar por su conversión, hasta que un buen día, el Señor le permitió a su hijo escuchar por casualidad un sermón de San Ambrosio, el cual fue el instrumento de Dios para la conversión de Agustín, quien llegó no solo a ser un buen Católico, sino un gran Obispo y Doctor de la Iglesia, que fundó una comunidad religiosa, todo lo cual le mereció ser reconocido como Santo por la Iglesia y al cual conocemos como San Agustín.

En su caso, pienso que su hijo no esté tan perdido como lo estuvo San Agustín antes de su conversión y quizás usted no esté orando tanto como lo hacía Santa Mónica, razón por la cual le recomiendo encomendar a su hijo al Señor, darle el mejor ejemplo que le pueda dar, y no preocuparse tanto por predicarle con palabras. Que Dios le permita a usted ver y disfrutar la conversión de su hijo.

NO QUIERE TENER HIJOS EN SU MATRIMONIO

P. Querido Padre Pedro
¿Qué piensa usted de una pareja que habiendo públicamente manifestado que no quiere ni piensa tener hijos, al casarse promete ante el altar que acepta los hijos que Dios quiera enviarles y se comprometen a educarlos en la Fe Católica?

Anita Madrigal
Florida

R. Estimada Anita

Una disposición abierta a los hijos es esencial en un matrimonio Cristiano. El amor y la vida han de ser meta prioritaria para un matrimonio - el amor se manifiesta en la vida nueva y la vida es el fruto de ese amor.

Los esposos han de estar conscientes de que son colaboradores con Dios, cuyo amor es tan grande que no pudo ser retenido dentro de sí mismo, sino que lo compartió en la obra de la Creación. De la misma manera, el amor entre esposo y esposa ha de hacerse carne a través de la procreación. Cualquier actitud contraria a la procreación ha de ser vista como una actitud equivocada y defectuosa que no está de acuerdo con la voluntad de Dios para las parejas casadas.

No quiero decir que los esposos han de desear tener hijos siempre y desde los comienzos de su vida matrimonial, pero sí quiero decir que no han de tomar medidas que eviten permanentemente una nueva vida.

En resumen, la disposición de una pareja en evitar y excluir permanentemente a los hijos, es razón suficiente para que el compromiso matrimonial sea inexistente como sacramento y por lo tanto, sea considerado nulo.

¿ES NECESARIO CREER QUE CIERTAS PERSONAS SE PUEDEN CONDENAR?

La amenaza del castigo es muy real en las Escrituras, y todo hombre debe tenerlo en cuenta en su propio caso, por más que crea que todos los demás hombres se salvarán, tiene que admitir la posibilidad auténtica de que podría ser él el único réprobo.

La Iglesia enseña que la condenación definitiva es la consecuencia de una actitud de rechazo constante a Dios en esta vida. Somos nosotros, cuando decidimos tener esta actitud, los que libremente escogemos el castigo que no es otra cosa sino el vivir por siempre en desgarradora soledad, apartados del único quien nos puede dar la felicidad que tanto buscamos y anhelamos - DIOS.

PUEDE UN DIVORCIADO SER BUEN CATÓLICO

P. Querido Padre Pedro
¿Qué dice la Iglesia sobre el divorcio? Si la Iglesia enseña que no hay divorcio, ¿puede uno decir que es buen Católico aún divorciándose?

Interesada

R. Estimada Interesada

Su pregunta es motivo de gran preocupación para muchos católicos ya que, desafortunadamente, nuestros hogares se están destruyendo con más frecuencia que nunca antes.

Sin embargo, ante esta realidad, la Biblia y por lo tanto, la Iglesia Católica, mantiene su enseñanza "El hombre dejará a su padre y a su madre para unirse a su mujer y los dos formarán un solo ser" (Gn. 2), y continúa el Señor diciéndonos que el que se casa con la persona divorciada, del mismo modo, comete adulterio (Mt. 5/31-32)

El mandato del Señor sobre el compromiso que dos personas deben asumir al casarse es claro y tajante. El matrimonio cristiano es, por lo tanto, para toda la vida.

Por eso es que la Iglesia insiste en que los novios deben prepararse, sobre todo espiritualmente, antes de contraer matrimonio.

Desafortunadamente, en muchas ocasiones todavía vemos que los jóvenes y familiares se preparan materialmente para el gran evento - Iglesia bonita, sacerdote que predique bien, flores, trajes, música, comida, pero...¿dónde queda Dios en todo este conglomerado de actividades y preparativos?

Los pastores de la Iglesia, al igual que un creciente número de católicos, se preocupan de dar solución a este devastador problema. Incontables han sido las reuniones, estudios y conferencias llevadas a cabo para buscar las formas en que se pueda ayudar a nuestros jóvenes a obtener una mejor preparación que les facilite una vida matrimonial feliz y duradera, o en la que el Señor realmente se haga partícipe y se convierta en el factor unitivo que haga de esas dos vidas un solo ser.

Los pastores de la Iglesia, del mismo modo, están sumamente preocupados por los católicos que hoy en día se encuentran divorciados. Tanto la recomendación de ellos, como la mía propia es que estas personas deben entrevistarse lo antes posible con el sacerdote de su comunidad para explorar las posibilidades de un anulamiento eclesiástico.

El anulamiento, cuando se otorga, es una proclamación, hecha por la Iglesia, la cual expresa que, aunque hubo ceremonia eclesial, no existió un verdadero sacramento en esa relación y por lo tanto, al no ser un matrimonio cristiano, las personas nunca estuvieron casadas ante los ojos de Dios y están en libertad de contraer matrimonio por la Iglesia.

¿QUIÉN DEBE EDUCAR A LOS HIJOS?

P. Estimado Padre
En un matrimonio, ¿cuál de los esposos debe ser el máximo responsable por la corrección de los hijos? Pregunto esto porque en mi matrimonio hay conflicto entre mi esposo y yo en este aspecto.

Esperanza Dubernal

R. Querida Esperanza

El conflicto del que usted habla es corriente entre esposos. A una solución sólo se llega a través de un diálogo cariñoso - se trata del bien más importante en sus vidas ¡sus hijos! - en el que no se trata de ganar sino de buscar la respuesta más acertada.

Aunque es éste un campo en el que yo carezco de experiencia personal, hay unos cuantos puntos básicos que me atrevo a indicar.

1. Nunca se quiten la autoridad cuando uno de los dos está corrigiendo a un hijo. Los niños son expertos en aprovecharse del desacuerdo entre sus padres. Si uno no está de acuerdo con la corrección del otro, espere a estar SÓLO con su cónyuge y entonces discuta el problema. Si los padres no presentan un frente unido, los que pagarán los daños son los hijos.

2. Cuando uno de los padres está corrigiendo a un hijo, que el otro muestre su apoyo pero sin intervenir, a menos que sea absolutamente necesario. A veces, en vez de ayudar diluyen la eficacia de la corrección.

3. Si uno de los padres es demasiado suave y condescendiente, ¿por qué no dejar la correción al otro?. Aunque es verdad que un regaño o castigo tiene más eficacia cuando la culpa es reciente, también es verdad que hay padres que no saben cómo hacerlo. ¿Por qué no delegar la responsabilidad - ¡que pertenece a ambos padres! - al que puede hacerlo?

Sobre todo, Esperanza, usted y su esposo tienen que llegar a un acuerdo por el bien de sus hijos. Los dos tienen el derecho y la obligación inalienables, dados por Dios, de corregir a sus hijos. Pero sólo cuando los padres se ponen de acuerdo en la manera de hacerlo será la corrección eficaz y saludable.

Son los padres los que necesitan corrección cuando no se pueden poner de acuerdo en el desempeño de una obligación tan sagrada.

P. Padre Pedro
¿Sobre quién recae la mayor esponsabilidad de trasmitir la Fe a las generaciones próximas?

Arturo Mesa
Arkansas

R. Estimado Arturo

"Los padres son los primeros educadores de sus hijos", nos dicen documentos del Concilio Vaticano Segundo. Eso quiere decir que las bases de la Fe cristiana y de la oración en familia han de convertirse en parte de sus vidas mucho antes que ellos entren en contacto con un programa educacional organizado por la Iglesia.

La Iglesia y la sociedad también necesitan ofrecer sus recursos a los padres. En Vaticano II, la Iglesia recordó a los padres su responsabilidad de usar las escuelas Católicas siempre y cuando fuese posible, ya que ellas no solamente proveen enseñanza religiosa, sino también un ambiente general de fe y de valores Cristianos, además de la oportunidad de aprender rodeado de una atmósfera que contempla una sola verdad.

Como sacerdote y educador, creo que nunca antes fueron tan necesarias las escuelas Católicas como hoy día, especialmente para ayudar a los padres a contrarrestar las influencias negativas de una sociedad pagana que a la fuerza insiste en inculcar sus valores anticristianos alrededor del mundo.

Padres, Iglesia e instituciones educacionales Católicas han de trabajar unidos para el bien de los hijos, para así dirigirlos y llevarlos a Cristo.

RELACIONES PRE-MATRIMONIALES

P. Respetado Padre
¿Es cierto que la Biblia condena la relación sexual antes del matrimonio aunque estas personas se amen y estén pensando casarse cuando tengan los medios?

Anónimo

R. Estimado Anónimo

Tu pregunta responde a una gran inquietud que, especialmente, muchos jóvenes tienen hoy en día. Es muy común ver y escuchar a través de la televisión, la radio y la prensa escrita la frase..."Todos somos libres de satisfacer nuestras necesidades sexuales como mejor nos parezca." Más aún, nos recuerdan que somos seres sexuales y que debemos utilizar ese poder de atracción para sacar de la vida el mejor partido.

Las personas, que como tú, quieren hacer lo correcto se encuentran en un gran dilema. ¿Debo yo seguir lo que me pide mi cuerpo y lo que aprueban tantos en esta sociedad "moderna" o debo seguir lo que Dios pide de mí?

La Biblia, en numerosas ocasiones, menciona que las relaciones matrimoniales son privilegio exclusivo de las parejas casadas. Los que todavía no están casados, aunque se amen mucho y piensen casarse pronto, deben abstenerse. Este mandato no se da por puro capricho. Por el contrario, es un mandato que se pide de todos dado a que cuando dos personas se entregan mutuamente sus cuerpos, se están, de la misma manera, entregando la totalidad de sus vidas y es a través de esa entrega que los dos sellan el compromiso de vivir en unidad ante Dios para siempre.

Los que están dispuestos a compartir sus cuerpos, deben también estar dispuestos a compartir en unión todo lo demás. Por eso el Señor Jesús dice "Por lo tanto, el hombre dejará a su padre y a su madre y se unirá a su mujer y los dos serán un solo ser" (Mt. 19/4-5).

Sin embargo, de los que tienen relaciones antes de contraer el compromiso matrimonial de unirse para compartir la misma vida para siempre, el Señor dice en boca de San Pablo "Desháganse totalmente de las relaciones sexuales prohibidas, ya que el que tiene relaciones sexuales prohibidas peca contra su propio cuerpo.

¿No saben ustedes que su cuerpo es templo del Espíritu Santo, que habita en nosotros y que lo hemos recibido de Dios? Ustedes ya no se pertenecen a sí mismos, sino que han sido comprados a un gran precio. Entonces que sus cuerpos sirvan para dar gloria a Dios" (I Cor. 7/12-20).

VIVIR JUNTOS ANTES DE CASARSE

P. Estimado Padre Pedro
Dice mi novio que hemos de comenzar a vivir juntos antes de casarnos para asegurar el llevarnos bien en nuestra vida matrimonial. Ya nos hemos comprometido formalmente y él piensa que eso basta para que Dios apruebe nuestras relaciones. ¿Qué es lo que dice la Biblia al respecto?

Joven Inquieta

R. Estimada Joven

Ante la sugerencia o petición de su novio, le pido a usted se haga las siguientes preguntas. ¿Será amor verdadero lo que su novio siente por usted, o estará confundiendo amor con lujuria? ¿Está siendo sincero al prometerle que se casará con usted?

A pesar de tanta advertencia y énfasis que se hace sobre el sexo, las cortes continúan -cada vez más en aumento- archivando tragedias de parejas modernas que lamentablemente terminan en divorcio. Creo que ya es hora que comencemos a escuchar la voz de Dios y a obedecerla. Palabra que nos pide que la relación sexual sea exclusiva del matrimonio.

En el matrimonio, el sexo es una relación de santidad. De otra manera, no es más que un acto animal. Cuando un hombre y una mujer se entregan uno al otro en un acto marital, llegan a experimentar el amor de Cristo que es intenso y pleno, y eso es exactamente lo que se nos dice en la Palabra de Dios -"Este misterio es muy grande y yo lo refiero a Cristo y a la Iglesia" (Efesios 5/32).

Fue Dios quien los creó macho y hembra. Fue Dios quien entregó la mujer al hombre. Fue Dios quien los bendijo, y el matrimonio se convirtó en algo sagrado, santo y puro. Nos dice además -en la Biblia- que si el matrimonio se celebra de acuerdo a Su Plan, El lo bendecirá.

Ojalá y atienda con atención lo que quiero decirle. El acto físico del matrimonio es sagrado, pues es sacramento hecho por el mismo Dios para quienes El mismo santifica. Dice Dios que esta relación les revela a ustedes el amor que Cristo tiene por sus almas. En otras palabras, la mujer ha de ver en el hombre alguien en quien ella pueda confiar y entregarse totalmente, alguien quien pueda llenarla de satisfacción y plenitud, porque este es el hombre ideal para ella y porque él se ha comprometido en lazos matrimoniales con ella.

Claro que cada quien es libre de poder escoger lo que cada cual quiere. Si usted y su novio escogen la salida rápida y barata, llegarán a formar un hogar que no podrá representar ni a Cristo ni a Su Iglesia. Les aseguro que haciendo las cosas por la salida fácil pueden llegar a formar un hogar que será un infierno aquí en la tierra, y se los dice un sacerdote que ha aconsejado a muchas parejas. Pero ustedes no tienen por qué conformarse con lo barato, sino que perfectamente pueden pedirle a Dios lo mejor. Pueden decirle que no aceptarán cualquier cosa por salir del paso, sino lo que El quiera darles, y ya verán como El sabe darles una vida alegre y un matrimonio en que ambos, sometiéndose a El y el uno al otro, llegarán a ser "un solo ser", como nos dice Su Palabra.

CAPÍTULO VIII

La Misa y Devociones

AGUA BENDITA

P. Querido Padre Pedro
¿Por qué la Iglesia usa agua bendita?
Leí un libro que dice: "El diablo odia al agua bendita" y que podemos regar agua bendita como bendición para nuestros seres queridos que viven lejos de nosotros. ¿Qué piensa usted de estos beneficios?

Juan Rivas

R. Estimado Juan:
El libro que usted cita contiene algunos comentarios dudosos acerca del uso del agua bendita, pues suena casi como una "pata de conejo" espiritual.

Debemos tener claro lo que es un sacramental (velas, agua bendita, aceite, medallas...) en la tradición de la Iglesia. Una medalla bendita, una estampa, o agua bendita, sencillamente son objetos materiales, sobre los que la Iglesia - a través del sacerdote o diácono - ha orado, pidiéndole a Dios que acepte las oraciones de la iglesia para que los usen con reverencia.

El agua bendita es un sacramental y por lo tanto quien la usa con devoción, fe y caridad, se ayuda con las oraciones de la Iglesia. El agua no tiene ningún poder mágico.

El uso debido del agua bendita puede ser de gran beneficio espiritual. Puede ser un recuerdo vivo de nuestro bautismo y del compromiso que hicimos con Jesús al recibir el sacramento. Puede simbolizar y fortalecer nuestra fe en el amor reconciliador de Dios y por lo tanto ayudarnos a desarrollar una actitud de conversión que trae consigo el perdón de los pecados.

Nuevamente, todo esto puede ser fortalecido y enriquecido

inmensamente por la bendición de la Iglesia, que lleva consigo la seguridad de las oraciones de todos nuestros hermanos unidos en la misma fe. Usada debidamente con estas intenciones, no hay nada supersticioso acerca del agua bendita o de cualquier otro sacramental. Desafortunadamente, algunos devotos extremistas, con frecuencia abusan de estas cosas.

VELAS ELÉCTRICAS

P. Estimado Padre Pedro:
¿Es cierto que la única luz que nos recuerda la luz viva de Nuestro Señor Jesucristo es la luz de vela o veladora y que la luz a través de electricidad no sirve? Yo acostumbraba a tener a mis santos con una lamparita eléctrica y una persona me dijo que no era esa la luz, sino la de una veladora la que yo necesitaba. Ruégole me aclare esto.

Amalia Araica

R. Estimada Amalia:
La Biblia nos presenta a Jesús como la luz que viene a alumbrar el camino de los seres humanos que por tanto tiempo, a causa del pecado, han cambiado en oscuridad y en tinieblas. La Biblia dice que el que está en pecado está como ciego y ése no puede ver ni la presencia de Dios a su alrededor ni mucho menos discernir la voluntad del Señor.

Sin embargo, la persona que sigue al Señor Jesús y trata de serle fiel, verá con claridad las manifestaciones de Dios a su alrededor. Se dará cuenta con más facilidad de la presencia del Señor porque ése no estará ciego por el pecado.

Jesús es el libertador que nos viene a salvar de las ataduras del mal y de la ceguera del pecado para que con ojos y corazón bien abiertos podamos no solo ver que nuestro Padre está

158

en todo momento con nosotros, sino podamos ver también, con más claridad, qué es lo que El quiere y espera de cada uno de nosotros.

La luz, por lo tanto, representa la presencia del Señor, entre nosotros. Para recordarnos que Jesús es la "Luz del mundo" encendemos una vela. No importa, entonces, si la vela es de cera, o si es de plástico o si es eléctrica. Sí importa que entendamos que ese objeto que tenemos ante nosotros simboliza que Jesús es la luz que nos viene a iluminar el camino hacia el Padre.

Quiero recordarle también que los santos son personas que vivieron una vida tan llena de Dios que son verdaderos ejemplos que debemos imitar. Creo que es más importante que tratemos de imitarlos, en vez de poner velas a sus retratos. Las velas que le podamos poner a esas imágenes simbolizan que ellos fueron conductores de la luz de Cristo en el mundo y en la época que les tocó vivir. Sin embargo, yo creo que el Señor estaría más contento si cada uno de nosotros, los que queremos seguirle, tratáramos de convertirnos en esas velas vivientes que, en el nombre del Salvador del Mundo, diéramos Su luz a esta humanidad a la que el mismo Dios nos ha encomendado iluminar.

CANSADO DE LA PALABRA 'COMUNIDAD'

P. Estimado Padre Pedro:
Quisiera me explicara si Vaticano II recomienda el concepto "comunidad". Toda denominación Protestante menciona mucho la importancia de las comunidades y parece que en nuestra propia parroquia estamos siendo inundados por esos términos. ¿Puede darme alguna aclaración?

Román

R. Estimado Román:
La palabra "comunidad" se deriva del Griego Koinonia, frecuentemente usada en el Nuevo Testamento para describir un cuerpo de fieles que eran -de acuerdo a lo que nos dicen los Hechos de los Apóstoles- de "un sólo Corazón y una sola mente." Que el Protestantismo haga sobresalir la necesidad de comunidades no quiere decir que sea algo incorrecto.

El temor de sus palabras me llevan a pensar que muchos Católicos están cansados de la palabra "comunidad" por las muchas veces que se nos ha repetido, tanto así que abundan los grupos que se auto-denominan comunidades llevando a cabo prácticas diversas y hasta extrañas. Recuerdo que en mi juventud, teníamos una "comunidad" en la que no hacíamos nada fuera de la parroquia. Estábamos unidos en lo espiritual, en lo académico, atlético y social, pero nunca llamamos al grupo "comunidad", ni siquiera sabíamos que estábamos haciendo algo especial, sino que era la única manera que conocíamos de vivir nuestro Catolicismo. En otras palabras, era nuestra manera irreflexiva de dar respuesta a la Fe Católica.

En estos años, encuentro increíble la falta de vida comunitaria en la Iglesia, y generalmente en los lugares donde más se discute este concepto. Lo decía un teólogo con las siguientes palabras: "Ustedes siempre están hablando de lo que no tienen!.

Yo quisiera proponer a todos los sacerdotes y trabajadores parroquiales que comencemos a meditar y a usar correctamente la palabra "comunidad", mientras nos esforzamos a vivir comunitariamente de verdad.

CÓMO VESTIRSE PARA LA MISA

P. Estimado Padre:
Se nos llamó la atención por nuestra forma de vestir y de asistir a nuestra Misa Dominical. Acaso es la Misa de Domingo más importante que las otras? Si me visto con elegancia los Domingos y con ropa sencilla para las Misas diarias. ¿Lo estoy haciendo para el Señor o para la otra gente?

Mayra

R. Estimada Mayra:
Para los Católicos, la Misa Dominical es solemne celebración del Día del Señor. Podemos inclusive notar la riqueza de la liturgia con su Gloria, Credo y tres lecturas Bíblicas.

Como sacerdote, el vestuario que uso en la celebración diaria es sencillo, pero uso lo mejor que tengo para el día Domingo. Lo hago para hacer resaltar la importancia del día y lo hago también para mostrar mi respeto a mi comunidad que, como Pueblo de Dios, merece lo mejor, para así alabar juntos al Señor con lo mejor que tenemos.

Con nuestra forma de vestir presentamos nuestro respeto, moral y nitidez a nuestro Señor. Resumiendo, no nos vestimos para impresionar a otras personas. Nos vestimos porque la dignidad de Dios y la celebración lo requiere, como recordándonos a nosotros mismos que estamos participando en una grandiosa ceremonia, como un medio de elevar nuestros corazones y mentes a Dios. Aun cuando lo expresamos a través de un proceder externo, la intención brota de una actitud interna que busca complacer a Dios en todas las cosas y sobre todas las cosas.

PARA COMULGAR DEL CÁLIZ

P. Querido Padre
¿Estoy haciendo algo incorrecto al no beber del cáliz cuando comulgo?

Luis

R. Estimado Luis:
De acuerdo a mi forma de pensar puedo asegurarle que no está haciendo absolutamente nada incorrecto al no recibir del cáliz, especialmente en estos tiempos en que desafortunadamente se desatan en nuestra sociedad enfermedades mortales que son contagiosas.

La Iglesia no le impone a sus miembros que beban del cáliz. Se les ofrece simplemente como una opción.

La razón principal por la cual muchos sacerdotes prefieren dar a beber directamente de la copa a los feligreses es con el ánimo de imitar a nuestro Señor Jesucristo el cual, según nos dice la Biblia "tomó el cáliz, dio gracias y lo pasó a sus dicípulos diciendo 'éste es el cáliz de la sangre de la nueva alianza que será derramada por ustedes y por todos para el perdón de los pecados' (Lucas 22:20).

COMUNIÓN EN LA MANO

P. Estimado Padre Pedro:
Desde que comenzó en la Iglesia la costumbre de recibir la Comunión en la mano, yo me sentí un poco incómoda. Más adelante noté que el Papa Juan Pablo II prefiere darla, como antes, en la boca. ¿Cómo se originó esta costumbre?

Carolina Fletcher

R. Estimada Carolina:
A raíz de un Sínodo de Obispos, el Papa Pablo VI delegó autoridad a todos los Obispos del mundo para que determinaran si en su diócesis era recomendable permitir que los sacerdotes distribuyeran la Comunión en la mano, ya que al principio de la era cristiana, la Comunión se recibía en la mano. Jesús, por ejemplo, parte el pan y se lo da a sus discípulos... no en la boca, sino en la mano. Fué así como cada Obispo dió o negó el permiso de hacer esto en su respectiva diócesis.

Al ser elegido el Papa Juan Pablo II, ya se encontró con esta costumbre establecida en algunos países y aunque él personalmente prefiere distribuirla en la boca, no quiso quitar la autoridad delegada que su Predecesor había dado a los Obispos.

EL ROSARIO

P. Estimado Pastor:
¿Por qué los Católicos rezan el rosario?

Una Interesada

R. Estimada Interesada:

Los Católicos rezamos el rosario como una ayuda para recordar en particular los momentos gozosos, los dolorosos y los gloriosos en la vida de nuestro Señor Jesucristo.

Las raíces actuales del rosario se remontan a la comunidad cristiana primitiva. Mientras los religiosos en los conventos y monasterios recitaban los 150 salmos, la gente que era igualmente piadosa, pero que no sabía leer, recitaba 150 avemarías, recordando así las verdades más simples de nuestra fe.

La práctica de esta oración fue popularizada por Santo Domingo Guzmán y sus discípulos por el año 1216.

El rosario es siempre una oración que se centra en Cristo. La repetición tipo letanía de Ave Marías es una alabanza constante a Jesús, que es en fin el objeto del anuncio del Angel y del saludo de la Madre de Juan el Bautista: "Bendito es el fruto de tu vientre."

Cada Ave María nos ayuda, de acuerdo con la meditación de cada uno, a recordar eventos particulares en la vida de Jesús. Recordamos con gozo, por ejemplo, el nacimiento de Jesús como Hijo de Dios a Hijo de María.

Su nacimiento en un establo de Belén, su Presentación en el Templo, y su encuentro en el mismo a la edad de 12 años.

Recordamos con dolor a Jesús como nuestro Redentor en la agonía del Monte de los Olivos, y azotado contra una columna, coronado de espinas, llevando su Cruz y muriendo en el Calvario.

Y en toda su gloria, meditamos y recordamos cómo Jesús resucitó de entre los muertos y subió a la Gloria del Padre para enviarnos el don del Espíritu Santo.

Un elemento esencial durante la recitación del Rosario es la meditación. Sin la meditación el Rosario es un cuerpo sin alma, y puede convertirse en una repetición mecánica de oraciones que va en contra de la advertencia de Cristo cuando dice: "Y cuando oren no amontonen alabanzas vacías, como hacen los gentiles, porque creen que serán oídos por sus muchas palabras" (Mateo 6: 7).

La recitación correcta del rosario requiere un ritmo tranquilo y un paso continuo que ayuda a la persona a meditar en los momentos de la vida del Señor, vistos a través de los ojos de María que estaba tan cerca de El.

¿ES PECADO FALTAR A MISA LOS DOMINGOS?

P. Querido Padre Pedro:
Desde que tuve uso de razón, me enseñaron que, si faltaba un Domingo o día de precepto a Misa, no podía recibir la Comunión hasta que me reconciliara de nuevo. ¿Ha cambiado o sigue lo mismo?

Gracias
María Dolores Guzmán

R. Estimada María Dolores:

El dejar de ir a Misa el Domingo o día de precepto, a no ser que exista una razón poderosa, se ha considerado una falta grave de la cual nos tenemos que arrepentir y confesar antes de recibir la Comunión.

El participar de la Misa Dominical y de algunas Misas de precepto cada año es realmente lo menos que, como católicos, podemos hacer. Realmente, lo ideal es que asistiéramos a la Misa todos los días. ¿No dice la Biblia (Hechos 2:42) que los primeros cristianos se reunían diariamente para "compartir el pan" y cuando oramos el "Padre Nuestro, no le pedimos al Señor que nos de "el pan nuestro de cada día"? No sólo el pan físico pero más aún, "el pan vivo bajado del cielo," que es nuestro Señor Jesucristo (Juan 6) a quien recibimos en la Comunión cuandio participamos de la Santa Misa.

El no ir a Misa frecuentemente y especialmente cuando la Iglesia insiste en que vayamos para dar testimonio de nuestra fe y compartir al Señor en comunidad, es síntoma de una debilidad espiritual.

Si sucumbimos a esta debilidad, pronto dejaremos de sentir al Señor, de querer buscarle, dejaremos de orar y llegaremos a olvidarle.

Para que este infortunio nunca nos suceda, la Iglesia, a través de sus pastores, nos exige darle al Señor lo que es del Señor y aquí, definitivamente está incluído también nuestro tiempo, aunque pensemos que a veces hay cosas más importantes que hacer..

Cuando recibimos la Comunión debemos siempre asegurarnos que estamos en gracia de Dios. Que estamos, no sólo cumpliendo con las obligaciones básicas pero que estamos tratando al máximo de entregarnos más y más al Señor que nos llama, como dice el profeta Isaías, a cada uno de nosotros por nuestro nombre.

De otra manera, San Pablo nos advierte: "Si alguien come el pan y bebe de la copa del Señor indignamente, peca contra el cuerpo y la Sangre del Señor.

Por esto, que cada uno examine su conciencia cuando va a comer del pan y a beber de la copa. De otra manera come y bebe su propia condenación". (I Cor. II: 27-29).

P. Querido Padre Pedro:
¿Cada cuánto tiempo debo confesar mis pecados al sacerdote, y debo confesar como pecado el no ir a Misa un Domingo?

Hortencia Ruiz

R. Estimada Hortencia:

La Iglesia nos pide que confesemos por lo menos una vez al año. Sin embargo, lo ideal sería que confesáramos nuestros pecados una vez cada dos o tres meses ya que, aunque no tengamos pecados serios que confesar, estamos conscientes, al mismo tiempo, de que cada vez que nos confesamos, recibimos la gracia de Dios que nos fortalece y nos ayuda a ser mejores. Los pecados que siempre debemos confesar son los pecados graves o pecados mortales. El no ir a misa es considerado un pecado mortal, ya que estamos faltando al mandamiento de Dios de "santificar la fiesta".

¿Cometió pecado usted porque no fue a misa un Domingo? La

pregunta que yo le haría es la siguiente: ¿No fue a Misa usted por haragana o porque no pudo encontrar la forma de llegar hasta la Iglesia? Si hubo una fuerza mayor a sus fuerzas, que le impidió asistir a Misa, desde ya le digo que no se preocupe porque no ha pecado. Si fue por haraganería, entonces le aconsejo que se vaya a confesar.

FIESTAS DE GUARDAR

P. Estimado Padre Pedro:
En nuestra parroquia se discutía la posibilidad de que la Iglesia elimine muchos de los días de guardar, para dejar solamente el Día de Acción de Gracias (Thanksgiving), ya que coincide con la cultura Norte-Americana, ocasión en que más gente asiste a Misa que en todos los días del año. ¿Qué opina usted?

Martha Diaz

R. Estimada Martha
Por varias razones, opino que están equivocados.

Ante todo, la falta de asistencia de fieles a la Iglesia en fechas de guardar, es culpa y resultado de la deficiente predicación y de la pobre catequesis que reciben.

Además, si más Católicos van a Misa para "Thanksgiving" que para cualquier otra fiesta de guardar (y no creo que esto sea verdad), es que nuestra gente se siente más identifica da con la cultura Norte-Americana que con ser parte de la Iglesia universal.

Cabe reflexionar en el Día de Acción de Gracias (Thanksgiving) como redundancia para el Católico,
ya que los Católicos diariamente celebramos el sacrificio de la Eucaristía, cuyo propósito es ofrecer al Padre la ofrenda más

perfecta de acción de gracias (thanksgiving). (Eucaristía, en Griego, significa precisamente "acción de gracias").

De ninguna manera considero "de menos" el día de "Thanksgiving". Solamente quiero hacer un llamado para que los Católicos lleguen a mejor entender lo que significan los días de guardar.

IGLESIAS SIN CONFESIONARIOS

P. Estimado Padre
¿Por qué están desapareciendo los confesionarios de las Iglesias? El otro día fuí a una Iglesia recién construida y lo que tenían era un lugar pequeño que parecía un recibidor. Esperando su respuesta. Atentamente.

Felicia.

R. Estimada Felicia:
En ese aposento que actualmente parece un recibidor, el sacerdote, en nombre de Dios, perdona los pecados del penitente si este verdaderamente está arrepentido. Tanto el confesionario como el cuarto de reconciliación son lugares apropiados para que el penitente tenga la privacidad necesaria para confesar sus pecados y recibir el perdón de Dios.

IGLESIAS SIN IMÁGENES

P: Querido Padre:
¿Por qué las Iglesias recién construidas carecen, casi en su totalidad, de imágenes? Esperando su respuesta,

Andres

R: Estimado Andrés:
La Iglesia no trata de invalidar las imágines en el sagrado recinto, pero sí trata de recalcar que el punto central de la Misa es el altar. Alrededor del altar nos reunimos como pueblo de Dios formando lo

que somos por nuestro bautizo, es decir, miembros de un solo cuerpo que es el Cuerpo de Cristo (I Cor. 12) En el altar el sacerdote convierte el pan en el Cuerpo Sagrado de Jesús, como lo hizo el Señor en la Ultima Cena. En el altar, el sacrificio de Jesús se hace presente y con Jesús nosotros, miembros de Su Cuerpo, nos entregamos también con El al Padre y a todos nuestros hermanos. El altar, y no las imágenes, debe ser el foco y el punto central dentro del templo.

LA BIBLIA NO HABLA DEL ROSARIO

P: Querido Padre:

El otro día estaba yo rezando el Rosario con mi esposa en nuestra casa. Unos amigos nuestros llegaron a visitarnos. Comentaron que no debemos rezar el Rosario porque la Biblia no dice nada sobre esa devoción. Agregaron que solamente debemos creer lo que está en la Biblia. Me siento confundido y necesitado de una respuesta.

Armando Fuente

R: Estimado Armando:

Aunque la Biblia es la palabra de Dios, la Biblia no lo dice todo. El Apóstol San Juan, por ejemplo, nos aclara muy bien en su evangelio que no le quedó espacio para escribir todo lo que el Señor Jesús dijo e hizo cuando dice: " Jesús hizo muchas otras cosas. Si se escribieran una por una, creo que no habría lugar en el mundo para tantos libros" (Juan 21:25)

La Biblia es el compendio de la experiencia de fe de un pueblo. Un pueblo que busca a Dios, que encuentra a Dios y que comparte con Dios. Y Dios escoge a hombres que, inspirados por Su Espíritu, son los encargados de mantener viva la fe de este Pueblo.

Hombres como Abraham, Moisés, los Jueces, los Profetas y definitivamente en el tiempo de Jesús, los Apóstoles. Sin embargo, estos hombres que Dios escoge y cuyos mensajes y vidas se relatan a lo largo de la Biblia no lo dicen todo.

Ni el mismo Jesús (al que llamamos el Revelador Perfecto del Padre) lo dijo todo. Por el contrario, más bien, Jesús le dice a los Apóstoles que muchas cosas las van a entender poco a poco con el pasar de los años y de la historia. Por eso les dice: "Les he hablado mientras estaba con ustedes. En adelante el Espíritu Santo Defensor, que el Padre les enviará en mi nombre, les va a enseñar todas las cosas y les va a recordar todas mis palabras" (Juan 14: 25-26)

Finalmente, Armando, aunque Jesús nunca hizo mención del Rosario, eso no es argumento válido para que no se rece. Esta forma de orar nace del fervor de muchos de recordar en oración los eventos importantes en la vida del Señor Jesús y de su Madre María. Además, las dos oraciones que se oran en el Rosario: el Padre Nuestro y el Ave María, aparecen definitivamente en la Biblia. Además...El Padre Nuestro es la única oración que Jesús enseñó a sus discípulos (Lucas 11).

De más estaría decir que, si vamos a pensar como sus amigos, entonces la única oración que podríamos orar es el Padre Nuestro, ya que no solamente aparece en la Biblia, sino es la única que Jesús les dice a sus Apóstoles que oren.

LA MISA EN OTRAS CULTURAS

P. Querido Padre Pedro:
Sé que los tiempos cambian, pero me inquieta pensar que parte de los ritos que se celebran en Africa y las formas en que adoran a sus antepasados los Chinos, puedan mezclarse y pasar a ser parte de nuestras Misas. ¿Qué me dice usted?

José Miguel

R. Estimado José Miguel
Básicamente, la Santa Misa es y será siempre la misma: la renovación de la ofrenda que Jesús hace al Padre en el Calvario, y la Comunión de Su Cuerpo y de Su Sangre como signo y fuente del Cuerpo de Cristo. En otras palabras, la Misa será siempre un sacrificio, un banquete sagrado.

Sin embargo, aparte de lo esencial, la manera de celebrar la Eucaristía dependerá de la cultura, costumbre, idioma y carácter del pueblo que la ofrece.

Lamentablemente, circunstancias históricas nos han llevado a malentender el concepto "universal" de la Misa, y el daño que esta ceguera ha ocasionado a la Iglesia es algo irreparable. Hace cientos de años, por ejemplo, hubiesen fracasado los intentos de un plan misionero para que la China abrazase el Cristianismo, debido a que los oficiales de Roma insistieron en que todas las Misas tenían que ser en Latín, y los sacerdotes vestir al estilo del Oeste, con sus correspondientes ornamentos.

Esta actitud -por mucho tiempo en disputa- fue oficialmente derogada por el Papa Pío XII, quien en una de sus encíclicas especificó que cuando la Iglesia se esfuerza por llamar a un pueblo a una mejor vida bajo la inspiración del Cristianismo, "ella no procede como alguien que violentamente corta y arranca de raíz los árboles de un bosque, sino que más bien trasplanta un buen injerto a los árboles para que den mejor fruto". La política de usar cualquier cosa que pueda dar entrada a la fe Cristiana en las culturas locales, es de actualidad y está bien establecida.

Quede también claro que los Chinos no "adoran" a sus antepasados. Ellos conservan una maravillosa tradición que honra y respeta a sus familiares que ya no están en este mundo. El mal-entendido de costumbres como ésta forma parte de los dolorosos errores que hemos cometido como Iglesia y que también como Iglesia hoy lamentamos y estamos pagando caro.

LA PASCUA

P. Muy Estimado Padre
Con ocasión de la Semana Santa escuché en las predicaciones que la parte más importante era la "Pascua", pero todavía no entiendo bien el significado de esa palabra, ni por qué la Iglesia la usa en la ceremonia del Domingo de Resurrección. ¿Podría aclararme algo sobre su significado?

Alejo Mendoza
Franklinton, La.

R. Estimado Alejo

La palabra "Pascua" significa "paso" y su origen bíblico está en el mismo Antiguo Testamento cuando el pueblo de Israel comenzó a celebrar su "paso" de la esclavitud de Egipto a la libertad de la tierra prometida. La Pascua Judía era una ceremonia religiosa eminentemente familiar, en la cual la familia comía el pan sin levadura llamado "pan ázimo" con verduras amargas y vino de uva.

Jesús mismo celebró la Pascua Judía en un ambiente familiar con sus amigos los Apóstoles, según nos lo narran los Santos Evangelios, sólo que aquella ceremonia la conocemos nosotros como "la última cena" y ahora nosotros la realizamos en la "Misa" o Eucaristía, ya que desde aquel momento, por voluntad y mandato de Nuestro Señor, el vino pasó a ser la sangre de Cristo, el pan ázimo Su cuerpo y la amargura de aquella legumbre, la pasión del mismo Jesús Crucificado. (Lucas 22:14-20)

Para los Cristianos, la "Pascua" -que también significa "paso"- es la celebración de la "Resurrección" o "paso" de la muerte a la vida de Jesucristo, quien aplastó el poder y la victoria de la muerte que el demonio había introducido en el mundo como consecuencia del pecado. Para nosotros, la fiesta de la Pascua es la fiesta de la Resurrección de Nuestro Señor sin la cual no habríamos tenido ni la más mínima esperanza de estar un día en el Cielo. Es por eso que San Atanasio llegó a llamar a la Pascua Cristiana la "fiesta de las fiestas" y por lo mismo, no hay en la Iglesia mayor celebración que la Pascua Cristiana o sea, el **Domingo de Resurrección,** con la cual se culmina toda la celebración de la semana (BT) "Mayor" o "Santa" en la cual recordamos la pasión y muerte de Nuestro Señor, luego de habernos preparado durante la Cuaresma, acompañándole en ayuno y penitencia a los que se sometió Jesús durante los cuarenta días que estuvo en el desierto.

LA SEÑAL DE LA CRUZ

P. Querido Padre

¿Por qué los católicos hacemos la señal de la cruz antes de comenzar cualquier oración?

Juan García

R. Estimado Juan
La señal de la cruz es, sin lugar a dudas, el símbolo que identifica a

los Cristianos. Muchos edificios son reconocidos como iglesias porque ostentan la señal de la cruz. Muchas personas llevan una cruz en sus cuellos o prendida en sus trajes como recordatorio de su compromiso con el Señor Jesús.

Antes del Calvario, la cruz era un instrumento de ejecución y crueldad. Pero a partir de la muerte de Jesús en la cruz, ésta se ha convertido en un símbolo de fe, de esperanza y de amor. Fe y esperanza en nuestro Padre Dios que "tanto amó al mundo que le dio Su Hijo Unico, para que todo el que crea en El no se pierda, sino que tenga Vida Eterna" (Juan 3.16).

Los primeros datos cristianos sobre el uso de la señal de la cruz son casi tan antiguos como el cristianismo. Cuando los cristianos perseguidos se refugiaron en las catacumbas y enterraban a sus difuntos en secreto, ponían una cruz sobre la tierra que cubría los restos mortales de aquellos seguidores de Cristo.

De la misma manera en que Jesús había muerto por ellos - por amor para salvarlos, abrazando la cruz - así ellos morían por amor al Maestro, abrazando la cruz del martirio.

También, desde los primeros tiempos los cristianos comenzaron a usar la cruz, no sólo como emblema en las paredes, edificios y en la tierra, sino que hacían la señal de la cruz sobre ellos mismos. De esa forma expresaban su fe en Jesús que les salvó, al mismo tiempo, reiteraban su compromiso de aceptar la cruz de las renuncias mundanas para vivir la vida consagrada al Salvador.

Dios permita que al persignarnos, haciendo en nosotros la señal de la cruz, podamos vivir nuestro cristianismo como fueron capaces de vivirlo los primeros seguidores de Jesús.

LLEGAR TARDE A MISA

P. Estimado Padre
Me gusta ir a Misa diaria, pero debido a mi trabajo, cuando llego a la Iglesia, la Misa ya ha comenzado, y tengo que salir inmediatamente después de la Comunión. ¿Podría usted decirme si mi intención vale? ¿Cuáles son las partes de la Misa en las que he de estar presente para que la Comunión tenga validez?

José García

R. Estimado José
La Misa es la perfecta
alabanza y acción de
gracias a Dios
Todopoderoso.
La participación en
la celebración
completa ha de
ser nuestra meta.

Obviamente, sí
hay partes de mayor
importancia que otras.
Tomando en cuenta los Domingos y días de guardar, yo señalaría
las siguientes, lecturas de las Sagradas Escrituras y Liturgia Eucarística,
incluyendo la Santa Comunión.

Su caso es diferente, sin embargo, ya que usted asiste a Misa por
devoción, no por obligación. Por tanto, lo que usted buenamente
pueda hacer, encierra mucho mérito.

LOS COLORES DE LA MISA

P. Padre,
Quisiera que me explicara lo que significan los colores de las
vestimentas que los sacerdotes usan para celebrar la Misa.

Joaquín Balbuena

R. Estimado Joaquín
Los colores de las vestimentas son cuatro, verde, blanco, rojo y
morado.

El verde significa esperanza. Se usa durante lo que la Iglesia llama
"el tiempo ordinario," es decir, durante el tiempo en que no se
celebra ninguna fiesta especial, como son Navidad y Cuaresma.
Usamos verde porque somos un pueblo que vive la esperanza de
vivir un día con Dios para siempre en el cielo.

El color blanco significa victoria. Lo usamos para bodas, bautizos,
fiestas en honor a la Virgen y ...lo usamos también en la Misa de
funerales, la cual llamamos Misa de Resurrección, ya que estamos

convencidos que los que morimos con Cristo seremos con El, también victoriosos sobre la muerte.

El rojo significa amor, pasión...sangre, martirio. Lo usamos cuando celebramos la Misa en honor de una persona que dio su vida por amor a Cristo. Lo usamos también cuando celebramos la fiesta de Pentecostés (cuando el Espíritu Santo, Espíritu del amor de Dios, desciende sobre María y los apóstoles reunidos en el Cenáculo de Jerusalén).

Finalmente, el color morado significa penitencia. También significa realeza. En los tiempos de Jesús, el morado era un color muy difícil de obtener y sólo con medios muy costosos se podía lograr. Por lo costoso que era, sólo los reyes y miembros de las clases muy acomodadas podían lucirlo en sus túnicas.

Usamos morado para recordarnos que somos un pueblo de reyes. Pertenecemos a la familia real de Jesucristo, el Rey del Universo. Recordamos también que como Jesús, tenemos que ser reyes de acuerdo a las enseñanzas del Maestro, es decir: el más alto ha de hacerse el más pequeño, y el primero ha de convertirse en el último.

¡Qué gran paradoja! ¿Verdad? Pero en eso consiste la realeza de Jesús, ¡servir a los demás!

Usamos el morado para celebrar las cuatro semanas de Adviento y el tiempo de Cuaresma.

LOS SANTOS

P. Querido Padre
¿Me podría explicar usted por qué es que la Iglesia Católica le presta tanta atención a los Santos?

Soledad Quintero

R. Estimada Soledad
La Iglesia Católica cree que actualmente hay muchas personas que de hecho están ya gozando de la gloria de Dios, El Cielo.

La Iglesia no sabe el nombre de todas ellas, pero cree conocer con seguridad algunas de ellas. A estas personas la Iglesia ha declarado santos por la relación tan extraordinaria que tuvieron con Dios durante sus vidas temporales, y por su lugar especial en su vida sobrenatural.

Ha habido un mal entendido en lo que la Iglesia Católica enseña acerca de los santos con la idea de que las imágenes y los santos son adorados.

Esto no es más cierto que si adoramos una estatua del parque o una foto en una billetera. Las imágenes religosas tienen como propósito el recordarnos el físico de personas especiales porque supieron vivir como Jesucristo nos pide a todos que vivamos.

Los santos, como la Virgen María, San Pedro, San Pablo, Santa Teresa y tantos otros, vivieron vidas ejemplares que necesitamos recordar y tener como modelos en nuestras propias vidas. Por esa razón recordamos a estas personas especiales que nos animan a seguir su ejemplo.

La Iglesia Católica también cree, así como creen todos los Cristianos, que las personas vivirán por siempre. Parte de la vida la pasamos aquí en la tierra y el resto de la vida lo pasaremos o con Dios o sin El, dependiendo de la forma de vida que hayamos optado seguir aquí en la tierra.

Hay una pregunta que escuchamos frecuentemente, ¿Por qué razón los Católicos oran pidiendo ayuda a los santos?

La respuesta es — "¿Por qué no?" — Estas personas están vivas (Dios es un Dios de vivos, no de muertos), ¿entonces por qué no pedir que también ellos oren con nosotros y por nosotros? Con frecuencia, pedimos a un amigo o familiar aquí en la tierra, especialmente si esa persona está cerca de Dios, que diga una oración por alguna necesidad en particular que podamos tener. Esto está completamente de acuerdo, no sólo con la tradición de la Iglesia, sino con muchos autores bíblicos, entre ellos San Pablo, quien en repetidas ocasiones exhortó a los miembros de sus comunidades a que intercedieran los unos por los otros y también por él para que pudiera ser siempre fiel al Evangelio de Cristo. (Efecios 6:18)

Si podemos y debemos pedir la intercesión de los hermanos aquí en la tierra, con mucha más razón debemos pedir la intercesión de esos hermanos que ya están en el cielo, recordando siempre aquellas palabras de Jesús, "Cuando dos o más estén unidos en mi nombre, ahí estaré yo entre ellos."

ME ABURRE REZAR EL ROSARIO

P. Padre Pedro
Yo soy Mariano y nada tengo contra la Virgen, pero me resulta muy tedioso rezar el Rosario, por lo repetido de la oración. ¿Estoy obligado a rezar el rosario?

Leonel Lorío

R. Estimado Leonel
El rezo del Rosario no es sólo la repetición de una oración cualquiera, sino que es la repetición de hermosas palabras del Evangelio, como son las del Padre Nuestro y las del saludo del Angel Gabriel a María Santísima. Al orar el Padre Nuestro que nos enseñó nuestro Señor, nos podríamos quedar repitiendo la primera palabra para entender la riqueza del concepto "Padre" referido a Dios y lograr meditar muchas veces sobre esta sola palabra. Si eso lo podemos hacer con la primera palabra, ¿cómo no lo podríamos hacer con toda la oración entera y el saludo del ángel a María? La repetición del Rosario simplemente nos invita a meditar en el contenido de las palabras del Evangelio, que estamos repitiendo y desde luego, nuestra Señora ha prometido grandes bendiciones a quienes así lo hacen con fe y devoción.

Como la Iglesia es Madre y es Maestra, no obliga a nadie a rezar el Rosario sino que lo recomienda para que todos podamos aprovecharnos de sus innumerables gracias y para evitar que sea una repetición monótona es aconsejable para algunos comenzar con una Ave María diaria, y luego ir aumentando a una decena y así sucesivamente, hasta lograr aquella repetición amorosa del Padre Nuestro y de las Ave Marías, ante las cuales se congregan tantos y tantos Católicos al orar por la conversión del mundo. Existe también la posibilidad de leer entre decena y decena el texto bíblico al cual se refiere el misterio de cada decena y de esa manera, el Rosario no le resultaría una oración de sólo repetición, sino de meditación y conocimiento de la vida de nuestro Señor.

En conclusión, nadie está "obligado" a orar, ni mucho menos a "rezar" el Rosario. Toda oración ha de ser producto del amor que nos "exige" en lo interior estar cerca del Amado y en el caso del Rosario, la oración está ligada a la intimidad filial que se nos ha ofrecido en María.

ME DA PENA PERSIGNARME

P. Estimado Padre Pedro
Cuando paso frente a una Iglesia siento verguenza de persignarme. ¿Es pecado esta verguenza?

Soy un buen católico y me persigno solamente cuando nadie me mira.

René

R. Estimado René
Primero que todo quiero decirle que en ningún momento, ni el Señor ni la Iglesia piden que nos persignemos al pasar por una Iglesia. Esa es una costumbre muy hermosa de algunos de nuestros países hispanos, pero en ningún momento ha sido ni doctrina ni mandato.

Segundo -y esto sí me preocupa-. ¿Por qué siente usted verguenza de persignarse especialmente cuando hay personas a su alrededor? ¿Siente usted verguenza porque está siguiendo la tradición que muchos no siguen o siente usted verguenza de que le señalen como cristiano, especialmente ante sus amigos? Jesús dijo, "el que se averguence de mí aquí en la tierra, yo me avergonzaré de él en el cielo".

Le confío que años atrás, yo también me avergonzaba de persignarme y de orar, especialmente al viajar en avión, cuando este despegaba, y volver a hacerlo para darle gracias al Señor cuando llegábamos a tierra. Al principio no fue fácil orar en público, pero con el tiempo se ha convertido en parte de mi vida de fe y los resultados han sido de gran beneficio para mí y para muchos, ya que no sólo me han ayudado a reafirmar mi fe, sino que ha ayudado a los otros a hacer

MISA EN DOMINGO

P. Querido Padre
Quisiera que me explicara por qué nosotros los Católicos celebramos el día domingo en vez del sábado. Esperando su respuesta.

María

R. Estimada María
Para nosotros los cristianos el día más grande del año es el día en que Jesús resucitó. Ese día fue un domingo. Todos los domingos son una conmemoración de este gran día de Pascua. En el Antiguo Testamento el día de fiesta era el sábado, palabra que significa "día de descanso." Pero los Apóstoles lo trasladaron al domingo porque en este día resucitó Nuestro Señor. Por cierto, la palabra domingo significa "Día del Señor."

MISA EN LATÍN

P. Estimado Padre Pedro
En algunas Iglesias de Estados Unidos el Papa ha dado permiso para oir la Misa en Latín. Yo quisiera saber, ¿por qué se dejó de decir la Misa en tan lindo idioma?

Marcos Vindel

R. Estimado Marcos
Desde el principio de la Iglesia, la celebración de la Eucaristía o Misa se hizo en la lengua de los participantes. Es así como en la época de los Apóstoles se celebró la "Misa" o Eucaristía en Hebreo y Griego. Pero luego, al pasar la Iglesia a ocupar el territorio de todo el Imperio Romano, la lengua que se hablaba en aquel entonces era el Latín, razón por la cual se comenzó a "uniformar" la celebración eucarística en esta lengua. Luego, con la aparición de las lenguas modernas, se conservó el Latín como idioma oficial de la Iglesia. Por eso es que todos los Obispos y Sacerdotes conocían el Latín y podían celebrar las Eucaristías en aquella lengua que ellos sí conocían. Pero si bien es cierto que los ministros de la Iglesia conocían el Latín, el Pueblo no. Por eso se resolvió autorizar la celebración de la Eucaristía en cada idioma del lugar. Eso no significa que la Iglesia tenga algo en contra del Latín y por ello ha autorizado que donde sea necesario, se pueda celebrar en ese idioma.

MISA POR TELEVISIÓN

P. Querido Padre
¿Es la Misa por televisión válida 'para cualquier persona?

Carmen

R. Estimada Carmen
La celebración de la
Misa en televisión es
solamente válida para
los enfermos o personas
que se ven forzadas a
permanecer en sus casas.

MISA, ¿SACRIFICIO O SIMBOLO?

P. Estimado Padre Pedro
¿Es la Misa un sacrificio, o solamente es una comida simbólica?

Miguel Soriano

R. Estimado Miguel

La Misa es ambas cosas, un sacrificio y una comida simbólica.

Para describir el simbolismo de la Misa, notemos primero la importancia general, las comidas son ocasiones en que los seres queridos se reunen. En casi toda cultura, el compartir juntos una cena es considerado como un evento especial. Muchas culturas tienen sus comidas especiales -conmemorando alguna fecha especial de su historia. Para los Católicos, la Misa es el banquete sagrado- la reunión de nuestra familia Cristiana que celebra la muerte y resurrección salvadora de Cristo.

También notamos los elementos simbólicos de la comida en sí, pan, agua, y vino. El pan sin levadura y el vino fueron usados en la Pascua Judía. Todavía es más esencial lo común de estas substancias. El pan ha sido alimento básico del ser humano por siglos, el vino era comunmente usado por los antiguos para mezclarlo con el agua impura que bebían, y, por supuesto, el vino es usado para celebrar ocasiones especiales en muchas culturas. El agua calma nuestra sed y es también usada para limpieza. Cuando nos reunimos para la Misa, todos reconocemos lo común que es el pan, el vino, y el agua, también debiéramos entender la manera en que fueron usados en la tradición Pascual que Jesús celebró en la Ultima Cena.

En la Misa, ofrecemos los regalos simbólicos a Dios, a través de la acción del sacerdote. Al ofrecer el pan, el sacerdote nos recuerda que "se transformará en el pan de vida." Procede él a mezclar agua y vino para que "compartamos en la divinidad de Cristo, que se humilló a sí mismo para compartir en nuestra humanidad." El entonces nos recuerda que el vino "se convertirá en nuestra bebida espiritual." Finalmente, antes de que el pan y el vino sean consagrados, él lava sus manos con agua, orando, "Señor, lava mis iniquidades, límpiame de mi pecado."

Así vemos que la Misa, como banquete, es rica en tradición y simbolismo. Pero para los Católicos, la Misa es más que una comida simbólica. Nosotros creemos que el pan y el vino se convierten en el Cuerpo y la Sangre de Cristo en el momento de la Consagración en la Misa, tal como sucedió en la Ultima Cena. El pan y el vino ya no son símbolos que representan algo más sino que son Cristo mismo, aunque bajo la apariencia de pan y de vino.

En cuanto al sacrificio, ¿Creen los Católicos que Cristo es sacrificado una y otra vez en la Misa?

Existe, sí, una dimensión sacrificial en la Misa. Recordemos que la Cena del Señor, -nuestra primera Misa-, fue una cena de Pascua, y la Pascua conmemoraba la noche cuando el ángel de la muerte "pasaba" por las casas marcándolas con la sangre de un inocente cordero. Los Cristianos llegaron a reconocer a Jesús como el Cordero -anticipado en el rito de la Pascua- cuyo sufrimiento llevó a nuestra salvación. La Cena del Señor, que celebramos una y otra vez en cada Misa, centra nuestra atención en lo que sucedió en el Calvario y en lo que sucederá en Su última venida. Como Pablo escribió en su Primera Carta a los Corintios, "cuantas veces ustedes coman de este pan y beban de esta copa, proclaman la muerte del Señor" - que específicamente fue un sacrifio por nuestros pecados- "hasta que El venga." Meditando estas palabras de San Pablo, el decreto del Concilio Vaticano Segundo sobre la Iglesia dice, "Hasta la venida del Señor, ellos (los sacerdotes) representan y aplican en el Sacrificio de la Misa el único sacrificio del Nuevo Testamento, sacrificio en el que Cristo se ofrece a Sí mismo, de una vez por todas, a Su Padre, como víctima sin mancha".

MISAS ABURRIDAS

P. Recordado Padre
Aunque me considero Católico práctico, son muchas las veces en que me siento aburrido en la Misa. Padre,

¿por qué las Misas tienen que ser tan aburridas? ¿Por qué siempre tienen que ser todas iguales?

Alberto

R. Estimado Alberto

Su inquietud me hace recordar los últimos años de la década de los 60 cuando yo también me sentía como usted. Nunca se me olvidará el día que me quedé dormido en medio de la Misa y cuando desperté, sentía que todo el mundo me estaba mirando.

En esos tiempos, yo estaba bastante lejos de Dios. No lo conocía...Es decir, no tenía ningún tipo de relación con El. Iba a Misa y trataba de hacer el bien, no porque sentía el deseo de complacer en todo a mi Señor, sino por obligación.

Hoy día, conscientemente, habiendo cambiado mi actitud hacia Dios y mi relación con El, la Misa tiene para mí un significado que nunca había podido imaginar.

Si la Misa parece ser siempre la misma es porque tiene oraciones comunes. La razón de orar éstas es para darle a la celebración un carácter universal. Es decir que no importa a dónde usted vaya a Misa, aquí o en el Japón, usted, aunque no entienda el idioma, sabe lo que están haciendo.

No obstante, puedo asegurarle que cada Misa puede y de hecho, deber ser diferente, ya que aunque tiene cierta estructura que es igual en todas partes, los cantos, las lecturas, la homilía, las oraciones de los fieles y muchas otras cosas más, serán diferentes de acuerdo a lo que se está celebrando particularmente ese día.

Recuerde, Alberto, que la Misa es una celebración. Cuando usted celebra un cumpleaños o un gozo muy grande en su vida, usted se prepara para la ocasión y se dispone a festejar con alegría tan importante evento.

Debemos acostumbrarnos que cuando nos preparamos para celebrar la Misa, debemos ponernos también en disposición de celebración, tomando un poco de tiempo — antes del gran evento — para reflexionar sobre lo que Jesús va a hacer por nosotros y con nosotros.

Si estuviéramos mas conscientes de lo mucho que El nos quiere dar, lo más probable es que sintiéramos una gran alegría...Alegría que seguramente expresaríamos con más facilidad a través de los cantos, del abrazo de la paz, del arrepentimiento en común y de la unión que llegaríamos a sentir con el resto de nuestros hermanos.

Después de todo lo dicho, usted puede estar pensando que tal vez la Misa, hasta ahora haya sido aburrida por culpa del sacerdote y no suya. Eso es una posibilidad que no debe descartar y le aconsejo que, si lo cree conveniente, hable con el sacerdote y como hermano aconséjele y dígale cómo se siente usted.

Sin embargo, creo que cuando las cosas no andan bien espiritualmente, debemos ante todo cuestionar nuestra actitud antes de cuestionar la de los demás. ¿No le parece?

NO PUEDO ASISTIR A MISA TODOS LOS DOMINGOS

P. Querido Padre Pedro
La Iglesia me queda muy lejos. Tengo que caminar a lo largo de una carretera por la que nadie camina para llegar al templo. Sólo puedo ir cuando voy al pueblecito donde vive mi hija, una vez al mes. ¿Estoy en pecado si no puedo asistir a misa todos los domingos?

R. Estimada Amalia

¡Cómo va a estar en pecado por no poder ir a Misa bajo esas condiciones que usted describe en su carta! Pecado, Amalia, es un volver las espaldas a Dios y hacer dioses de cosas u otros valores.

La Iglesia nos impone la obligación de ir a Misa en el día del Señor — eso significa la palabra domingo — para que al menos una vez por semana celebremos como Pueblo de Dios, como comunidad de fe que somos, la vida de Dios de la que Cristo nos hizo partícipes.

Quiere que nos sentemos alrededor de la mesa del Señor a alimentarnos de su palabra y de su Cuerpo y de su Sangre para poder seguir construyendo juntos su Reino de justicia, de amor y paz en este mundo convulso en el que vivimos.

Únase en espíritu, ya que no lo puede hacer físicamente, a su Comunidad. Lea y medite la palabra del Señor para que la sostenga en su vida cristiana. Procure hablar con el Sacerdote de la parroquia. Si no es posible que alguien le facilite la transportación, a la mejor el padre o un Ministro de Comunión le pueden llevar con frecuencia la Eucaristía.

OBLIGAR A LOS HIJOS A IR A MISA

P. Querido Padre

Mis hijos de 14 y de 16 años me dicen que no tengo razón en querer obligarlos a ir a Misa los Domingos. Dicen que "nada sacan de la Misa". Es un pleito cada Domingo y quiero que usted me ayude a ponerlos en orden. ¿Quiere ayudarme?

Marisa

R. Estimada Marisa

¿A ponerlos en orden? Esa pregunta suena terrible y muy triste para usted y para sus hijos.

Es de primordial importancia que los padres mantengan en mente la meta que desean alcanzar a través de las enseñanzas religiosas que trasmiten.

Tengo la plena seguridad, Marisa, que su deseo y meta es la de ayudar a sus hijos a crecer hacia la madurez de la fe y confianza en

Dios, a la vez de que ellos vayan sintiendo respeto y reverencia por el lugar de la Eucaristía en la comunidad de Católicos que los acompañarán en sus vidas de adultos. Bien sé yo que el propósito suyo no es solamente el de quedarse satisfecha de lograr que por muchos años usted haya logrado que sus hijos hayan cruzado las puertas del templo los Domingos.

Sin embargo, está claro que sus muchachos no experimentan lo que es la Misa ni la comunidad de fieles porque se ha roto ese entendimiento entre padres e hijos en su propio hogar. Si sus hijos han llegado a tal edad y todavía tiene que obligarlos a ir a lo que es central en la vida Católica, como es la Misa, creo que usted estará de acuerdo conmigo en que no se está edificando en ellos una fe que aman y de la que se sentirán orgullosos más adelante.

Pero todavía está usted a tiempo para reconsiderar seriamente lo que quiere que sus hijos alcancen en la religión. Quiero que responda para usted misma a las siguientes preguntas, ¿Qué significa la fe para usted, y por qué tiene interés en que sus hijos la compartan?

¿Cuál es la razón por la cual usted va a Misa?

Si usted ha de ser guía, a la vez que dar apoyo a sus hijos, responda con sinceridad a estas preguntas, y también le aconsejo que sostenga una conversación con un sacerdote o con un profesor de jóvenes Cristianos que con gusto podrán orientarla...y solamente lamento que su inquietud y pregunta no la haya hecho hace unos 10 años.

184

¿PARA QUÉ LAS VELAS?

P. Querido Padre Pedro
Alguien, el otro día, me preguntó por qué o para qué se usan las velas (candelas) en la Iglesia. Desafortunadamente no pude contestar. Por favor, Padre, deme alguna información al respecto. Gracias.

Angélica Martínez

R. Estimada Angélica
La vela encendida simboliza la luz de Jesús ya que Jesús es la luz que viene en nombre del Padre a sacarnos de las tinieblas y la confusión del pecado y a enseñarnos el camino, como faro resplandeciente, que nos conduce al Cielo.

Por eso es que en la Misa de la vigilia de la Resurrección se toma fuego de la fogata que se prepara a la entrada de la Iglesia y se enciende el Cirio Pascual. El sacerdote toma el Cirio en sus manos y levantándolo entra en la Iglesia que se encuentra en penumbras y delante de toda la congregación anuncia que Cristo ha resucitado y que Su luz ha llegado a nosotros.

Las velas también nos recuerdan que todos nosotros los Cristianos estamos llamados por Jesús a ser luz que ilumine el camino de otros. Si Jesús vive en nosotros, ya que como bautizados somos sus templos, y si permanecemos unidos a El, entonces Su luz ha de brillar en nosotros.

Jesús dice, "Ustedes son luz para el mundo. No se enciende una lámpara (vela) para esconderla en un tiesto, sino para ponerla en un candelero a fin de que alumbre a todos los de la casa. Así, pues, debe brillar su luz ante los hombres, para que vean sus buenas obras y glorifiquen al Padre de ustedes que está en los cielos". (Mateo 5)

La vela encendida significa también que Jesús está presente en nuestras oraciones, intercediendo por nosotros ante el Padre. Cuando prendemos una vela en la Iglesia y pedimos por una intención especial, afirmamos en fe que nuestra plegaria está siendo escuchada por el Señor y que El, a su vez nos iluminará el camino.

La vela encendida es, por lo tanto, un recordatorio de que Jesús es nuestra luz y que en su Nombre, nosotros estamos llamados a iluminar el camino de otros.

¿POR QUÉ LA GENTE HABLA TANTO DURANTE LA MISA?

P. Querido Padre
¿Por qué la gente habla tanto durante la Misa? Tal parece que se ha perdido todo respeto y reverencia a la Eucaristía.

Camilo y Helena Alvarez

R. Estimados Camilo y Helena
Las razones son muchas y diversas. Algunas son las siguientes, 1) Como resultado del énfasis que se ha puesto en la importancia de hacer comunidad, 2) El ansia de hablar nuestro idioma con otros, 3) El deseo de compartir con los que queremos la alegría de verlos de nuevo después de una semana de por medio.

Podría enumerar muchas otras pero creo que éstas son suficientes. Pero si bien es cierto que nos debe alegrar ver a nuestros hermanos y desear compartir con ellos lo que ha pasado durante la semana, también es importante recordar que cada cosa tiene su lugar.

Antes de entrar en el templo podemos y debemos saludar a todos los que encontremos. Lo mismo debemos hacer a la salida, después que la Misa ha terminado.

Sin embargo, una vez que entramos en el templo debemos permanecer en silencio, ir a nuestros asientos y allí prepararnos, en oración profunda y concentrada, para que el Señor nos ponga en la disposición adecuada para celebrar la Santa Misa.

Si no hacemos esto, estamos corriendo el peligro de hacer de la Misa una rutina, un rito superficial con poco o ningún sentido, tanto para nosotros como para los que interrumpimos con nuestro hablar.

PREDICACIONES FRÍAS

P. Estimado Padre
¿Por qué los Católicos no acostumbramos llevar Biblias a Misa para leerla todos juntos y darnos cuenta de qué trata cada Evangelio? ¿Por qué es tan fría la predicación?

Curiosa

R. Estimada Curiosa

Las lecturas que se leen en la Misa son para ser escuchadas, no para ser leídas. El mensaje de Dios es proclamado, la Buena Nueva es anunciada. Esto requiere que toda nuestra atención se enfoque en ése que está proclamando en el nombre del Señor y en Su mensaje.

Recuerde que Jesús hizo lo mismo. El proclamaba la Buena Nueva mientras que los discípulos se congregaban a su alrededor para escuchar Su palabra.

La Biblia se debe leer en grupo para ser estudiada o para meditar sobre sus pasajes, como en el caso de un grupo de oración. Dentro de la celebración de la Eucaristía, sin embargo, los mensajes bíblicos son para ser proclamados y escuchados.

Respecto a su segunda pregunta, permítame decirle que no todas las predicaciones son frías. Cada sacerdote tiene su propia personalidad... unos más callados, otros más alegres, otros más extrovertidos. Sus prédicas, en la mayoría de las ocasiones, irán de acuerdo a la personalidad de cada cual. Le sugiero, por lo tanto que trate de conocer un poco más a su sacerdote. Tal vez conociendo mejor su forma de ser, descubrirá que sus sermones cobran más sentido y más vida.

Si después de hacer esta prueba no le resulta, le aconsejo que vaya a escuchar a otro sacerdote que le llene más.

¿QUÉ ES LA MISA?

P. PadrePedro
¿Podría darme una explicación de lo que es la Misa? Gracias.

Manuel Quintero

R. Estimado Manuel "Misa" es el nombre antiguo e histórico para referirse a la Cena del Señor. Viene del verbo en latín que quiere decir "enviar" (Ite, Missa est", Vayan, enviados son).

Conmemoramos que la noche antes de Su muerte, Jesús celebró la Cena de Pascua con Sus discípulos. La Pascua era la época del año en que los fieles Judíos -dirigidos por Moisés- festejaban la liberación del pueblo de Dios de la esclavitud de que fueron víctimas en Egipto. La, Pascua era también la actualización de los eventos salvíficos del Exodo de Egipto, como algo que estaba ocurriendo en ese momento y lugar en sus propias vidas. Pero algo diferente sucedió en esa ocasión. Leemos en el capítulo 22, versículo 19 del evangelio de San Lucas que durante la cena, Jesús "tomó el pan en sus manos y, habiendo dado gracias a Dios, lo partió y se lo dió a ellos, diciendo, "Este es mi cuerpo, entregado a muerte en favor de ustedes. Hagan esto en memoria de mí".

Al principio, los discípulos no entendieron lo que Jesús había hecho, el paso que había dado de la antigua Pascua a la nueva, del banquete de la antigua alianza al banquete de la nueva alianza. Fue solamente después, en el día de Pentecostés, con la venida del Espíritu Santo, cuando los discípulos comenzaron a entender las palabras que Jesús había dicho, "Hagan esto en memoria mía". Jesús no los estaba llamando a cambiar sus oraciones y alabanzas, sino más bien a incluir en ellas lo que El Mismo había hecho. Lo que los Apóstoles entonces hicieron fue unir la celebración de la Ultima Cena al Servicio de Oración en la Sinagoga.

¿Qué era en ese entonces un servicio de oración? En la Sinagoga - lugar donde se reunía el pueblo los Sábados- se ofrecían oraciones, se cantaban Salmos, se leían y proclamaban pasajes de las Sagradas Escrituras y se daba una explicación de la palabra de Dios. Esto era básicamente lo que iniciaba la celebración del Banquete Pascual. Por tanto, al dar Su cuerpo y sangre a Sus discípulos en la Última Cena, Jesús transformó ambas ceremonias -la de la Sinagoga y la del Templo- uniendo Pascua y Sinagoga en una sola celebración que El ordenó fuese hecha en memoria de El.

Después de la Resurrección, los cristianos continuaron visitando el Templo y la Sinagoga, reuniéndose el primer día de la semana, el

Día del Señor, para celebrar la Eucaristía, el partir del pan. Al pasar del tiempo se fueron dando cuenta de lo que Jesús les había dejado y a lo que los estaba llamando, por medio de la oración. Así leemos en el capítulo 2, versículo 42 de los Hechos de los Apósoles, "Todos seguían firmes en lo que los apóstoles les enseñaban, y compartían lo que tenían, y oraban y se reunían para partir el Pan".

La Misa que hoy celebramos tiene sus raíces en esa celebración de los tiempos apostólicos. La diferencia entre ese entonces y nuestra actualidad es que esos primeros servicios fueron más espontáneos y abiertos que los de hoy día, frecuentemente ordenados y estructurados. Son, sin embargo, los mismos elementos básicos los que están presentes: alabanzas a Dios, oraciones, lectura de las Escrituras, explicación de las Escrituras en la Homilía, y la celebración de la Cena del Señor que concluye con la Santa Comunión.

SEMANA SANTA, FECHAS DIFERENTES

P. Querido Padre
Las fechas de Semana Santa siempre son diferentes. ¿Quién es la persona que determina en qué fecha han de celebrarse cada año?

Ana Luisa Montoya

R. Estimada Ana Luisa
Aunque existen divergencias en partes del mundo cristiano, nuestra celebración de Pascua generalmente es el quinto Domingo después de la primera luna llena que sigue al equinoccio invernal, que generalmente se refiere al primer día de primavera; en fecha alrededor del 21 de Marzo.

Las fechas de Cuaresma, Ascención y Pentecostés se fijan contando hacia el pasado o hacia el futuro desde el día de la resurrección de nuestro Señor Jesucristo.

SÍMBOLO DEL PESCADO

P. Querido Padre
Para mi puerta, me han regalado un timbre con grabados de

símbolos Cristianos, incluyendo un pez y las letras IXOYC. ¿Podría decirme si son letras Griegas y su significado?

Marisa López
Tennessee

R. Estimada Marisa
Sí, esas letras Griegas se leen Iesous Christos Quios Theou Soter (Jesucristo, Hijo de Dios, el Salvador). Son letras que deletrean la palabra ichthus ("pez", en Griego), símbolo que fue usado por los primeros Cristianos para identificarse como tales cuando se reunían en tiempos de las persecuciones. De ahí que el pez es un símbolo de Jesús.

VIACRUCIS

P. Padre Pedro
Mi esposo no es Católico, pero conoce las Sagradas Escrituras. Me ha preguntado en qué parte de la Biblia se encuentra la referencia de la sexta estación del Viacrucis, donde la Verónica limpia el rostro de Jesús. ¿Podría usted darme una respuesta a ello?

Marina López

R. Estimada Marina
Las Escrituras nada dicen de Verónica (ni de otra persona) que haya limpiado el rostro de Jesús o que haya dejado impresas las huellas de su rostro en un lienzo.

Jamás nadie ha dicho que esta estación del Viacrucis esté basado en un hecho bíblico. Tampoco lo están las tres caídas de Jesús camino al Calvadio.

Fue alrededor del siglo 10 cuando en algún lugar de Roma se encontró un lienzo en el que estaban impresas las huellas que se dijo eran de Jesús, y no fue hasta en el siglo 14 cuando se dió la explicación de que la imagen fue milagrosamente estampada en tela cuando una mujer ofreció el lienzo a Jesús en el trayecto de su crucifixión.

Hemos de entender que las Estaciones de la Cruz, como hermosa devoción para ayudarnos a fijar nuestras mentes en el sufrimiento y muerte de Jesús, con todo lo que para nosotros los Cristianos significa y encierra, aparecieron hace apenas como 700 u 800 años. Con la ayuda de las Sagradas Escrituras, de la tradición, y de algunas leyendas, las estaciones variaban continuamente, llegando en un tiempo a ser más de tres docenas de estaciones diferentes, hasta que finalmente, desde hace como 200 años se han observado y aceptado las 14 estaciones actuales.

P. Querido Padre Pedro
Al rezar el Viacrucis, hay un momento en que todos decimos, "te adoramos, oh Cristo, y te bendecimos..."

Padre, ¿está en nuestro poder el bendecir a Dios?

Liana González

R. Estimada Liana
En Latín, la palabra "benedicere" se entiende en el sentido que comunica vida u otra cosa buena a alguien más. También puede usarse para dar gracias, o para reconocer el poder y la bondad de otra persona. La frase "Bendito sea Dios", por ejemplo, que frecuentemente encontramos en los salmos y en el Nuevo Testamento, es una oración de alabanza y reconocimiento de la bondad de Dios, y de los beneficios que El ha derramado sobre nosotros. Ese es el sentido que lleva en nuestras oraciones.

CAPÍTULO IX

María y LOS Santos

APARICIONES APROBADAS

P.Querido Padre
¿Cuántas han sido las apariciones de la Santísima Virgen María, aprobadas por el Vaticano, lugares y sus fechas?

I. A. Alvarez

R. Estimado Amigo

Las apariciones de la Virgen se clasifican bajo el título de "revelación privada." Los teólogos aceptan que Dios puede dar revelaciones privadas y que El puede suspender las leyes normales que nos previenen de ver realidades sobrenaturales. Las apariciones de la Virgen María se conocen desde los primeros siglos de la Iglesia.

Aparte de las muchas leyendas, la primera aparición documentada nos la narra San Gregorio de Nisa, cuando la Virgen se le apareció a San Gregorio, en el año 270 después de Cristo.

Las apariciones más modernas se remontan al año 1830, con la aparición en Rue de Bac, a Santa Catalina. Desde el año 1928 hasta el presente día se han reportado más de 200 apariciones de la Virgen.

Cuando la Iglesia no tiene razón de intervenir negativamente en una aparición reportada, usualmente la Iglesia no muestra más que una tolerancia y permiso para honrar a María bajo el título con que se le da a conocer, sin negar la autenticidad de la aparición.

De hecho que el juicio positivo para aprobar una aparición se hace en forma de negación. En otras palabras, cuando una aparición es aprobada oficialmente, la Iglesia sólo dice que "después de haber estudiado toda la documentación, no hay razón para decir que la Virgen no se apareció..." Note que no hay una afirmación positiva. Las apariciones aprobadas oficialmente por la Iglesia son las siguientes,

LA SALETTE, FRANCIA (1846)
PONTMAIN, FRANCIA (1871)
LOURDES, FRANCIA (1858)
FÁTIMA, PORTUGAL (1917)
BEAURAING, BÉLGICA (1921)
BANNEUX, FRANCIA (1933)

A algunos de nuestros lectores les resultará sorprendente que Guadalupe no figure en esta lista, pero recordemos lo antes dicho, Que la Iglesia no tiene que dar una aprobación oficial, (en el caso de Guadalupe sería tan difícil recuperar toda la evidencia) para apoyar dicha aparición. Sin embargo, la presencia de Juan Pablo II en este santuario en 1979 lo dice todo.

APARICIONES EN BAYSIDE

P. Querido Padre Pedro
¿Aprueba la Iglesia las apariciones de Bayside?

Manuel Miranda

R. Estimado Manuel

Desde 1970 hasta el presente, Verónica Leuken, residente de Bayside, ha dicho haber tenido muchas visiones de Nuestra Señora y de Jesús y, aparentemente, también de otros santos.

Nos comunica Verónica que tales visiones tienen lugar durante las vigilias de oración que tienen dos veces al mes y a las que, personas de los estados vecinos, son invitadas a asistir. Las supuestas "revelaciones" contenidas en estas visiones señalan muchos y variados tópicos, algunos de ellos muy extraños. Como en eventos parecidos, ponen gran enfasis en inminentes castigos de Dios para el mundo. Van en contra de todo, desde la Comunión distribuida por manos de ministros laicos, hasta el ecumenismo, la música rock y otros males varios.

En el año 1970, la señora Leuken se desilusionó con el Papa Pablo VI porque éste aprobaba muchas cosas en la Iglesia que, según las "visiones", la Santísima Virgen María estaba en contra.

En Septiembre de 1975, Verónica anunció la más extraña visión en la historia de la Iglesia. Según ella, María le había revelado que tres altos oficiales del Vaticano - el Cardenal Jean Villot, el Arzobispo Agostino Cassaroli y el Arzobispo Giovanni Benelli, en alianza con Satanás, habían drogado al auténtico Papa Pablo VI y lo tenían prisionero en el Vaticano.

Alegaba ella que el "papa" que aparecía en público era un impostor a quien se le había hecho la cirugía plástica para que se pareciera al Papa Pablo pero que, en realidad, era un agente del diablo.

Miles de Católicos llegaron a creer esta historia tan extraña hasta que murió el Papa Pablo.

Obvias razones tiene usted para dudar que tales apariciones hayan sido aprobadas por la Iglesia. Después que oficiales de la Diócesis de Brooklyn -donde precisamente se encuentra Bayside- investigaron las apariciones, declararon que ninguna credibilidad podía darse a tales eventos.

El informe del canciller de la diócesis terminaba así "Hemos llegado a la conclusión de que las apariciones de Bayside fueron fruto de la imaginación después de haber leído mucho acerca de Lourdes y Fátima." Hasta el momento, la posición oficial de la diócesis de Brooklyn sigue siendo de que nada sobrenatural está ocurriendo en Bayside.

APARICIONES EN MEDJUGORJE

P. Querido Padre Pedro
¿Cuál es la posición de la Iglesia sobre las supuestas aparicones de

la Virgen María en Yugoslavia? Yo sé que ustedes escribieron un artículo sobre eso pero quisiera me informara si la Iglesia ha dicho algo nuevo al respecto.

José Moncada

R. Estimado José

Hasta ahora ninguna conclusión se ha hecho sobre las apariciones que se han reportado en Medjugorje, sin embargo, la Iglesia está estudiando cuidadosamente esta situación.

Se dice que la Virgen María se aparece diariamente a seis jóvenes desde el año 1981. Se dice también que ella pide oración, penitencia y una genuina conversión en la vida de las personas.

Esta noticia atrajo la atención de muchas personas que han viajado desde casi todos los puntos del mundo para presenciar por ellos mismos lo que otros les han dicho que han visto y sentido. Creo que es muy importante mencionar aquí que en ningún momento la Iglesia ha prohibido que se viaje a Medjugorje.

Ultimamente mucho se ha escrito sobre este acontecimiento, y muchos sacerdotes y teólogos, especialmente, que han ido a Yugoslavia como peregrinos han tomado la iniciativa de dar charlas y exposicones sobre lo que sucede en esa pequeña ciudad de Europa.

¿EXISTE SAN LÁZARO?

P. Querido Padre
Desde que yo era un niño mi familia me inculcó la devoción a San Lázaro. Ahora mucha gente me dice que San Lázaro no existe. Por favor acláreme ésto. ¿Existe o no existe?

Enrique L. de la Fuente

R. Estimado Enrique

Si al Lázaro que te refieres es el de las muletas, tengo que decirte que lo más probable es que nunca existió ya que ese Lázaro es el personaje de una historia que Jesús utilizó para enseñarle a las personas que le escuchaban lo que le puede suceder a aquellos que se apegan al dinero y no comparten sus bienes con los necesitados.

Esa historia se titula "Lázaro y el Rico" y se encuentra en el evangelio de San Lucas, capítulo 16, comenzando con el versículo 19.

En esa historia que Jesús narra, el rico que por su avaricia y egoismo termina en el infierno, puede simbolizar nuestras actitudes cuando nos dejamos arrastrar por las tentaciones de este mundo. Cuando así sucede el corazón se nos vuelve duro, sólo pensamos en satisfacer nuestras necesidades y nos convertimos en unos egoístas incapaces de ser sensibles a las necesidades de los demás.

En la historia de Jesús, la vida de Lázaro también simboliza la vida de cada uno de nosotros, ya que todos, no importa quiénes seamos, vamos por el mundo hambrientos de amor, de comprensión...Extendiendo las manos, pidiendo ser aceptados y apreciados. Vamos por el mundo también, llevando en nuestro ser heridas que a veces se han hecho muy profundas porque en vez de encontrar amor, hemos encontrado a personas que, porque tienen un corazón duro, nos han rechazado...humillado...y hasta traicionado.

Como puede ver, Enrique, ese Lázaro de las muletas y de los perros es simplemente un personaje que el Señor utilizó para enseñar una verdad. Ahora bien, si en realidad ese Lázaro existió o no, no hay forma de probarlo afirmativamente desde un punto de vista histórico. Más aún, la Iglesia nunca ha proclamado a ese Lázaro como santo. Se le llama "santo" porque a través de los años algunos fieles asumieron que porque Jesús dijo que estaba en el cielo, Lázaro tenía que ser santo.

El Lázaro que la Iglesia reconoce como histórico es el hermano de Marta y María. Al amigo de Jesús y a quien resucitó después de haber estado cuatro días en el sepulcro. (Juan 11).

INTERCESIÓN DE MARIA

¿Qué se entiende por Intercesión de María, Madre de Jesús?

Interceder significa hablar en favor de otra persona. Un ejemplo claro de cómo María intercede ante su Hijo Jesús lo encontramos en la Biblia, en Juan 2. El vino se acaba en la boda y María pide a su hijo que anticipe la hora de comenzar los milagros para que así los novios no se sientan avergonzados. De la misma manera en que María intercedió ante Jesús por aquella joven pareja, también ella, como madre que nos ama y se preocupa, intercede ahora ante Jesús por nosotros.

Mediante sus oraciones y su presencia con su Hijo resucitado, cuida de que todos los hombres estén unidos con Cristo. María "llevada de su amor materno, se ocupa de los hermanos de su Hijo que todavía peregrinan o se encuentran en medio de peligros y angustias, hasta que lleguen a la patria feliz." (Vaticano II, Lumen Gentium).

LA ASUNCIÓN DE MARIA

P. Querido Padre Pedro
¿Podría usted explicarme "La Asunción de María"?

Nela López

R. Estimada Nela

Creemos que María, la Madre de Jesús, vive actualmente -en cuerpo y alma- en el cielo. En otras palabras, creemos que el cuerpo de María no se destruyó sino que ella fue asunta a los cielos.

Los Católicos celebramos esta gran fiesta el día 15 de Agosto.

También nos han hecho la pregunta de si los Católicos comenzamos a creer en la Asunción de María partiendo del año 1950, y la respuesta es "NO", ya que la Iglesia ha creído en ella desde sus comienzos. La tradición antigua reconoció la singular y única vida y muerte de María.

En los comienzos de la Iglesia, se daba especial homenaje a una tumba vacía en conmemoración a la Madre de Dios símbolo de que su cuerpo no sufrió el proceso de descomposición.

La fiesta de la Asunción se celebraba desde el Siglo Sexto en las Iglesias del Este, y en 1950, el Papa Pío XII proclamó la Asunción de María, dogma de fe que la Iglesia garantiza y que todos los Católicos estamos llamados a reverenciar como verdad. El Papa Pío XII no presentó algo nuevo, sino más bien confirmó algo en que la Iglesia había creído por mucho tiempo.

La enseñanza que la Iglesia da acerca de la Asunción no deja claro si María murió o no murió, y los teólogos difieren en este punto. Cuando el Papa Pío XII definió el Dogma de la Asunción, solamente dijo que María fue asunta a los cielos "cuando ella hubo completado el curso de sus días aquí en la tierra."

¿Cuál ha sido la base escritural para reconocer la Asunción de María?

Las Escrituras nunca mencionan la Asunción como hecho histórico. La Asunción de María pertenece a la Sagrada Tradición Católica, como importante verdad que no está registrada en la Biblia.

El hecho de que personas han sido llevadas al cielo en cuerpo y alma no es algo ajeno a las Escrituras. En el Segundo Libro de Reyes leemos que Elías fue arrebatado de este mundo en un coche en llamas tirado por caballos en llamas. Dado este arrebatamiento de Elías se esperaba que algún día regresaría para preparar el camino al Mesías.

También el Libro de Sirácides señala la misteriosa desaparición del patriarca Enoc. Se nos dice en el Libro que nadie ha sido creado igual a Enoc, porque él fue arrebatado de la tierra. Este pasaje fue escrito antes de la resurrección de Jesús, pero provee otro ejemplo Escritural de eventos similares a la Asunción.

La Sagradas Escrituras sí nos comunican la misión crucial de María en la historia de la salvación. Fue a través de su fe y obediencia que el Hijo de Dios se hizo hombre en el poder del Espíritu Santo. El ángel Gabriel la llamó la "llena de gracia," y la Iglesia más tarde lo entendió como Inmaculada Concepción.

María fue la primera en recibir en su propio cuerpo la plenitud de gracia y salvación que la muerte y resurrección salvadora de Cristo ganó para todos nosotros.

La Asunción de María a los cielos -en cuerpo y alma- nos da la certeza de que también nosotros viviremos algún día con Dios en la eternidad, también en cuerpo y alma.

LOS QUE HABLAN MAL DE LA VIRGEN

P. Estimado Padre Pedro
Tengo dos preguntas. Primero, ¿Por qué siempre tienen que estar diciendo que la Virgen no es pura? ¿Que la Virgen no subió al cielo? ¿Que la Virgen tuvo otros hijos?

Segundo, quisiera que me explicara lo que significa pertenecer a "las Siete Iglesias."

Atentamente,
Amalia Araica

R. Estimada Amalia

Usted pregunta que por qué tanta gente habla tan mal de la Virgen y mi respuesta es que, mientras tengamos lengua, siempre corremos el peligro de utilizarla para dañar, para calumniar y, aun para matar.

En la carta de Santiago, capítulo tres, leemos "Es un mundo de maldad nuestra lengua, mancha a toda la persona y comunica el fuego del infierno a toda nuestra vida. "La lengua", continúa Santiago, "es un látigo incansable, lleno de veneno mortal."

Dios perdone a aquellas personas cuyas lenguas ofenden a Su propia Madre. Si yo fuera Jesús y alguien ofendiera a mi madre en una milésima parte de la forma en que algunos supuestos "seguidores" de Jesús la ofenden, estoy seguro que no me gustaría en lo absoluto.

A su segunda pregunta, debo decirle que no tengo ni la más remota idea qué religión es esa de "Las Siete Iglesias."

Nos hemos hecho sordos a la palabra de Jesús que nos enseña a través de Su Iglesia Católica, la única Iglesia que Jesús fundó con los doce pilares a quienes conocemos como los doce apóstoles.

Nos hemos hecho sordos a la palabra de Jesús y por lo tanto hemos preferido la ignorancia al conocimiento de la Verdad.

Son muchos los que cambian de religión como cambian de traje o de vestido. Si una no me gusta, o no me llena, o no me cae bien el que dirije, me voy para la otra. Algo por el estilo sucedió con Dios y el Pueblo de Israel que, por no estar conforme con su fe, decide una y otra vez abrazar otra fe, otras religiones, hasta el punto en que Dios lo compara con una prostituta, que se rinde al primero que le sale al paso. (Lea Amós 1 y 2).

San Pablo, al recordarnos de que sólo hay una fe, nos exhorta a que dejemos de ser como niños "a los que mueve cualquier oleaje o cualquier viento de doctrina, y a quienes los hombres astutos pueden engañar para arrastrarlos al error." (Ef. 4, 13-16).

¿QUÉ ES LA INMACULADA CONCEPCIÓN?

P. Apreciado Padre Pedro
¿Qué es la Inmaculada Concepción?

Alfonso León

R. Estimado Alfonso

Algunas personas tienen una idea inadecuada de la Inmaculada Concepción de María. Comenzamos diciendo lo que la Inmaculada Concepción NO ES.

Primero que todo, no tiene nada que ver con la concepción milagrosa de Jesús en el vientre de María. Tampoco significa que María fue concebida por su madre en una forma milagrosa, sin relaciones matrimoniales con su esposo.

Más bien, la fe de la Iglesia en la Inmaculada Concepción tiene que ver con la Concepción de María en el vientre de su madre.

Creemos que, por gracia de Dios al preparar a María para su misión de Madre del Salvador, Dios escoge favorecer a María con una relación personal plena con El, desde el momento que su madre Ana la concibe. María fue concebida sin ninguna mancha de pecado.

María no fue la primera persona concebida inmaculada. Hubo dos antes de ella. A diferencia de todos los seres humanos, María tuvo la misma relación con Dios que tuvieron Adán y Eva antes de la caída. Esa relación fue reconocida por el ángel cuando saludó a María en el momento de la Anunciación, "Alégrate, llena de gracia; el Señor está contigo". (Lucas 1, 28).

A veces nos preguntamos, "¿Por quié Dios actúa de esta manera?" Ante todo, porque nada es imposible para El. Isaías nos dice en el capítulo 55, versículo 8, "Pues mis pensamientos no son sus pensamientos, ni sus caminos mis caminos, dice el Señor."

Segundo, porque María es llena de gracia anticipando la muerte y resurrección de Jesús ya que ella, al igual que todos nosotros, recibe gracia, santidad y salvación sólo a través de los méritos de Jesucristo.

Tercero. Al escoger a María para ser Madre del Dios-Hombre, Jesús, Dios quiso preparar un recipiente perfecto. Como madre, María aportó la dimensión humana necesaria para que Jesús fuera totalmente humano.

Para que Jesús fuera un ser humano perfecto, María fue perfeccionada por gracia de Dios desde su concepción y a través de su vida. Dios quiso que el demonio no ejerciera influencias ni efectos sobre la humanidad de Jesús, y lo hizo protegiendo a María de toda influencia y poder del maligno.

Al reconocer la Concepción Inmaculada de María, reconocemos lo que Dios ha hecho por ella directamente y por nosotros indirectamente.

En el capítulo 1, versículos del 46 al 49 de San Lucas, también nosotros podemos decir con María "Alaba mi alma la grandeza del Señor y mi espíritu se alegra en el Dios que me salva, porque quiso mirar la condición humilde de su esclava, en adelante, pues, todos los seres humanos dirán que soy feliz. En verdad, el Todopoderoso ha hecho grandes cosas en mí. Reconozcan que Santo es Su Nombre."

¿QUÉ ES UN SANTO?

Los santos fueron hombres como nosotros. Vivieron en medio del mundo como nosotros y en él sirvieron a Dios. Amaron al mundo y, sin embargo, conquistaron la eternidad.

Conocieron la culpa y supieron de los caminos descarriados por donde va el hombre y, sin embargo, alcanzaron el perdón. Cayeron, pero una y otra vez se levantaron, dando gracias a Dios que les dio fuerza para ello.

Experimentaron las flaquezas de la naturaleza humana en su cuerpo y, sin embargo, nunca olvidaron que todos los seres humanos somos hijos de Dios. El mundo fue el escenario de su vida, y sin embargo nunca perdieron de vista la meta de su peregrinación.

En todos los tiempos ha habido santos. Son tan distintos como puedan serlo sus dotes y profesiones, su carácter y edad, sus pueblos, culturas e historia.

Entre ellos se hallan artesanos y reyes, sacerdotes y hombres de Estado, madres y monjas, viejos y niños. Hay santos "mayores" y "menores," conocidos y desconocidos. En los santos nos muestra Dios constantemente nuevos caminos para seguir a Cristo.

Hay santos que se hicieron voluntariamente pobres y despertaron la conciencia de los ricos, otros hicieron paces entre bandos de contrarios. Algunos abandonaron familia y sociedad, y escogieron una vida retirada, ya que la Iglesia también necesita de hombres y mujeres que estén dispuestos a retirarse del mundo para vivir dedicados a la oración por toda la raza humana.

Otros santos trabajaron en la vida pública e intervinieron activamente, con sus dotes y talentos particulares, en el acontecer del mundo. Otros marcharon como misioneros a países extraños y anunciaron la buena nueva que Jesús nos trajo. Muchos se consagraron al cuidado de enfermos, huérfanos, educación de los jóvenes, otros ayudaron a los cautivos o leprosos en su necesidad. Algunos santos fueron "rebeldes en nombre de Dios."

Una cosa es común a todos los santos y es que toman a Dios en serio. Siguen su llamamiento. En ellos brilla para nosotros algo de Dios. Desean responder con su vida al amor de Dios. Todos fueron una bendición para su mundo y su tiempo, y mostraron por su vida que Dios no abandona al mundo a su suerte.

Dios da a cada tiempo sus santos. Todos ellos nos invitan a que los imitemos, cada uno a su manera y según el mandato recibido de Dios.

TESTIGOS DE JEHOVÁ Y LA VIRGEN

P. Querido Padre Pedro
Hace varias semanas, dos Testigos de Jehová vinieron a mi puerta. Generalmente sólo les digo que soy Católica y que no tengo interés en escucharles, pero en esta ocasión, una de las mujeres me reconoció como compañera de colegio.

Una de ellas me preguntó por qué nos referimos a María como la madre de Dios, ya que ella es conocida sólo como la madre de Jesús. Yo no supe qué contestar pero le dije que valía la pena investigarlo.

Rosalba

R. Estimada Rosalba

¡Sí que vale la pena investigarlo! Espero que todos los Católicos sean capaces de dar una respuesta.

Nosotros creemos que Jesús es Dios, la Segunda Persona de la Santísima Trinidad, quien vino a esta tierra y se hizo hombre. Jesús es Dios (y hombre), María es Su madre, por lo tanto, creemos que María es madre de Dios.

Como los Testigos de Jehová no creen en la Trinidad, y hasta rechazan esa verdad, no hay manera que puedan aceptar y creer que Jesús es Dios. Obviamente, entonces, no hay forma que ellos crean que María es la Madre de Dios.

¿TUVO LA VIRGEN MÁS HIJOS?

P. Querido Padre

Una amiga, no Católica, me dice que en las clases de Biblia a las que ella asiste le enseñan que la virgen María tuvo dos o tres hijos después de Jesús. Jamás antes me enseñaron esto en la escuela Católica donde me educaron. ¿Me hace usted el favor de darme una aclaración?

María Agurcia

R. Estimada María

Los estudiosos de la Biblia -incluyendo la gran mayoría de Protestantes-, están de acuerdo en que ni los libros del Nuevo Testamento, ni otros escritos antiguos, ofrecen evidencia clara de que María haya tenido otros hijos, después de Jesús. Ya que ningún argumento -al ser cuidadosamente examinado- ha ofrecido base para declarar que Jesús haya tenido hermanos y hermanas.

El cuidado extremado que ponen los escritores de los Evangelios San Mateo y San Lucas en insistir que la concepción de Jesús fue efectuada por intervención especial de Dios, indican claramente un Evangelio a favor de la virginidad de María -una verdad que solamente podría ser negado por otras evidencias muy claras y fuertes.

El texto con el que con mayor frecuencia se argumenta que María haya tenido otros hijos es Mateo 12, 47, que habla de algunos de los discípulos como "hermanos" de Jesús. Este aparente problema se disuelve cuando uno se da cuenta que los judíos del tiempo de Jesús sólo tenían en su vocabulario una palabra Aramea ("aha") que abarcaba a todos los parientes, desde hermano y hermana hasta primos distantes.

La virginidad de María ha sido enseñada desde las primeras décadas después de Cristo, por grandes maestros de la Iglesia. Esa misma enseñanza de los primeros Maestros afirma y declara que María fue virgen también después del nacimiento de Cristo. Basado en todo lo que le hemos explicado, creemos firmemente que María no tuvo otros hijos después de Nuestro Señor.

¿TUVO PECADO MARÍA?

P. Querido Padre Pedro

¿Fue Jesús el Unico Ser sin pecado? ¿Por qué se dice que María no tuvo pecado original y cuál es la fuente que usted tiene para tal información?

Carmen María

R. Estimada Carmen

Como bien dice usted, Jesús no pecó. Así lo reafirma San Pablo cuando dice "Jesús se hizo uno con nosotros en todo, menos en el pecado" (Hebreos 4, 15).

María tampoco pecó. Ella es, como dice la Biblia, la llena de gracia. Llena de gracia quiere decir que está llena de la presencia de Dios. Todo su ser está lleno, repleto de Dios. Al estar María llena de gracia, en ella no puede haber pecado, pues el pecado es el rechazo a Dios y la consecuencia del pecado es la ausencia de Dios en la vida de la persona.

María, porque Dios así lo deseó, es liberada por el mismo Dios de todo pecado, incluso de la influencia del pecado original, porque El la escoge de entre todas las mujeres para ser Su madre (Lucas 1, 26-38).

La escoge para ser ese sagrario vivo que acogerá y dará vida a la Eterna Palabra de Dios que es Jesucristo. Es por eso, que en su última aparición a Bernardita, la Santísima Virgen María le dice textualmente: "Yo soy la Inmaculada Concepción".

La doctrina sobre La Inmaculada Concepción de María no está explícitamente dada en la Biblia. Pero como sabemos, nosotros los católicos, no sólo lo que está en la Biblia es palabra de Dios, sino también lo que enseña la Iglesia. Es a la Iglesia, fundada por Jesucristo, a quien el mismo Señor promete el Espíritu Santo, quien va a guiar y a enseñar a través de la Iglesia hasta el fin de los tiempos. (Juan 14, 26).

La doctrina sobre La Inmaculada Concepción de María fue promulgada por el Papa Pío IX en el año 1854.

CAPÍTULO X

LOS MANDAMIENTOS Y CUESTIONES MORALES

ABORTO

P. Padre Pedro

*Leo la Revista y escucho
su programa de radio,
por los cuales lo felicito.
Mi carta obedece a una
inquietud con respecto a
la actitud que debemos
asumir frente al aborto,
como posible salida que
vislumbran muchas personas
a nuestro alrededor cuando
tienen un embarazo no deseado.
¿Cuál es el modo para iluminar
cristianamente estas situaciones?*

*Por su atención, gracias Padre.
El Señor lo bendiga en su ministerio.*

Ligia Fuentes

R. Estimada Ligia

Es importante que los cristianos busquemos iluminar las situaciones injustas, no simplemente con un rechazo frío y casi sacado de la manga del saco como cualquier fórmula, sino con el acompañamiento que haría Jesús a esta persona, es decir, antes que nada comenzar por amar a la persona que tiene el conflicto, comprender su situación por trágica que sea y confiar en el Señor, quien todo lo permite para bien de los que le aman.

No deje de orar. Seguidamente lleve a la pesona a una valoración de sí misma y que en su soledad viva el amor de Cristo Jesús. Nadie puede tomar decisiones por la otra persona. El padre o la madre del nuevo ser son responsables de la situación y como tales deben asumir una actitud que les construya. Son muchas las personas que después de tomar la opción por un aborto, pasan los años y no se perdonan. Se confiesan, obtienen la absolución pero adentro quedan las heridas, porque se dejaron arrancar un pedazo del alma. Es importante ver el aborto como una acción satánica. Para esto, haga una lectura y reflexión sobre Apocalipsis 12/ 1-4, en que el señor de la muerte se opone al Señor de la vida.

ABORTO Y CULPABILIDAD

P. Estimado Padre
Cargo sobre mi vida el gran peso de haber inducido a mi hija de 15 años a tener un aborto. Creo que ella es tan niña que todavía no comprende lo que hemos hecho, y temiendo su reacción futura, todavía mi esposo y yo insistimos en justificar lo que hemos hecho.

Hemos perdido la paz en nuestro hogar. Sé que Dios perdona al pecador que se arrepiente, pero no me atrevo a confesar mi pecado, ya que mi esposo me dice que el sacerdote me prohibirá acercarme a recibir la Comunión. Estoy muy afligida y no se qué hacer.

Melania

R. Estimada Melania

Su larga carta refleja el gran sufrimiento que usted y su familia han atravesado a raíz de tan doloroso pecado cometido.

Para encontrar la paz que usted busca, necesita antes que nada ser sincera con usted misma. Lo que usted hizo es malo, y usted lo ha reconocido al expresar su necesidad de recibir el perdón de Dios. Usted sabía, por ejemplo, que hay instituciones y personas que pudieron haber ayudado a su hija a evitar traumas futuros y tristes consecuencias que siempre resultan como consecuencia de un aborto, hecho que crea la primera necesidad de salvación y de curación.

Cuando pecamos, también es inútil querer desenredar y analizar las razones buenas y malas que nos influenciaron a cometer el delito, y todo intento de justificación solamente aumenta la propia confusión y culpabilidad, razón por la cual le aconsejo que ni siquiera vuelva al pasado buscando su propia justificación.

Los cristianos abrimos nuestros corazones al amor perdonador de Dios, así como lo hizo el hijo pródigo, humillándonos, reconociendo humildemente nuestro pecado, y diciéndole a Dios que regresamos a El arrepentidos.

Repito, esta actitud de sentirnos pródigos es básica. Cuando usted la lleve a cabo, con la gracia de Dios, logrará el 90% de su viaje de regreso al Padre.

En cuanto a su otra pregunta, por favor no se aleje del Sacramento de la Penitencia por más tiempo. Su esposo no tiene razón al anticipar lo que el sacerdote le va a decir. Si usted realmente desea reconciliarse con Dios, nada podrá impedir que usted reciba la Eucaristía y los otros sacramentos.

P. Estimado Padre

En mis 40 años de matrimonio me hice dos abortos. He cargado con esa culpa por mucho tiempo, tanto así que en los últimos 30 años no he confesado ni me he acercado a comulgar tampoco. Padre, ¿qué puedo hacer?

Esperanza

R. Estimada Esperanza

El aborto es una grave ofensa contra Dios y contra el ser humano porque es cortar una vida, dar muerte a una criatura del Señor. Esto es algo que usted sabe, pero deseo enfatizarlo para que comprenda bien mi respuesta.

Dios pide que le obedezcamos, no porque nos quiere manejar como niños, sino porque, como Padre de todos nosotros, sabe lo que nos conviene más. Cada vez que pecamos nos herimos grandemente y es como si pusiéramos una barrera más entre nosotros y Dios. Por su propia experiencia puede darse cuenta que lo que le estoy diciendo es cierto.

Sin embargo, la capacidad de perdonar de Dios es mucho más grande que nuestra capacidad de pecar. Por lo tanto, aunque el mal haya sido muy grave, Dios siempre está dispuesto a perdonar y a darnos la gracia para comenzar de nuevo, siempre y cuando nosotros estemos verdaderamente arrepentidos.

Por último, le recomiendo que lea el capítulo 15 de San Lucas, y que medite la historia del hijo pródigo. Confiésese y reciba la Eucaristía. Ya es hora que usted también regrese a los brazos de su Padre.

ABORTO Y EXCOMUNIÓN

P. Muy Estimado Padre
¿Es cierto que una persona que aborta queda excomulgada de la Iglesia?

María Luisa

R. Estimada María Luisa

El nuevo Código de Derecho Canónico, que contiene las leyes que rigen a la Iglesia Católica como institución, da una respuesta clara a su pregunta. Dice lo siguiente en el Canon (ley) 1398 "Quien procura el aborto, si éste se produce, incurre en excomunión latae sententiae".

Como ve, la Iglesia sigue considerando como muy serio el pecado de un aborto provocado. Ya en 1884 -hace más de un siglo- la Congregación del Santo Oficio establecida en el Vaticano, publicaba un decreto condenando el aborto directo o provocado.

El delito del aborto que merece tal pena incluye los siguientes elementos,

1. El autor, que puede ser un individuo personalmente o con la cooperación directa de aquellos sin cuya ayuda no se hubiera podido realizar el delito, por ejemplo un doctor, una enfermera...

2. Hablamos de un aborto verificado, consumado. De otra manera estaríamos hablando de un delito frustrado.

3. De nuevo, hablamos de un aborto provocado, diferenciándolo del aborto espontáneo o del aborto que es resultado de una acción necesaria, por ejemplo la extirpación de un cáncer que no puede esperar al nacimiento de la criatura sin arriesgar seriamente la vida de la madre.

Como dice la ley, con una tradicional expresión latina, la excomunión es "latae sententiae", es decir, no es una pena que obliga al que ha cometido el delito después que le es impuesta (ferendae sententiae) sino que se incurre en ella, y por lo tanto se está obligado en conciencia a someterse a ella, en cuanto se comete el delito.

¿Queremos decir con esto que Dios, que la Iglesia no perdona este serio pecado? Desde luego que no. La mayoría de los sacerdotes reciben de su Obispo la facultad para perdonar, en nombre de Dios y de la comunidad este grave pecado y restaurar a la persona culpable al cuerpo de la Iglesia a través del sacramento de la reconciliación.

Ojalá, María Luisa, que el número increíble de criaturas a las que se les niega la vida a la que fueron llamados sin su consentimiento, sólo como un "error" pudieran demandar el derecho inalienable, dado por Dios una vez que son concebidos y al que no renunciamos, al que no podemos renunciar ni usted ni yo.

ABORTO Y VIOLACIÓN

P. Estimado Padre Pedro
Alguien me dijo que la Iglesia aprueba el aborto cuando se hace casi inmediatamente después de una violación. ¿Es cierto esto?

Mercedes
El Paso, Tx.

R. Estimada Mercedes

La Iglesia Católica enseña que privar de la vida a un niño no-nacido es un asesinato en cualquier circunstancia, inclusive el caso de un niño que haya sido concebido como consecuencia de una violación. La Iglesia jamás ha enseñado otra cosa diferente.

El aborto es un acto en el que deliberadamente se mata a un ser humano. Las ciencia moderna, genética y biológica, y hasta los complicados campos de sicología prenatal que estudian las reacciones físicas y emocionales de los niños antes de su nacimiento, están cada vez más de acuerdo en que se trata de una vida humana en los nueve meses que la criatura permanece en el vientre de la madre. Esta es una realidad tanto de un niño cuya madre haya sido víctima de una violación como de otra madre cualquiera.

El hecho de que el aborto se efectúe "casi inmediatamente después de la violación" implica lo siguiente, Es posible que pase algún tiempo antes de que el espermatozoide y el óvulo se unan después de una relación sexual. Esta unión nunca ocurre en la vagina, pero sí se puede dar en el útero, aunque ocurre con mayor frecuencia en las trompas de Falopio, después de que las nuevas células combinadas penetren el vientre (útero), implanten y haya fecundación.

Algunos doctores y otras personas expertas en la materia aseguran que si se usa una ducha vaginal, es posible lavar los espermatozoides antes de que lleguen a unirse al óvulo de la madre -un óvulo que normalmente está listo solamente una vez al mes. Si tal fuera el caso antes de la fertilización del óvulo, sí se procediera moralmente después de una violación. Pero bien sabemos que los espermatozoides se mueven a gran velocidad, razón por la que algunos moralistas tienen dudas de tal método.

ADICCIÓN AL JUEGO

P. Estimado Padre Pedro
¿Qué dice la Iglesia sobre el juego?

Fermín Casales

R. Estimado Fermín

Las primeras palabras de Dios al darnos sus mandamientos son "Yo soy Yavé tu Dios, el que te sacó de Egipto, país de la esclavitud. No tengas otros dioses fuera de mi". (Exodo 20/ 1-3).

El primer mandato para el Cristiano es reconocer que el universo está controlado por la amorosa providencia de Dios Todopoderoso, Padre nuestro, a quien debemos creer, o sea, obedecer en todo lo que El mande.

El juego da una visión de la vida que no es Cristiana, pues nos lleva a creer que nuestras vidas están controladas por la "suerte." Esto es malo, porque va debilitando la fe del hombre en Dios hasta que llega el momento en que piensa que no importa la obediencia a las leyes de Dios.

Muchos de nosotros hacemos "apuestas" ingenuas, sin meditar que el ganador es quien haya adivinado correctamente un hecho oculto o evento futuro. La Iglesia condena la "suerte," porque las personas no están poniendo su confianza en Dios, sino que esperan y exigen resultados de poderes creados, tentación con la que Satanás tentó al mismo Jesús - "Te daré poder y te entregaré riquezas...Todo será tuyo si te arrodillas delante de mi." Pero Jesús le replicó "La Escritura dice ` Adorarás al Señor, tu Dios, y a El sólo servirás.' "

La evidencia muestra que el tentador abre caminos de ambición. Sabemos que el hombre juega porque siente placer en ganar algo arriesgando poco o nada, o porque encuentra la vida aburrida y busca en el juego un escape a sus penas y angustias.

Aparentemente, no hay nada malo en jugar o apostar moderadamente, pero el juego se puede convertir en pecado grave. Somos testigos de muchos dramas de adictos que, habiendo seguido el derrotero del juego, echan por tierra su moral y honradez, arrastran consigo a la familia que de él depende y a la sociedad entera, pues donde el juego prevalece, la moralidad de una comunidad decae y se abren puertas que fácilmente conducen a la estafa y la corrupción.

De ninguna manera podemos justificar a los jugadores profesionales. Cuando los ciudadanos respetables asisten a instituiciones de juego y las animan, están promoviendo una distracción íntimamente ligada al hampa y otros crimenes sociales, además de dar mal ejemplo a muchos que después no podrán controlar sus instintos.

La Iglesia no condena el juego moderado...pero nos alerta del peligro que presenta - la tentación de volverse rico con pocos esfuerzos y en corto tiempo.

ADOLECENTES Y VIRGINIDAD

P. Querido Padre Pedro
Soy una muchacha de 17 años de edad. Mis amigas se burlan de mí porque no pueden concebir que a estas alturas todavía me mantenga vírgen. Dicen que soy una anticuada y que no estoy con la época que estamos viviendo. Yo sé que estoy haciendo bien, pero no sé como decirles.

Una confundida

R. Estimada Confundida

Tomo esta oportunidad para felicitarla de todo corazón porque no sólo está usted viviendo como Dios quiere que viva sino que, aunque usted no se dé cuenta, usted es una influencia muy positiva para sus amigas.

Quiero que piense en tres cosas. Primero, si sus amigas se burlan de usted es porque muy dentro de ellas sienten celos de que usted tenga algo que ellas ya perdieron y que nunca más van a poder recobrar - su virginidad.

Segundo, quiero que piense que su cuerpo no es una mercancía que se vende o se entrega al primero que pase por la calle con deseos de consumirla. Guarde muy bien lo que Dios le ha dado, su cuerpo y su corazón, para ese hombre que ha de venir cuando Dios así lo disponga, con quien usted ha de compartir, como su esposa, los años más felices de su vida.

Tercero, quiero que recuerde el consejo que da San Pablo a todos los cristianos. El nos dice "Deshágganse totalmente de las relaciones sexuales prohibidas. Todo otro pecado que cometa el ser humano es algo exterior a él. Al contrario, el que tiene relaciones sexuales prohibidas peca contra su propio cuerpo.

¿No saben ustedes que su cuerpo es templo del Espíritu Santo, que habita en nosotros y que lo hemos recibido de Dios? Ustedes ya no se pertenecen a sí mismos, sino que han sido comprados a un gran precio (por el sacrificio de Jesús en la cruz). Entonces, que sus cuerpos sirvan para dar gloria a Dios" (1 Cor. 6/ 18-20).

¿Qué decirle a sus amigas? Pues que como cristiana usted sigue a Cristo y no a las modas que impone el mundo. Finalmente, invítelas a conocer al Señor. Tal vez, si en realidad están tan interesadas en probar lo que pueda dar más felicidad, desearán probarle a El y una vez que le conozcan, ya las tentaciones del mundo no las podrán seducir.

ADULTERIO

P. Querido Padre Pedro

Tengo a una persona muy amiga mía que está sufriendo mucho a causa de que su esposo le ha estado siendo infiel. Padre, ¿cuál es la actitud católica frente al adulterio?

R. Estimada Erminia

Como se supone que el matrimonio debe ser un pacto que un hombre y una mujer hacen ante Dios de amarse y serse fieles por toda la vida, el adulterio traiciona ese compromiso sacramental.

El adulterio, que es la violación de la fidelidad conyugal, comunmente conocido cuando el esposo o la esposa tienen relaciones sexuales con otra persona, es un grave quebranto de las promesas formuladas ante Dios y ante la sociedad, a menudo es el primer paso que lleva a la separación.

Casi inevitablemente causa numerosas mentiras y actitudes de engaño hacia el cónyuge y puede ocasionar la tentación del aborto. No obstante, no basta la condena de este pecado gravísimo.

Por eso la Iglesia, en nombre de su Salvador, Cristo Jesús, llama al adúltero al arrepentimiento y a reconocer el grandísimo daño que se hace a sí mismo, a su cónyuge, a su familia y a la sociedad en general. Y, como en el caso de Jesús ante la mujer adúltera, le pide que no vuelva a pecar más (Juan 8/11).

Aunque el adulterio causa heridas muy profundas en el corazón del que se siente traicionado, éste debería, después del arrepentimiento necesario de su cónyuge, disponerse con la coraza de Dios y la fuerza del amor, a perdonar, a curar las heridas, a confiar e incluso a examinar su propia conciencia sobre su posible contribución al fallo del otro.

SIDA - ¿CASTIGO DE DIOS?

P. Querido Padre
¿Cree usted que el SIDA es un castigo de Dios?

Susana

R. Estimada Susana
Como habrá oido por la radio y visto en la televisión el SIDA se está convirtiendo en una epidemia temible. Es una enfermedad que neutraliza el sistema inmunizante del organismo y que, hasta ahora, ha resistido todas las técnicas médicas que han tratado de eliminarla.

¿Es un castigo de Dios? pregunta usted. Susana, esta enfermedad es otra muestra clara de las consecuencias del pecado...y por pecado entendemos que es toda actitud o acción que va en contra de la Voluntad de Dios.

Si Dios nos dice que no hagamos algo es para nuestro bien y no porque es necio y quiere imponer su autoridad sobre nosotros, como algunos piensan. Desafortunadamente, cuando no le hacemos caso a Dios, nos damos cuenta, más tarde o más temprano que las consecuencias de nuestras acciones pecaminosas son fatales.

La Palabra de Dios una y otra vez insiste que todo tipo de actividad sexual fuera del matrimonio, incluyendo, por supuesto el acto homosexual, es pecado.

De acuerdo con profesionales de la medicina, el SIDA se introduce en este pais, entre otras formas a través de actos de homosexualidad. Actualmente se estima que el 70% de las personas que sufren de AIDS en los Estados Unidos son homosexuales.

La belleza del acto sexual según el plan de Dios, en que el hombre y la mujer se hacen uno en cuerpo y alma en el vínculo del amor, después de entregarse el uno al otro en la santidad del matrimonio, no es suficiente para algunos. Ellos creen tener mejores planes y prostituyen sus cuerpos convencidos que obtendrán mejores resultados.

Las enfermedades venéreas y ahora el SIDA prueban que siguen equivocados. Prueban que "nuestras ideas geniales" nunca superarán a las de Dios...Por el contrario, siguiendo nuestro raciocinio, apartados del de Dios, cometeremos grandes errores y como resultado tendremos que pagar las consecuencias.

¿Es el SIDA castigo de Dios? Yo diría que es castigo de nuestra necedad, de nuestra estupidez. Castigo de nuestra ceguera que nos impide ver en qué mundo tan distinto pudiéramos vivir si nos decidiéramos a seguir el plan que Dios ha preparado para nosotros. Plan de acuerdo al estilo de vida que nos enseña Jesús.

ALCOHOLISMO

P. Apreciado Padre
He conocido a muchas personas que en el pasado han tenido

problemas con la bebida y sin embargo cuando tienen fiesta sirven alcohol a sus invitados. ¿Es esto correcto?

Interesada

R. Estimada Interesada

Sinceramente creo que la forma en que estas personas han procedido ha sido positiva.

Primero, porque al manejar bebidas sin consumirlas, han demostrado que, en la actualidad, son ellos y no el alcohol los que tienen control de su voluntad.

Segundo, creo que esas son oportunidades a través de las cuales dan a entender a muchos que, si bien es cierto que el alcohol es sumamente dañino para los que lo utilizan mal, puede, por otra parte, ser bueno y saludable para aquellos que lo saben consumir mesuradamente.

Ojalá que la forma madura de actuar de estas personas enseñe a sus invitados que tienen problemas con la bebida que existe una fuerza que es aún más poderosa que las mismas apetencias de la carne - Esta es la fuerza de Dios.

La Biblia dice que todo lo que Dios ha creado es bueno. Entre todo ese conglomerado impresionantemente hermoso, el Señor creó el sueño, la comida y el sexo, para sólo mencionar tres. Indiscutiblemente que estas cosas, usadas de acuerdo con la Voluntad de Dios, nos hacen bien. Pero...¿qué pasa cuando las usamos en contra de la Voluntad de Dios? El resultado es que nos convertimos en esclavos de ellas.

En relación a la comida y a la bebida, la Palabra de Dios nos dice "Que nadie los critique por lo que comen y beben. Si realmente ustedes han muerto con Cristo, liberándose de los elementos del mundo, ¿por qué ahora se dejan adoctrinar como si todavía fueran del mundo con mandatos como ` no tomes, no comas esto o aquello'? Esos no son más que mandatos de hombres, que parecen profundos por su religiosidad y humildad y porque se trata duramente al cuerpo, pero de hecho no sirven de nada frente a la rebeldía de la carne" (Col. 2/16-23).

Bien nos aconseja San Pablo, a través de estas palabras, que los dones de Dios mal usados se convierten en nuestros amos. Y hablando específicamente de la glotonería y el alcoholismo nos dice que son rebeldías esclavizantes de la carne y que aunque eliminemos de nuestras fiestas las comidas ricas y los vinos, no podremos evitar que los débiles abusen en el comer y el beber.

Para los que viven esclavizados la esperanza es Jesús. El no espera que los cristianos impongamos cargas ni prohibiciones, sino que proyectemos su liberación, llevando esa esperanza a quienes están encadenados por el vicio.

Gracias por su pregunta que, ojalá nos lleve, como cristianos, a reflexionar si nos estamos dejando impregnar por valores del mundo, o si estamos impregnando el mundo con los valores de Cristo.

AMAR A UN HOMBRE CASADO

P. Estimado Padre Núñez
En mi corazón quiero hacer la voluntad de Dios, pero estoy desesperada. Vivo con el padre de mis hijos que me trata muy mal. No estoy casada con él ni tampoco lo amo. Estoy enamorada de un hombre que me quiere, pero nunca puedo estar con él porque tiene esposa. Le pido oraciones y ayuda espiritual.

Necesitada
Los Angeles, Ca.

R. Estimada Necesitada

Jesús nos dice que si le amamos guardaremos Sus mandatos (Juan 14/15). Yo sé que usted ama al Señor y quiere hacer Su Santa Voluntad. Piense por un momento, si Jesús estuviera en su lugar, ¿qué haría El? Yo estoy seguro que lo primero que haría sería deshacerse de toda relación que no vaya de acuerdo a la voluntad del Padre. Vivir con un hombre con el que no se está casada, no es la voluntad de Dios. Tampoco es el querer casarse o el llegar a tener una relación con alguien que ya está casado. Eso lastimaría a la familia del casado, al igual que a su familia. Usted y el señor a quien usted ama también saldrían perjudicados más tarde o más temprano.

Yo le suplico que usted comience a darse cuenta que usted vale mucho y tiene todo el derecho de ser feliz. Sin embargo, las personas que usted escoge, lejos de hacerla feliz, la hacen sentir más infeliz todavía. Apártese de todo lo que le está haciendo daño en estos momentos, pidiendo a Dios que le haga conocer al hombre que El quiere para usted y que verdaderamente la va a hacer feliz. Yo también estaré pidiendo mucho por usted para que así sea. Que el Señor la bendiga siempre.

BANCARROTA Y PAGO DE DEUDAS

P. Estimado Padre
¿Si mi compañía se va en bancarrota, tengo la obligación de pagar por completo las deudas que tengo con otros negocios? Por favor, le pido que me conteste a la mayor brevedad posible. A sus órdenes siempre.

Un Amigo

R. Estimado Amigo

Se admite, por lo general, que una declaración de bancarrota, civilmente permitida, extingue toda deuda más allá de lo que los tribunales impongan. El hecho se considera un ejercicio de dominio eminente por caridad hacia una persona que honestamente no puede hacer frente a sus obligaciones financieras, para ofrecerle un nuevo punto de partida y favorecer el comercio.

De modo que, aun cuando la persona quebrada hiciera luego mucho dinero, no está obligada en justicia a pagar totalmente las deudas declaradas extintas por la bancarrota.

Por lo tanto, usted puede estar obligado por caridad, si puede pagar fácilmente y su acreedor anterior está pasando por una penosa necesidad.

Finalmente, se supone que los contratos y pólizas de seguro están implícitamente condicionados por la posibilidad de quiebra o bancarrota.

CALLAR LOS PECADOS EN LA CONFESIÓN

P. Querido Padre

¿Hay salvación para una persona que ha estado Comulgando en pecado, por haber sentido vergüenza de confesar al sacerdote algunos pecados en el confesionario? Esta persona hace un buen Acto de Contricción y tiene el propósito de confesar el pecado en que vuelve a caer, pero cuando llega la siguiente confesión no tiene el valor para decirlo. ¿Qué hacer?

José Miguel

R. Estimado José Miguel

El pecador siempre tiene la oportunidad de arrepentirse para reconciliarse con Dios.

El Sacramento de la Confesión abre las puertas a esta reconciliación, que a su vez es cura segura del alma, pero es requisito indispensable que todo pecado grave sea confesado en confesión. Toda persona es responsable de lo suyo y nadie puede excusarse de ello.

Es posible, sin embargo, que alguien esté tan emocionalmente confundido y con tanto miedo de confesar sus pecados, que su culpa personal ante Dios llegue a bloquear o impedir que la persona sepa medir su grado de delito.

Me interesa especialmente su pregunta, que presenta un caso de temor y confusión que bien puede ser aliviado sencillamente buscando a un sacerdote para platicar con él. Lo animo a que lo haga. No ha de ser precisamente el sacerdote de su parroquia con quien usted hable, pues recuerde que en la ciudad hay muchos más que estarían dispuestos a ayudarle a salir de su problema. Por favor dispóngase a ir y hablar con uno de ellos cuanto antes.

CATÓLICOS Y K.K.K.

P. Querido Padre Pedro

Un amigo me ha contado que algunos Católicos son miembros del Ku Klux Klan. Yo pensaba que este grupo es anti-Católico y que a los Católicos se nos prohíbe pertenecer a él. Le ruego aclararme esto.

Miguel

R. Estimado Miguel

El Ku Klux Klan formó parte de la gran corriente anti-Católica que por décadas en el siglo pasado atacó a este País. Fue una de las cuatro o cinco grandes organizaciones "nativas Americanas" que surgieron después del pánico económico de 1819, junto a la masiva emigración de Católicos Europeos.

Han existido dos principales organizaciones de Ku Klux Klan (el nombre es derivado de la palabra Griega "kyklos", círculo). La primera, que se formó inmediatamente después de la Guerra Civil, fue una suprema organización extremista de blancos que en su tiempo involucró a la mayoría de blancos en el Sur. A través del terror, la tortura, el linchamiento y otras crueldades, el klan "protegía" a los blancos, y se oponía a todo esfuerzo de reconstrucción de gobiernos federales y locales. Este klan finalmente fue disuelto por el año 1877.

La segunda organización comenzó durante y después de la Primera Guerra Mundial, inspirada por las banca rrotas económicas, políticas y sociales, y por el creciente anti-radicalismo y nacionalismo de ese período. Sencillamente era un movimiento anti-negro, anti-Católico, anti-Judío, anti-extranjero, que hacia mediados de los 20, contaba con cerca de cinco millones de miembros, y en algunas áreas, con inmenso poder político.

Le ruego, por lo tanto, que le comunique a su amigo esta información. No me explico cómo un Católico que, se supone sigue a Cristo y Sus enseñanzas, puede co-existir con las actividades y política del Klan.

CHISMES

P. Querido Padre

¿Es pecado el contar a alguien las fallas de otra persona, cuando lo que uno cuenta es cierto?

Interesado

R. Estimado Interesado

En mis experiencias como sacerdote, me he dado cuenta que nada destruye tanto como hablar libremente de otras personas, diciendo de ellas lo que queremos, como queremos, y cuando queremos, simplemente por que lo que decimos es verdad.

Se piensa y se actúa gravemente al contar un chisme que, aunque cierto, es pecado de ofensa e insulto, (aun cuando no de calumnia, en la cual incurriría si lo que contara de la otra persona fuera mentira).

Se daña gravemente la reputación de una pesona cuando se dan a conocer sus fallas, -cara a cara, en público, o a través de periódicos o televisión-, pues aunque los defectos de la persona fueran del conocimiento público, pecamos en contra de la caridad cristiana cuando innecesariamente hablamos de sus fallas.

Hay situaciones y ocasiones en las que es deber nuestro comunicar las faltas de los hijos a sus padres, por ejemplo, pero de ninguna manera justificarnos en saber la verdad de otra persona y creernos con el derecho de regar la noticia. El buen nombre de una persona es sagrado, y no hemos de empañarlo. Sus errores son algo entre él y Dios, y nosotros no tenemos por qué meter nuestras narices en ello.

Son muy fuertes las palabras que encontramos en la Biblia referente a los chismosos. En uno de los salmos leemos las siguientes palabras "Al calumniador de su prójimo... yo lo destruiré".

San Pablo, que reconocía el efecto venenoso que esta clase de conversación nos exhorta con frecuencia. Valga para nosotros el mismo consejo que dirige a Tito "Diles que no hablen mal de nadie. Si no pueden decir algo bueno acerca de alguien, mejor que guarden silencio".

CASTIDAD, AMOR Y SEXO

P. Estimado Padre
¿Por qué se preocupa tanto la Iglesia en prohibir las relaciones sexuales, dado que hay hoy en día mecanismos para tener un sexo seguro? ¿Por qué predica tanto la Iglesia la castidad y no hacer el amor?

Confundido
San Isidro, California

R. Estimado Confundido

La Iglesia no está tan preocupada en predicar la castidad como en predicar el Amor.

Comencemos por recordar que "Dios es Amor", como nos dice San Juan y quien ama, ni se hace daño ni le hace daño a nadie de acuerdo a lo que nos dice San Pablo en su carta a los Corintios. Además, la castidad no es la causa de la virtud Cristiana en la vida sexual, sino su consecuencia. Cuando alguien ama de verdad, según la voluntad de Dios, no permite que su cuerpo sea utilizado como una cosa y desde luego, no utiliza el cuerpo de nadie como una cosa... y eso es simplemente la castidad.

Cuando alguien ama, es casto y sólo se permite tener relaciones sexuales íntimas con la persona que Ama (con mayúscula) y por lo mismo, entiende el sexo como la culminación de su relación amorosa después de haber unido su vida a la otra pesona y hasta que la muerte los separe.

En cuanto a los mecanismos del sexo seguro, la Iglesia ha sido bien clara en manifestar que la proliferación de medios anticonceptivos artificiales sólo llegan a facilitar las relaciones sexuales entre quienes no se aman -aunque se estén atrayendo y pensando que están envueltos en el suficiente amor. Amor que piensan ellos los justifica para llegar a la cumbre de la entrega personal sólo reservada para quienes se aman de veras y por consiguiente, están unidos para toda la vida en lo que nosotros llamamos "matrimonio". Además, los datos médicos están mostrando que muchos medios artificiales de control de natalidad tienen efectos nocivos, razón por la cual la Iglesia ordena evitarlos.

CONTROL DE LA NATALIDAD

P. Apreciable Padre Pedro
Desde que tuve mi primer hijo - estoy esperando el quinto - he sufrido seriamente de várices. Mi doctor me dice que sería muy peligroso tener otro y debo operarme cuando nazca el que espero. Mi confesor me dice que sería pecado. ¿Qué hago?

Leticia Zavala

R. Querida Leticia

Su carta es a la vez admirable y dificil de contestar. Su decisión en traer al mundo cinco criaturas, a pesar del aparente peligro al que sus embarazos la han expuesto, hablan bien alto de su espíritu cristiano. Creo que tanto usted como su esposo han entendido bien uno de los fines principales del acto sexual.

Desafortunadamente todo lo que yo conozco de su caso es lo encerrado en su breve carta.

En una entrevista personal yo le haría muchas preguntas, por ejemplo sobre el profesionalismo y la reputación de su médico. ¿Qué le dice cuando usted le explica que las enseñanzas de su Iglesia Católica están en contra de una operación para impedir el embarazo? ¿Está él seguro del peligro a lo que eso la expondría? ¿Lo ha consultado usted con otro médico? ¿Con otro sacerdote?

Otra pregunta ¿Ha probado alguno de los métodos de planeamiento familiar aconsejados por la Iglesia - abstinencia periódica, o el más probado o comprobado, el Método Billing?

La Iglesia está en contra de las operaciones que se hacen con el propósito de que la mujer no tenga más hijos. Sin embargo, si la operación es necesaria para su salud, y como consecuencia secundaria la cirugía elimina la posibilidad de otro embarazo, entonces está permitida.

Pruebe hablar con otro sacerdote que aclare su conciencia y le dé la paz y la seguridad que usted necesita. Consulte, de ser posible, con la Oficina de Planeamiento Familiar (Family Life) de su Diócesis. Ellos también la pueden ayudar a tomar la decisión correcta.

Le repito, la información que me da sobre su caso es muy limitada. Ignoro, desafortunadamente, las circunstancias que probablemente su confesor conoce. Sería, por lo tanto, atrevido de mi parte aconsejarla en contra de su opinión.

P. Querido Padre
¿Cuáles son los métodos de control de la natilidad aceptados por la Iglesia? ¿Qué sabe usted del método Billings y cómo podemos estar seguros que funciona?

Padres que tienen ya cuatro hijos

R. Estimados Padres

Les refiero a un artículo de la revista Mensaje de fecha Octubre-Noviembre, 1987, por el Padre José Ignacio Lavastida. La Iglesia Católica, por 2,000 años ha hablado muy claramente sobre la dignidad y santidad del matrimonio. El acto sexual es la expresión de amor entre los esposos, que refleja el amor de un Dios Creador que quiere que compartamos con El este poder procreativo. Por consiguiente, todo lo que desvíe el acto sexual de la intención del Creador constituye una desfiguración del acto en sí y de sus propósitos. Los dos propósitos del acto sexual son el promover el amor en la pareja y el traer hijos al mundo. El uso de métodos directos de prevenir la procreación destruye al menos uno de estos dos propósitos (muchas veces los dos), y por lo tanto, le quita al acto sexual parte de su significado. El amor debe dar fruto y es a través de los hijos que esto se hace realidad.

Obviamente tiene que haber responsabilidad de parte de los padres para poder proveer a los hijos. El Papa Pablo VI habla en la encíclica "Humanae Vitae" de una "paternidad responsable" y por eso la Iglesia permite, en casos difíciles, los métodos naturales de planificación familiar. En estos, la abstinencia y disciplina son centrales y ayudan en el crecimiento de la pareja. Los métodos, como el Billings, se han perfeccionado mucho. Son muy confiables. En este método, conocido también como el método de ovulación, se analiza la mucosidad vaginal de la mujer. Otro método es el Sympto-termal que analiza, no sólo la mucosidad vaginal, sino también la temperatura de la mujer. Para más información, escriba al Couple to Couple League, P.O. Box 11084, Cincinnati, Ohio, 45211, o llame a la oficina de Family Life de su diócesis.

P. Querido Padre

Las estadísticas muestran que un alto porcentaje de gente activa usa medios artificiales para el control de la natalidad. Si la Iglesia sabe que muchísimas personas los están usando -aunque no lo están confesando- ¿no cree que la Iglesia debería de buscar una nueva forma de dar a conocer su enseñanza?

Ana María

R. Estimada Ana María

Me complace que usted sugiera que la Iglesia trate de buscar "una nueva forma de transmitir la enseñanza", en vez de sugerir que la Iglesia cambie sus enseñanzas. La opinión pública dice que el 82% de mujeres Americanas en edad de procrear, practican el control de la natalidad. Cuando se hacen tales declaraciones, se suscitan variedad de respuestas.

La primera respuesta es real, ya que por 16 años he escuchado confesiones y no he escuchado mucho de control de natalidad (aun cuando he podido observar el bajo porcentaje de nacimientos en mi comunidad).

Una segunda respuesta dice, "Exactamente, y es esa razón para que las enseñanzas cambien." A esto, yo respondo "Cristo jamás dictó Sus doctrinas para que fueran populares, sino porque son ciertas y verdaderas." Cuando algunos que le escuchaban no podían aceptar su declaración acerca de la Eucaristía, El no les impidió que se retirasen de Su lado (lea Juan 6/67).

Creo que es justo decir que en los últimos 25 años, la mayor parte del clero (tanto obispos como sacerdotes) hablan poco sobre la enseñanza de la Iglesia, de que el acto marital debe estar abierto a la vida. En algunos lugares, esto ni siquiera se menciona en conferencias o cursos prematrimoniales. Esto es injusto y desafortunado. Es desafortunado que haya una persona en este país (Católica o no Católica) que no conozca lo que la Iglesia dice acerca de los anticonceptivos artificiales, pero casi nadie sabe cómo racionalizar esto. Es injusto, porque quita a las parejas Católicas la oportunidad de ser generosos y la habilidad de gozar de la vida según los valores del Evangelio.

Es ya hora de que predicadores y maestros retomen este documento -que pertenece al patrimonio de la doctrina Católica- y que ayuden a nuestra gente a entenderlo. Predicando y enseñando acerca de ello en formas que respeten la verdad, convincente y compasivamente.

Siempre que yo hago esto, escucho a muchas personas molestas porque se les habla de temas que les dan cargo de conciencia. Pero yo insisto en que el ayudar a formar debidamente la conciencia de nuestra gente, es deber y responsabilidad de todo sacerdote. Sin embargo, escucho también a personas que me dicen estar contentas de que la verdad se les proclame con fuerza y claridad, en vez de tratar "Humanae Vitae" como un "sucio secreto eclesiástico" que todos conocemos pero que a la mayoría nos horroriza discutirlo abiertamente.

El primer lugar, para comenzar, ha de ser en clases de teología moral que imparten las escuelas Católicas y particularmente a nivel de enseñanza secundaria, en cursos que tratan con el matrimonio y temas familiares. Cabe aquí alertar a quien quiera embarcarse en esta empresa, que esté preparado a enfrentar grandes obstáculos -primeramente, de parte de los mismos estudiantes, quienes han sido formados por una sociedad que considera la actividad sexual como un mero placer y nada más, segundo, por los padres de los estudiantes, a quienes les molestará que a sus hijos se les enseñe que lo que sus padres están haciendo (en términos de "planeamiento familiar") no tiene el "sello de aprobación" de la Iglesia.

DAÑOS Y PERJUICIOS

P. Querido Padre
¿Tengo derecho a quedarme con lo que pueda obtener en un juicio por daños y perjuicios?

Rolando Lánez

R. Estimado Rolando

Si, en realidad, usted sufrió daños y perjuicios claro que tiene derecho a una compensación que de una manera equitativa restituya lo que usted injustamente perdió. Es responsabilidad del poder judicial - cuando la persona que causó el daño no acepta voluntariamente su obligación moral de hacerlo - restablecer el equilibrio por los medios legales aceptados en toda sociedad civilizada.

Lástima que en este pais se abuse de este derecho, tanto moral como legal, y se use con frecuencia la ley para reclamar daños que en realidad no se han sufrido, o se exijan cantidades exageradas que sobrepasan lo que sería una justa recompensa.

Repito, Rolando, que si usted recibió daños y perjuicios, es totalmente justo que sea compensado. Si fueran daños fingidos, cualquier compensación sería inmerecida y por lo tanto inmoral. El que haya tantos que lo hacen no sería justificación para que usted lo hiciera.

DIVORCIO Y COMUNIÓN

P. Estimado Padre Pedro
Soy divorciado y vuelto a casar fuera de la Iglesia. Creo estar viviendo una vida decente y de acuerdo a mi situación. Quiero que usted me diga el por qué no puedo recibir la Comunión. No me gusta que la gente diga que estoy viviendo en pecado.

Franklin
Baltimore, Maryland

R. Estimado Franklin

Solamente Dios puede juzgar si usted está viviendo en pecado, y solamente usted puede hablar desde su conciencia, la relación que está teniendo con El.

Quizás usted sea mejor persona que muchos Católicos que van a comulgar con todo el derecho que se les concede. Pero igual sucede con magníficas personas que son Protestantes. Básicamente, la negación de la Santa Comunión Católica a usted y a ellos yace en algo más que el juzgar el estado de su alma.

La Eucaristía es sacramento y signo de la presencia de Cristo, y el que nosotros la recibamos es signo de nuestra unión con El y con Su cuerpo, la Iglesia. El Papa Juan Pablo II, reafirmando la práctica de la Iglesia, dice que los divorciados y vueltos a casar no pueden ser admitidos al banquete Eucarístico porque "su estado y condición de vida contradicen la unión del amor entre Cristo y la Iglesia que es el significado básico y el efecto de la Eucaristía." Nadie se goza en estas situaciones que exponen claramente que algo ha funcionado mal y que necesita reconciliación. Pero no somos nosotros quienes podemos enderezar las cosas con meramente presentar, a través de la Santa Comunión, que gozamos de unidad y mutua reconciliación cuando en verdad no la hay. La Santa Comunión por sí sola habla de "Unidad", y nosotros no podemos presentarla en una mentira.

Sin embargo, recuerde que el estar excluido del derecho de recibir la comunión, por muy doloroso que esto sea, no quiere decir que usted esté excomulgado de la Iglesia Católica. Usted es un Católico, con deber y misión de asistir a Misa Dominical. Muchas parroquias tienen personas con el mismo caso suyo, devotos involucrados en la alabanza, el trabajo y la vida social entre los fieles, y espero que usted también se una a ellos.

Finalmente, le ruego que hable con un sacerdote de su confianza para ver, de acuerdo a su situación específica, qué otros consejos y avenidas le puede ofrecer.

EL SEXO ¿ES PECADO?

P. Estimado Padre Pedro
Estoy confundida porque no termino de entender si el sexo es o no

un pecado. Y también quisiera aclarar si Adán y Eva pecaron sexualmente.

Ana María

R. Estimada Ana María

El sexo es un don de Dios y lo que Dios puso en toda nuestra naturaleza no puede ser malo. Ahora bien, el agua también es buena pero la debemos saber administrar al seleccionarla y, así evitaremos un ahogamiento o un envenenamiento. Dios también quiere que administremos el impulso sexual tan natural en todos nosotros, para que no nos hagamos daño ni le hagamos daño a nadie con él. Por eso la Iglesia admite la sexualidad humana solo cuando hay amor cristiano y ese amor significa que no tiene término y solo la muerte acabaría separándolos, luego de haber estado abiertos a la procreación responsable. A esa unión realizada con amor la llamamos "matrimonio" y de ahí que la Iglesia pueda decir que el sexo en esas condiciones, es decir, en el matrimonio no sea pecado y que fuera de él, sí lo sea. Respecto a Adán y Eva, es bien clara la Escritura al enseñar que antes de pecar Adán y Eva, ya Dios les había ordenado la procreación, la cual es tan necesaria para poblar la tierra y por lo mismo podemos deducir que el pecado original no consistió en la relación sexual entre Adán y Eva.

¿ES GENÉTICA LA HOMOSEXUALIDAD?

P. Estimado Padre
Con toda la investigación científica actual sobre el eslabón genético de la homosexualidad, ¿cómo podrá la Iglesia mantener su enseñanza de que la homosexualidad es maligna?

E. S.

R. Estimado E. S.

En primer lugar, la Iglesia no enseña que la "homosexualidad sea maligna." La Iglesia enseña que los actos homosexuales son malignos, y he aquí la gran diferencia. En otras palabras, aun cuando una persona con orientación homosexual pueda sentirse inducida a un acto inmoral, la tendencia en sí no es pecaminosa, aunque sí desordenada. Es el mismo caso de una persona con orientación heterosexual que pueda sentirse movida a cometer adulterio o fornicación por sus deseos desordenados o no controlados, la orientación en sí no es pecaminosa, pero los actos sí lo son.

En segundo lugar, creo que los jurados todavía están inciertos en casos de homosexualidad. ¿Es parte de la "naturaleza" de la persona o es consecuencia de la "educación recibida"? Los argumentos son inconclusos en ambas direcciones, ya que algunos científicos dicen que posiblemente es un poco de ambas cosas. La Iglesia -junto con todas las otras personas de buena voluntad- escucha lo que la ciencia descubre y toma en cuenta su apreciación humana para su cálculo moral. Por ejemplo, porque la ciencia no dice que la vida en el vientre de la madre -desde el momento de concepción- es indiscutiblemente una vida humana, nosotros reconocemos lo sagrado e inviolable de la vida humana dentro del contexto de la vida.

Finalmente, cualquier cosa que la ciencia todavía descubra acerca de casos de homosexualidad, no cambiará las enseñanzas de la Iglesia acerca de la inmoralidad de los actos homosexuales.

Existen en la vida toda clase de situaciones heredadas, pero ellas no eliminan las responsabilidad individual. Por ejemplo, alguna pesona puede nacer diabética (aun cuando no sea su culpa), pero aún así tendrá que reprimirse y dejar de comer dulces. En todo caso, si tal persona comiera dulces, tendríamos que llegar a la conclusión de que no se pudo controlar y que sus actos lo llevan a poner en peligro su salud y por tanto, no es moralmente aceptable. Así mismo y suponiendo que nos demos cuenta de que la homosexualidad sea originariamente genética, eso no excusa a las personas afectadas a tener relaciones genitales ya que la ley de Dios limita tal actividad al compromiso matrimonial y a la procreación de los hijos.

LAS PERSONAS que se encuentran en tal estado necesitan confiar en la ayuda de Dios, que les dará poder para mantenerse fiel a Su Voluntad. Lo que inicialmente podría ser percibido como una carga injusta y no deseada podría convertirse en santidad genuina -si la cruz es llevada con amor y en unión a los sufrimientos de Cristo, quien está siempre cerca de todos los que lo invocan pidiéndole fuerza y protección.

¿ES PECADO DONAR SANGRE?

P. Querido Padre Pedro

¿Es cierto que dar sangre o hacerse transfusión de sangre es pecado? Le pregunto esto porque hay una persona que me dijo que ni en peligro de muerte es permitido por Dios. Esperando su respuesta.

Gustavo Rodriguez

R. Estimado Gustavo

La persona que le ha dado esa información sabe muy poco de teología y carece de bastante sentido común.

Veamos cómo esa creencia llega hasta nuestros días. Muchos años antes de la venida de Cristo los hebreos habían descubierto que sólo hay un único y verdadero Dios que lo ha creado todo y que da vida a todo lo que se mueve en su Creación.

Para los hebreos, hombres y mujeres de mucha fe pero de escasos conocimientos científicos, la sangre era la misma vida de Dios que al permanecer en el cuerpo, hacía que éste pudiera caminar, correr, saltar, etc.

Esta conclusión fue generalizada y reafirmada a medida que ellos se daban cuenta que una persona o animal desangrada moría porque "la fuente de vida - la sangre" se había salido de su cuerpo.

Del mismo modo pensaban que la grasa era también "la vida de Dios," ya que una persona o animal robusto tenía fuerza y salud, mientras que uno flaquito andaba tambaleándose y casi muerto.

Por eso es que en una de sus leyes (Levítico 3/17) especifican que

"Toda la grasa pertenece a Yavé, es decir, Dios. Este es un decreto perpetuo de generación en generación, donde quiera que vivan. No comerán grasa ni sangre."

Como vemos, este decreto prohibe que se tome sangre. La transfusión es una forma de tomar sangre.

Hoy en día sabemos que la sangre, por muy importante que sea, no es la vida de Dios en nosotros y que si, algún día nos llegara a faltar y necesitamos una transfusión, Dios estaría muy de acuerdo con que la recibiéramos de otra pesona que la pudiera compartir con nosotros.

Uno de los grandes problemas que enfrentó Jesús con los Judíos, que seguían el precepto de no beber sangre, ocurrió cuando El les dijo - "...si no beben mi sangre, no viven de verdad. El que come mi carne y bebe mi sangre, vive de vida eterna, y yo lo resucitaré en el último día."

¿ES PECADO LIGARSE LAS TROMPAS?

P. Estimado Padre
Tengo 26 años de edad y tres niños pequeños. Después de haber usado el método del ritmo sin ningún éxito, fui al doctor y me fueron ligadas las trompas. ¿He cometido pecado mortal? ¿Ha pecado mi esposo por haber consentido a mi deseo de no querer tener más hijos? ¿Podemos asistir a Misa y recibir los Sacramentos?

Alicia

R. Estimada Alicia

Responderé a tu pregunta por partes. La primera, y la más difícil es que, sí, es pecado.

La Iglesia Católica enseña que cualquier clase de esterilización directa es pecado grave. Es una ofensa a Dios, Creador nuestro, porque deliberadamente destruimos una de las funciones principales de nuestro cuerpo.

En cuanto a tí, ¿estabas consciente de que lo que hacías era pecado? ¿Hubo alternativas emocionales, intelectuales y espirituales en el proceso de tomar tu decisión? En otras palabras,

¿decidiste libremente? ¿hubo otras circunstancias que pudieran disminuir tu propia responsabilidad del pecado cometido?

Aunque estas son preguntas morales que determinan la responsabilidad de nuestros actos, a veces hace más daño que bien el tratar de responder a ellas cuando el hecho ya está consumado. La persona sabe lo correcto o incorrecto de sus actos porque su conciencia se lo dice. Cuando ya las cosas no tienen remedio, cabe solamente ponerte en manos de Nuestro Señor, pidiéndole perdón por el pecado que pueda darte culpablidad, y seguir adelante.

Lo anterior vale igualmente para el esposo.

A tu pregunta de si pueden asistir a Misa y recibir los Sacramentos, te respondo que no solamente pueden hacerlo, sino que deben hacerlo. Ante la enorme responsabilidad que como madre y esposa tienes, y con el cargo de conciencia de lo que ambos han hecho, necesitan ser sanados y perdonados con el amor de Jesús que se recibe poderosamente en los Sacramentos de Reconciliación y de Comunión.

No dejen pasar más tiempo. Acudan a un sacerdote amigo, con quien tengan la confianza de hablar libre y sinceramente. Estoy seguro que él les ayudará y orientará.

HOMOSEXUALES Y EJÉRCITO

P. Estimado Padre Pedro
¿Qué dice la Iglesia respecto a que los homosexuales sirvan en la milicia? ¿Qué piensa usted de la opinión personal del Presidente Clinton?

Otilio Pérez

R. Estimado Otilio

Las enseñanzas de la Iglesia nos informan que todo acto sexual ha de llevarse a cabo dentro de los votos matrimoniales y que cada acto ha de estar abierto a trasmitir la vida humana, y por esta base, la actividad homosexual falla totalmente. La decisión moral es indiscutible, pero ¿qué podemos responder a sus aplicaciones e implicaciones sociales? ¿Será correcto que los fieles hagamos todo lo que esté de nuestra parte para suprimir los derechos de las personas orientadas homosexualmente? Claro que no, ya que tal actividad será pecado.

Entonces, ¿estamos los Católicos llamados a apoyar los "gay-rights"? No, de ninguna manera, porque la mayoría de ellos presentan sus actividades sexuales como aceptables y hasta con alternativas para contraer matrimonio y formar una familia.

Tales leyes solamente servirían como herramientas educativas para programar una actividad que es pecado. Entonces, ¿en qué queda el asunto militar?

Todos sabemos que siempre han habido homosexuales en la milicia. Preguntar a una persona si tiene orientación homosexual, me parece muy crudo...además de que invita a que a uno se le responda con una mentira, ya que en este asunto se ha venido mintiendo por décadas. Opino que la orientación sexual que la persona tiene no hace ninguna diferencia, con tal de que esté dispuesta a observar la moral debida. En el "tratado de Clinton", no se harán preguntas acerca de la orientación, pero los reclutados sí serán informados que la actividad homosexual será castigada. El que los activistas radicales "gay" se encuentren molestos por ello, parece demostrar que hay algo positivo en el tratado.

Sin embargo, para ser justos, creo que la milicia también ha de indicar que cualquier actividad heterosexual extramarital entre sus miembros será también penada y sujeta a procedimientos disciplinarios. Esto, tomando en cuenta que muchas familias han sido destruidas porque hombres y mujeres en la milicia incurrieron en relaciones de adulterio. Cerrar los ojos a la inmoralidad sexual de un grupo y castigar abiertamente al otro grupo, no será justo, y la Iglesia siempre ha alzado su voz orientando hacia los altos ideales de nuestro Señor Jesucristo.

HOMOSEXUALISMO

P. Querido Padre Pedro
¿Qué dice la Iglesia y la Palabra de Dios sobre el homosexualismo? Hoy en día hay muchas teorías y yo quisiera saber la verdad. Gracias por su atención al respecto.

Interesado

R. Estimado Interesado

La Palabra de Dios nos da un cuadro bien claro de cómo el Pueblo de Israel se defendió contra la homosexualidad, que era un fenómeno difundido en las culturas paganas vecinas.

La afirmación de San Pablo en Romanos 1/18-27 es de que la conducta sexual aberrante - homosexualidad, lesbianismo, etc. - es resultado de la enajenación total de la humanidad o de una cultura que se aleja de Dios. "Habiendo conocido a Dios, no le dieron gloria ni le mostraron gratitud."

En términos generales, la homosexualidad no se hereda - la mayoría de los homosexuales no engendran hijos. Es más bien un síntoma de nuestra cultura, fruto de tantas tensiones, peleas familiares y mala educación sexual, que presenta al otro sexo como una amenaza.

El abuso de jóvenes por personas del mismo sexo que están en posición de autoridad también puede provocar una tendencia homosexual. En otros casos la tendencia empieza por curiosidad y es luego promovida por los homosexuales que, una vez que la persona se ha puesto en contacto con ellos, tratan de bloquear los esfuerzos de esta persona por recuperar su libertad.

Un psicoterapeuta bien preparado puede ser de gran ayuda, si la persona no es ya demasiado mayor y desea de verdad superar sus inclinaciones homosexuales. Los que pueden curarse deberán buscar ayuda por su propio bien y el bien de los demás.

Es un gran inconveniente no poder llegar a una equilibrada vida matrimonial y de familia por razones de fijación homosexual. Para cuantos no puedan librarse de la inclinación, es sumamente importante que acepten y comprendan la idea tradicional de que una persona puede conseguir su madurez humana sin actividad sexual. Una homosexualidad declarada no hace feliz a nadie.

El principio básico está en que las pesonas homosexuales deben hacer los mismos esfuerzos para dominar sus inclinaciones que las heterosexuales para dominarse a sí mismas.

No obstante, si una persona homosexual hace un esfuerzo honesto y no consigue librarse, especialmente si se ve afectado por otros inconvenientes psíquicos o sociales, no deberá hundirse en complejos de culpabilidad. Por el contrario, ese desequilibrio debe aceptarse como un reto que con fe y con la ayuda de Dios puede ser superado.

INCINERACIÓN

P. Estimado Padre Pedro
Me gustaría un comentario acerca de la incineración de los cuerpos humanos. Yo al morir quisiera ser cremada. ¿Es contra la ley de Dios?

Anónima

R. Estimada Anónima

Para contestar su pregunta permítame recordar el respeto que la Iglesia siempre ha profesado y aún tiene por el cuerpo de un hermano cuyo espíritu ha pasado a disfrutar plenamente de la vida de Dios. La promesa de la resurrección es el motivo principal de esta reverencia.

El cuerpo de nuestro hermano difunto, como el de nuestro hermano Cristo, resucitará glorioso el día del Juicio Final. Es un cuerpo que estuvo unido al alma durante nuestra vida mortal y permanecerá por siempre unido a ella después de una separación temporal.

La cremación fue considerada por la Iglesia por muchos siglos, como un desacato a esta reverencia y, por lo tanto, prohibida. El antiguo Código de Derecho Canónico, que dejó de regir hace sólo unos años, prohibía esa práctica.

Todavía en 1963, como lo expresa una Instrucción emanada de la Curia Vaticana, la incineración es considerada ajena a un cristiano y, por lo tanto, no recomendable.

Sólo en casos en los que la incineación era hecha por motivos económicos, de higiene u otras razones públicas o privadas se podía dar sepultura cristiana a los restos del hermano incinerado.

El nuevo Código de Derecho Canónico, que entró en efecto recientemente, resume en unas palabras el sentimiento de la Iglesia de hoy sobre el problema de la incineración.

Le cito textualmente el número 2 del Canon 1.028 "La iglesia recomienda vivamente que se conserve la piadosa costumbre de enterrar los cuerpos de los difuntos, pero no prohibe la cremación, a no ser que haya sido elegida por razones contrarias a la doctrina cristiana."

Más adelante, en el Canon 1.034, ordena que "los que hayan elegido la cremación por razones contrarias a la fe cristiana" sean privados de sepultura eclesiástica.

Como ve, sus razones para pedir que su cuerpo sea incinerado dirán si Ud. está yendo en contra de la ley de Dios. Creo que el hecho de que lo pregunte es clara indicación de que no lo está.

LA GUERRA ¿ES MORAL?

P. Querido Padre
¿Qué enseña la Iglesia sobre la moralidad de la guerra?

Roberto Martínez

R. Estimado Roberto

Su pregunta es difícil de responder en el espacio limitado de este Buzón. Acepte, por favor, la superficialidad de estas breves líneas y espere en el futuro un artículo más completo.

La Iglesia está en contra de la guerra. Si todos somos hermanos, ¿qué sentido puede tener que nos destruyamos y nos matemos los unos a los otros? ¿No nos manda Cristo que perdonemos a nuestros enemigos?

Sin embargo, ya que aunque no somos de este mundo, vivimos en él, la Iglesia tiene que reconocer que hay situaciones en las que moralmente el Estado tiene la obligación de defender la soberanía y la libertad de sus ciudadanos.

Aunque trágico, no le queda más remedio que aceptar la posibilidad de lo que se ha venido a llamar una "guerra justa." Llevaría mucho espacio mencionar y comentar las condiciones que la Iglesia exige antes de considerar una guerra moralmente justificada.

Le prometemos, Roberto, hacerlo en un número próximo de Mensaje. Nunca como ahora, ante la perspectiva aterradora de una conflagración nuclear, necesitamos los católicos entender los principios sabios, de nuestra Iglesia, asentados desde luego en el Evangelio.

LAICOS Y VOTO DE CASTIDAD

P. Querido Padre Pedro
Tengo una amiga que trabaja y vive como cualquiera de nosotros, pero ella afirma haber hecho votos de castidad, aunque no es religiosa. ¿Es eso posible en la Iglesia? ¿Acaso las personas que hacen tal voto no deben vivir en un convento?

Angela Miranda

R. Estimada Angela

Si bien es cierto, y resulta mucho más conveniente que las personas que hacen su voto de castidad vivan en común y procuren un ambiente más favorable a esa condición de vida, no es menos cierto que, a través de la historia han existido muchísimas personas que han vivido de acuerdo al voto de castidad sin irse a un convento, y conservan su trabajo y lugar de vida, como uno cualquiera de nosotros. Actualmente, de acuerdo a la legislación de la Iglesia, las personas pueden hacer este voto y continuar en su vida común y corriente sin ningún distintivo exterior, pero deben consultar esto a su director espiritual para evitar comprometerse con Dios en algo que luego no se iría a cumplir. El actual Código de Derecho Canónico autoriza, además, a muchos laicos que, sin hacerse religiosos o sacerdotes, puedan vivir en común y tener sus votos de castidad. Esta es una nueva modalidad de la vida consagrada a Dios, que permite seguir en el mundo sin ser del mundo, como el mismo Jesucristo lo pidió en su oración al Padre, para todos nosotros. (Juan 17/16)

En síntesis, cualquier persona se puede consagrar en vida casta al

Señor, pero antes debe consultarlo con alguien experimentado en la guía espiritual para poder esclarecer debidamente esta intención y saber así si viene del Espíritu Santo o del solo capricho humano.

MATRIMONIOS HOMOSEXUALES

P. Estimado Padre Pedro

Con los proyectos de oficializar el homosexualismo se habla del derecho a casarse y adoptar niños que tendrían los homosexuales. ¿Sería esto permitido por la Iglesia Católica?

Maruja
Manhasset, New York

R. Estimada Maruja

La Iglesia Católica invita a todos a acoger con respeto y compasión a todos -y esto incluye, por supuesto, a los homosexuales. Recordemos que Jesús ama al pecador, aunque aborrece el pecado.

Sin embargo, la Iglesia siempre ha enseñado que el matrimonio se ha de efectuar siempre entre un varón y una mujer, ya que uno de los fines es la procreación. El Estado podrá llegar algún día a oficializar la unión conyugal entre homosexuales, pero la Iglesia jamás lo reconocerá como un matrimonio.

Por otro lado, si bien es cierto que la pareja matrimonial sin hijos adopta niños, una pareja de dos hombres o de dos mujeres no serían el modelo ideal que le ayudaran a un niño a entender cual es el papel del padre y cuál es el de la madre, razón por la cual -y sólo desde el punto de vista sicológico-

se podría afirmar que ningún bien se le estaría haciendo a un niño que crecería dentro de un ambiente que en sí mismo es intrínsicamente desordenado.

En conclusión, la Iglesia jamás permitirá el matrimonio entre personas del mismo sexo y desde luego, no podría recomendar que se hicieran adopciones fuera del matrimonio.

MÉDICOS A FAVOR DE LA VIDA

P. Estimado Padre
¿Conoce usted de algunos "grupos de apoyo" para los médicos que están a favor de la vida? Los debates están cada vez más duros en los casos de aborto y también de eutanasia.

Alicia

R. Estimada Alicia

Por supuesto que hay grupos de apoyo. Póngase en contacto con "Physicians for Life, Inc., Box 24386, Cleveland, Ohio 44124.

También quiero decirle que se ha formado una asociación de profesores comprometidos con la santidad de la vida humana - University Faculty for Life, Box 2273, Georgetown University, Washington, DC 20057.

MÚSICA Y SEXO

P. Querido Padre
A veces en la radio ponen canciones que son bien provocativas en lo que se refiere a lo sexual. ¿Es pecado escucharlas?

Antonia

R. Estimada Antonia

La música definitivamente tiene poder para influenciar nuestras emociones, y aun, nuestra forma de pensar y de actuar.

Por eso, me pregunto ¿Cómo escucha usted esas canciones? Si las escucha con deseo de disfrutarlas, pero con una actitud crítica que la lleva a tratar de cambiar la programación de la emisora cuando crea usted que las canciones presentadas son nocivas, entonces no hay nada de pecado en que las escuche.

Ojalá tuviéramos la fuerza moral para llamar, o mejor, escribir a esas radio emisoras protestando la calidad de sus programas musicales. Desde luego, una copia de esa carta debe enviarse a los patrocinadores comerciales de dichos programas.

¿No cree que si fuésemos muchos los que protestásemos seriamente el descaro de tanto que sale al aire - sin querer ser más puritanos que nadie, pues en esto cabe la exageración - las emisoras serían más selectivas en sus trasmisiones?

De nuevo, repito que en esto se puede exagerar. Para muchos aun la mención de la palabra "sexo" es provocativa. Pero estoy de acuerdo que de lo que se oye en la radio y se ve en la televisión mucho es ofensivo.

Si actuamos de acuerdo a nuestros principios cristianos y tratamos de cambiar lo que sabemos pervierte a nuestra juventud no pecamos - ¡todo lo contrario¡ - Cuando oímos una canción que usa y abusa de una manera degradante la finalidad del amor creado entre hombre y mujer, sí debemos rebelarnos o por lo menos dejar de prestarle atención.

NEGARSE A RECIBIR TRATAMIENTO

P. Querido Padre Pedro
Los doctores han encontrado que mi papá tiene una enfermedad que es incurable. El sabe lo que le está pasando y dice que no quiere recibir ningún tipo de tratamiento que pueda prolongar su vida. De acuerdo con la Ley de Dios, ¿puede una persona con una enfermedad incurable, negarse a recibir tratamiento?

Sandra Forte

R. Estimada Sandra

Me imagino que éste debe ser un golpe muy grande para su papá. Muchas veces, cuando nos enfrentamos con algo que nos desagrada al extremo, nuestra reacción inicial es rechazar el mal e ignorarlo o sentirnos tan abatidos ante él que pensamos que para qué luchar, si ya todo está perdido.

Dele una oportunidad a su papá de luchar con esta realidad tan dolorosa para él. Después trate de convencerlo que hable con un sacerdote de su confianza que le ayude a decidir lo que sea mejor para él.

La Biblia, al igual que la Iglesia, nos enseñan que nuestro cuerpo es sagrado, que es el Templo del Espíritu Santo (1 Cor. 3, 16), y que por lo tanto debemos cuidarlo y protegerlo.

La Biblia, al igual que la Iglesia, también nos enseñan que la vida con padecimientos o sufrimientos no es inútil, ni se debe tratar de ponerle fin lo antes posible con la muerte. por el contario, el sufrimiento puede muy bien ser un medio que Dios puede usar para acercarnos a El y para que otros, a través de nuestro dolor, se lleguen a dar cuenta que nuestra confianza nunca debe estar depositada ni en nuestra salud, ni en nuestras fuerzas, pero más bien en Aquél que nos da la salud, la fuerza y la vida y ése es Dios.

Tanto la Biblia como la Iglesia respetará la decisión que su papá llegue a tomar y personalmente no creo que su papá cometa pecado porque no acepte tratamiento. Sin embargo, el luchar por la vida que Dios le ha dado lo ayudará a acercarse más a ese Padre en quien debemos confiar por sobre todas las cosas.

OPERACIÓN CESÁREA

P. Estimado Padre
Tengo una hija, que no puede tener sus hijos normalmente sino por cesárea, debido a un defecto congénito que no se puede corregir. El doctor le dijo que no puede tener más de tres niños.

Ella tiene dos, y si Dios le manda el tercero ella lo quiere, pero tendrían que operarla, pues un cuarto embarazo pondría en peligro tanto su vida como la de la criatura. ¿Puede someterse a esa operación?

Amalia

R. Estimada Amalia

De acuerdo con lo que usted me dice en su carta no veo problema moral en la operación. Busque una segunda opinión médica y siga la recomendación de los doctores.

La Iglesia no está en contra de una histerectomía cuando los órganos reproductivos femeninos están dañados y ponen en peligro la vida de la madre o de la criatura. Por el contrario, la Iglesia enfatiza que cada uno de nosotros es templo sagrado de Dios y por lo tanto tenemos la obligación de cuidar y proteger nuestros cuerpos.

La Iglesia sí está en contra de esa operación o de cualquier otro recurso que se utilice con el propósito de egoístamente no tener hijos cuando las posibilidades son favorables.

Así que quédese tranquila. Nosotros, por nuestra parte, rogaremos al Señor para que sus dos nietos, o tres si El permite, crezcan saludablemente y siempre cerca de Dios.

PECADOS MODERNOS

P. Padre Pedro
¿Podría usted señalar cuáles son los pecados más comunes de nuestra época moderna?

Leonel Sánchez
Jamaica, Ma.

R. Estimado Leonel

Sin lugar a dudas, yo diría que el pecado más común y tal vez el más serio es el pensar que nada es pecado. Vivimos en un mundo y en una sociedad en que el complacer "mis deseos personales" es lo que realmente importa. La sociedad nos enseña, por lo tanto, que si algo te complace, mientras no molestes al vecino, puedes hacerlo porque lo más probable es que está bien hecho.

De ahí la actitud moderna de tantos jóvenes en nuestra sociedad que dicen que las relaciones sexuales son buenas y aun necesarias antes del matrimonio porque, según ellos, no le hacen mal a nadie y además es sabroso hacerlo. Pero, ¿cómo se puede culpar a nuestros jóvenes o con qué poder moral se les puede enseñar que la relación sexual es un don de Dios exclusivo para el matrimonio, cuando ellos constantemente están siendo bombardeados por los adultos en el medio-ambiente en que vivimos, diciéndoles una y otra vez y en mil maneras diferentes que las relaciones sexuales son buenas en cualquier momento y con todo el que uno quiera?

Esa misma mentalidad que tantos en nuestra sociedad moderna tienen sobre el sexo ilícito la tienen también sobre las drogas, el aborto, los vicios y sabe Dios cuántas otras cosas más. "Si a mí me gusta o si me conviene, lo hago". El problema, desafortunadamente, es que no sólo tomamos decisiones que son completamente egoístas y definitivamente en contra de la voluntad de Dios pero, al mismo tiempo, son decisiones que más tarde o más temprano van a lastimar a otros y, también a nosotros mismos, aunque no lo creamos así.

PENA DE MUERTE

P. Estimado Padre Pedro
En días pasados un grupo de amigos estábamos discutiendo sobre lo que el Gobierno debe hacer con los criminales que cometen delitos muy graves. Unos decían que el Estado tiene el derecho de exterminarlos, otros decían que no. ¿Qué piensa usted?

Luis Rodriguez

R. Estimado Luis

Tradicionalmente, la teología ha admitido, a la luz de la obligación del Estado de proteger el bien común, el derecho de éste a recurrir a la pena capital en casos de crímenes extremadamente graves.

Actualmente muchos teólogos estarían en desacuerdo con la antigua doctrina. Prudencial e históricamente no parece que pueda justificarse la pena capital. Esta tendría que justificarse basándose en razones por las cuales existe el castigo.

Uno de los fines del castigo es la corrección. Sin embargo, la pena capital evidentemente no hace nada para rehabilitar al transgresor.

En segundo lugar, la pena capital se defiende a menudo considerándola como un disuasivo, sólo la pena de muerte hará pensar dos veces a la gente antes de cometer un crimen proporcionalmente grave. Pero yo diría que la pena de muerte no ha servido como saludable disuasivo hasta ahora.

Una tercera razón invoca un concepto de la justicia que exige que haya vindicación en el caso de la pena capital, es que la persona que quita la vida a otra tiene que perder la suya. Me parece a mí, no obstante, que ésta no es la única manera de vindicar la justicia.

¿Por qué ha de quitarse otra vida si no es necesario? La primera víctima no puede volver a esta vida a consecuencia de la muerte del agresor.

A menudo tal concepto de la justicia vindicativa parece más como una forma de venganza que como una forma de castigo.

Por lo tanto, debido a que la vida humana es un valor tan importante, estimo que el Estado no debe quitarla cuando no pueda demostrarse que es absolutamente necesario.

PORNOGRAFÍA

P. Padre Pedro
Soy un hombre casado. Siempre he sido fiel a mi esposa. ¿Hago mal en ver revistas o películas que exhiben desnudos?

J. B. N.
Los Angeles, California

Estimado J.B.N.:

Su pregunta es un poco ambigua. Sin embargo, creo entender lo que me está diciendo.

Si las revistas y películas que usted ve son de carácter pornográfico, creo que hace muy mal en verlas, ya que no sólo este tipo de material le envenena su mente haciéndole tener pensamientos y deseos sexuales con los objetos que aparecen en este tipo de entretenimiento, sino que también usted está aportando con su dinero para que estas compañías sigan produciendo material que no solamente va en contra de la voluntad de Dios, sino que pudre la mente de nuestra sociedad, y quien sabe, la mente de su esposa, de su hijo o de su hija.

No se olvide que el dinero que usted gasta en revistas y películas pornográficas, va a dar a centros que producen las escenas del sexo más violento, degradante y pervertido que usted pueda imaginar.

Creo, por lo tanto, que es importante que usted piense en el daño que se hace a sí mismo, a su esposa, y posiblemente hasta a sus hijos, al patrocinar este tipo de material.

Le ruego que también piense, aunque sea por un momento, en el horrible daño que usted, consciente o inconscientemente, hace a la sociedad en general, y muy especialmente a muchachos que piensan que en la pornografía van a encontrar un modo fácil de ganarse la vida. Daño que usted hace, simplemente para satisfacer un deseo que es muy egoísta y, por consiguiente, muy anti-cristiano.

PROTESTAS CONTRA EL ABORTO

P. Padre Pedro
Frecuentemente vemos en la televisión a personas que son arrestadas por impedir la entrada a clínicas donde se cometen abortos. A pesar de que yo creo que los Católicos hemos de pronunciarnos en contra del aborto, ¿no cree usted que hemos de hacerlo por otros medios que no vayan en contra de la ley? ¿Hasta dónde hemos de llegar en denunciar el crimen del aborto?

Los Mendoza
Ft. Lauderdale, Fl.

R. Estimada Familia

Tratemos primero el punto moral del tema, en que la Tradición Cristiana enseña que una ley inmoral no puede ir de acuerdo a nuestra conciencia de creyentes, y por tanto, hemos de resistirnos a ella en la forma más efectiva que encontremos. Si nosotros no creemos que la mujer "tiene el derecho de tomar una decisión personal" en lo que se refiere a matar a su hijo no nacido, tampoco creemos que nadie tenga derecho de tener una clínica para abortos. De ninguna manera se está interfiriendo en un negocio legítimo. En otras palabras, de acuerdo a la conciencia Católica, las personas no tienen derecho de abortar a sus niños ni de operar clínicas que sirvan ese propósito. Habiendo aclarado y entendido estos puntos, podemos ir a la segunda parte de su pregunta, que tiene que ver con la prudencia y la efectividad.

Cuando un grupo de personas se han puesto de acuerdo en rescatar a esos que han quedado atrapados en un edificio que se está incendiando, necesitan decidir la mejor manera de proceder para alcanzar lo que se proponen hacer. Expertos bomberos frecuentemente llegan a estar en desacuerdo aun cuando su meta esté clara y sea la misma. Sirva ese ejemplo para ilustrar la manera en que diferentes defensores de la vida se enfrentan a su misión de acabar con el flagelo del aborto en nuestra tierra.

Es una misión inmensa y masiva, en la que se necesitan muchos frentes - legales, políticos, sociales, sicológicos y de relaciones públicas. No toda persona puede o debe involucrarse en todos los aspectos de la lucha a favor de la vida. Más bien debiéramos esforzarnos en conseguir que expertos en los varios campos desarrollen competentemente, centrándose en un medio de acción particular.

¿Es responsabilidad de todo Católico apoyar la Operación Rescate? ¡Por supuesto que sí! Sin embargo, ningún Católico necesita estar directamente activo en todos los movimientos.

En lo personal, aunque trato de ayudar en todo esfuerzo por salvar las vidas de los no-nacidos, sé que no estoy llamado a participar en todo. Todos los días ruego para que desaparezca el caso de Roe vs. Wade (decisión que en 1973 tomó la Corte Suprema de legalizar el aborto), y extiendo esa petición a la Oración de los Fieles. Predico que el aborto es inmoral y siempre hablo de la necesidad de que los Católicos nos pronunciemos a favor de la vida en sus juicios privados y en su conducta pública, incluyendo en el uso de su voto. Doy testimonio público de mi posición al marchar y al proclamarme abiertamente a favor de la vida en cualquier asamblea. Sin embargo, no participo en los bloqueos de las clínicas, aun cuando aplauda a esos que sí participan.

Dios nos da a cada uno la sabiduría que tanto necesitamos para saber lo que tenemos que hacer para que cese la matanza de tantos niños inocentes.

RACISMO

P. Estimado Padre
¿Es pecado ser racista?

Juan Nogales

R. Estimado Juan

Esta misma inquietud suya me la presentó hace poco un grupo de personas con quienes comparto con regularidad.

El racismo, como yo lo comprendo, es consecuencia de emociones muy negativas, como odio, desprecio o rencor, que se siente en contra de personas cuyo color de piel es diferente al nuestro.

Desde esa perspectiva el racismo es pecado...Eso sólo Dios lo sabe.

Juan, si hay algo claro, sobre todo en el Nuevo Testamento, es que todos los seres humanos somos hermanos. Somos hermanos porque TODOS somos hijos del mismo Padre, que es Dios.

Las diferencias de raza, de color, de nacionalidad, de inteligencia, de cualidades personales, son un himno continuo al poder infinito de Dios, que actúa de formas tan variadas.

Sin embargo, son muchas las veces en que nosotros dañamos de manera degradante ese plan majestuoso de Dios, por ejemplo despreciando o creyéndonos mejores que algunos de sus hijos, hermanos nuestros, porque tienen una raza o un color distinto al nuestro.

¿No murió Cristo por todos los seres humanos? Cristo, el Hijo de Dios ama a todos, porque todos son suyos. Muere por todos y salva a todos.

Cristo no es racista. Sin embargo, algunos seres humanos, entre ellos seguidores de Cristo, si lo son. ¡Qué contradicción! ¡Qué desobediencia al mandamiento del Señor que nos pide que nos amemos los unos a los otros, tomando su amor hacia nosotros como ejemplo y como ideal.

Si, Juan, el racismo es un pecado muy serio. Desafortunadamente, son tantos los que crecen en una atmósfera familiar o nacional de discriminación y racismo que no están conscientes de su ofensa contra Dios cuando hieren con su actitud o sus acciones y palabras a esos que, por ser hijos de Dios, son parte de su misma familia.

RECOMENDAR EL ABORTO

P. Estimado Padre
Soy enfermera y actualmente trabajo en el departamento siquiátrico de un hospital, donde atiendo a muchas jóvenes cuyas pruebas de embarazo les resultan positivas. Aunque allí no se practican abortos, se me pide que haga contactos para los abortos.

Si manifiesto ante mis "jefes" que estoy en contra del aborto, se que perderé mi trabajo. Me gusta ayudar a las jóvenes en conflicto, pero me disgusta hacer contactos para sus abortos. ¿Qué me aconseja?

Laura,
Texas

R. Estimada Laura

Un Católico siempre ha de actuar de acuerdo a lo que le dicte su conciencia Católica y jamás ha de dejarse llevar por circunstancias que vayan en contra de la santidad de la vida humana.

¿Qué clase de ayuda puede darle a una persona en conflicto cuando, además de las aflicciones que ya tiene, añade el asesinato a su lista de problemas?

Todo empleado público tiene derecho y libertad de conciencia y nadie puede chantajearlo para hacerle renunciar a sus principios.

RESTITUIR LO ROBADO

P. Querido Padre Pedro

Hace unos meses robé una suma considerable de dinero de la compañía en que trabajo. Confesé mi pecado, pero no le dije al padre la cantidad que había robado porque tenía miedo que me pidiera que devolviera el dinero. Ahora me siento culpable. ¿Qué debo hacer?

Anónimo

R. Estimado Anónimo

El hecho de que se sienta culpable indica, en primer lugar, que usted es una persona de principios que reconoce que violó la justicia al tomar lo que no era suyo.

Su conciencia así mismo le dice que no basta confesarse cuando se ha despojado a otro de sus bienes. Pero la idea de que tiene que devolver lo que robó le da miedo...

La respuesta a su pregunta es imposible sin tener más información. Sólo dice que fue "una considerable suma de dinero." ¿Cuánto es "considerable"? ¿Qué daño ha causado su hurto a la Compañía? ¿Han culpado a otro por lo que usted hizo? ¿Qué riesgos correría usted si restituyera, aunque fuera paulatinamente, lo que robó? Como ve, éstas y otras preguntas similares son necesarias para poder dar a su caso una solución que satisfaga la justicia quebrantada sin destruir su reputación e infligir dolor y vergüenza a su familia.

Un sacerdote con experiencia y a la vez comprensivo podría ayudarlo a subsanar su error sin que las consecuencias del mismo destruyan su vida. El secreto de la confesión al que el sacerdote está obligado le garantizarían a usted que sólo él sabrá de su pecado.

El pecado contra el séptimo Mandamiento de la Ley de Dios, querido Anónimo, demanda algun tipo de restitución. Sólo así será la justicia restaurada. Pero, cómo hacerlo, cuándo, cuánto, depende de muchas circunstancias. Una discusión honesta con un confesor sabio y compasivo lo ayudaría a aclarar su situación.

Por desgracia, su situación no es única en esta sociedad tan materializada. La vergüenza natural que acompaña a una revelación de algo tan penoso será un buen antídoto contra tentaciones futuras.

Que el Señor le dé fuerzas para acallar su sentimiento de culpabilidad de la única manera que se puede hacer. Dios lo ama y lo perdona, pero como Padre recto quiere que de una manera que no lo destruya ni a usted ni a su familia corrija el error que cometió.

SIDA

P. Padre Pedro
¿Cómo es posible que alguien que no sea homosexual salga infectado de SIDA si además su vida siempre fue muy decente en todo sentido?

Ana Mercedes
New Orleans, La.

R. Estimada Ana Mercedes

Como el SIDA tiene un medio de difusión muy rápido a través de la genitalidad sexual, se llegó a pensar que a través de las relaciones sexuales era su única vía de expansión y así mismo, algunos llegaron a suponer que sólo entre homosexuales se podría difundir. Hoy todos sabemos que el SIDA se trasmite también por la sangre y ahí está uno de los mayores riesgos, al recibir cualquier transfusión, así la vida de aquella persona sea la más virtuosa de todas. También existe el riesgo en la vida de pareja, cuando uno de los dos es persona que toma el riesgo de contaminarse y termina contaminando a su pareja que siempre ha estado ajena a cualquier desorden en su vida.

Es importante entender que no toda persona contaminada de SIDA es homosexual, drogadicta, desenfrenada sexual o porque su cónyuge sea una persona con vicios. Es posible contraer el SIDA en una simple transfusión de sangre, razón por la cual hay que tomar precaución.

SUICIDIO

P. Apreciado Padre
¿Cuál es la posición de la Iglesia Católica ante el suicidio? ¿Puede el suicida ir al Cielo?

Luz Domínguez

R. Estimada Luz

Tanto la Palabra de Dios (la Biblia al igual que el Cuerpo de Cristo (la Iglesia) han condenado el suicidio como inmoral y pecaminoso, ya que el ser humano ha recibido la vida como un don de Dios y sólo Dios tiene el poder de quitarla cuando El así lo desee.

El quinto mandamiento dice "No matarás" (Exodo 20/13). Esto, por supuesto incluye el no quitarnos nuestra propia vida.

El suicidio es, a menudo, una expresión de desesperación e indica una pérdida de la esperanza. La persona que pierde completamente la esperanza usualmente es porque no le está dando cabida a Dios en su vida.

El que tiene fe en el Señor y lo busca para sentirse más cerca de El, podrá pasar por situaciones muy difíciles que tal vez lo lleven a la depresión, a la desilusión y al abatimiento moral y espiritual, pero nunca determinará irrevocablemente que su vida no tiene sentido y que, por lo tanto, es mejor quitársela.

¿Qué podemos esperar para los que destruyen su propia vida? Sólo Dios lo sabe. Sabemos que Dios es Amor. Que El nos ama a cada uno de nosotros con un amor especial que no conoce ni límites ni fronteras. Sabemos también que Dios, como Padre y Creador amante, luchará hasta el último de nuestros suspiros para que, apartándonos del mal, nos podamos entregar a El y sólo a El completamente y para toda una eternidad.

P. Padre Pedro
¿Perdona Dios a una persona que se suicida?

Ofelia

R. Estimada Ofelia

Ya respondimos en nuestro buzón en más de una ocasión preguntas relacionadas con la tragedia del suicidio. Sólo podemos señalar que el suicidio aparentemente es el pecado más definitivo contra la esperanza. Es un decirle a Dios que nuestra vida ha perdido su sentido de una manera tan radical que la única respuesta lógica es su terminación. Es decirle a Dios que todas esas promesas corroboradas con la vida y la muerte de Jesús y sancionadas de manera definitiva en su resurrección no se aplican a mí.

Sin embargo, hay en todo suicidio un aspecto que nos alude a nosotros y sólo es conocido por Dios.

Primero, ¿hasta qué punto está consciente el suicida de su negación rotunda de Dios al quitarse la vida? ¿Está consciente de que está rechazando el don más generoso de Dios? ¿Sabe que destruye lo que en realidad no es suyo? Si el suicida está plenamente consciente de estos factores en el momento que toma una decisión tan inhumana, su pecado es serio. Honestamente, dudo que haya alguien que en un momento de desesperación como es el del suicidio tenga la claridad mental y el equilibrio emocional para contemplar estas distinciones.

TENDENCIAS HOMOSEXUALES

P. Querido Padre
Acabo de cumplir 17 años y desde hace poco he descubierto que tengo tendencias homosexuales. ¿Qué puedo hacer para ser normal?

Preocupada

R. Estimada Preocupada

Empiezo por decirte que des gracias al Señor por hacerte consciente de que tienes un problema serio y porque es problema que te preocupa. Creo que tienes gran parte de la batalla ganada. Eres aún casi una niña con toda tu vida por delante. Con la ayuda del Señor, que no te faltará, y una decisión firme de no dejarte dominar por una tendencia que sabes te podría llevar a una vida desdichada, a una vida de pecado, ten la seguridad de que serás tú la que eliminarás o por lo menos controlarás, esa desviación con el poder de Cristo.

No soy sicólogo y, es posible que, si esa inclinación se hace fuerte, necesites la ayuda profesional de uno, pero lo primero que puedo decirte es que una tendencia no pasa de tendencia mientras no se le permita arrastrarnos por el camino al que ella nos quiera llevar, pero por el que no queremos ir. Una tendencia en sí no es mala, no es pecado. Yo puedo tener tendencias a robar, a mentir, a ser haragán, a ser violento. ¿Me hace eso un ladrón? ¿un mentiroso? ¿un vago? un pendenciero?

Lo importante es que sea yo, y no algo en mí que detesto, lo que lleve las riendas de mi vida. Flaquear y condescender una vez es dar paso a que lo que sólo es eso, una inclinación de mi naturaleza, se convierta en un hábito. ¡Y un mal hábito, como la yerba mala, sí es difícil de desarraigar! Lo vemos con los fumadores, los bebedores.

Anónima, no te dejes dominar por un aspecto de tu personalidad que te repugna y te preocupa. De nuevo, es posible que auxilio profesional te ayude a descubrir las raíces de tu problema y a solucionarlo. Si así lo decides, asegúrate de que es un verdadero profesional católico, que entiende con claridad que soluciones fáciles que van en contra de Dios no son soluciones. Una que Cristo nos promete y que jamás falla es la de la oración. Oración sin desesperación ni rencor "¿Por qué soy así? ¿No entiendo por qué lo soy?" Sino oración transida de fe. Oración convencida de que, si la confianza en el Señor pudo curar leprosos, ciegos, inválidos y aun resucitó muertos, será capaz de enderezar o ayudarte a dominar lo que te puede llevar al pecado.

VIDEOS, NIÑOS Y VIOLENCIA

P. Apreciado Padre
¿Es cierto que los juegos de video desarrollan la violencia en los niños?

Alberto Jiménez
R. Estimado Alberto

De acuerdo a la experiencia que yo he tenido con familias que tienen estos juegos conectados al televisor de sus casas, le puedo asegurar que sí desarrollan la violencia en los niños.

La mayoría de estos juegos compensan al jugador con puntos, de acuerdo a la cantidad de enemigos que pueda comer o destruir el muñequito que lo representa. He visto que, sobre todo, cuando dos muchachos están compitiendo para ver quien come o destruye más, la identificación entre ellos y sus muñequitos es tan grande que algunos llegan a sentir hasta dolores físicos cuando sus personajes son destruídos por los enemigos.

Hay algunos juegos de video, como los de deporte...tenis, basket-ball, etc. que son mucho más aconsejables, especialmente para los niños, si uno de los objetivos del juego es ayudarles a alcanzar una mejor coordinación de sus reflejos.

El problema que yo veo, en todos los juegos de video, y en esto no hago excepción, es que crea un aislamiento familiar, del cual muchos no están conscientes, especialmente, cuando los muchachos juegan solos, sin sus padres.

Otro de los problemas grandes que yo veo con esos juegos son las famosas "Arcades" o lugares de juego para jóvenes donde los videos son populares.

Desafortunadamente, y de acuerdo con estadísticas policíacas, es precisamente en esos lugares donde más abunda el tráfico de drogas. Dado todo ésto, sólo me resta aconsejarle a usted, Alberto, al igual que a todos los padres de familia que tengan cuidado con los juegos con que juegan sus muchachos.

Finalmente, los adultos tenemos el deber de "formar" a nuestros niños para un mundo de paz y justicia. Desafortunadamente, el propósito de la mayoría de estos juegos es "destruir al contrincante." Aceptamos de esa manera que sean violentos y desconfiados, que aprendan a buscar las venganzas, a matar la conciencia a través de la competencia.

Ingenuamente, o más bien diría, inconscientemente, preparamos indebidamente a quienes manejarán el mundo del mañana, entrenándolos para la guerra y no para el amor.

Pequeñeces como éstas son las que nos cuestionan si el mundo está edificando el reino de Dios o el reino del mal.

CAPÍTULO XI

La Iglesia
Católica e Iglesias
Protestantes

BAUTIZADO EN VARIAS IGLESIAS

P. Estimado Padre Pedro
Fui primeramente bautizado en la Iglesia Metodista y más adelante me volvieron a bautizar en la Iglesia Bautista. ¿Hay delito o pecado en este doble bautizo? ¿Lo reconoce la Iglesia Católica?

José Luis Lobo

R. Estimado José Luis
Imagino que su segundo "bautizo" fue un requisito exigido por el ministro Bautista, probablemente porque usted había sido bautizado en la iglesia Metodista cuando niño.

Es de nuestro conocimiento que los Bautistas consideran inválido un bautizo de niño porque ellos creen que para que el sacramento sea activo y operante la persona ha de ser adulta para tener plena conciencia de su fe. Sin embargo, la Iglesia Católica jamás se ha unido a tal teoría porque sería como creer que la acción de Dios depende de nosotros y no de El. El bautismo infantil tiene el poder de trasmitir la vida de Dios y también comunica la gracia que hace posible la amistad entre Dios y el niño. Tan grande es el poder amoroso de Dios que El llama a una persona desde niño y en este caso, la fe que se necesita para recibir el sacramento sería la fe de los padres y padrinos, quienes tienen la responsabilidad de educar al niño en la fe, una fe que el niño irá reclamando al ir madurando.

La Iglesia Católica reconoce el bautismo por otras religiones y no es correcto repetir el sacramento porque tal repetición es una negación de la efectividad de la gracia de Dios. En circunstancias dudosas o sea, cuando no hay seguridad de haber sido bautizado, la Iglesia administra un "bautismo condicionado."

En su caso particular, no creo que haya cometido pecado grave, ya que especifica en su carta que solamente quería hacer lo correcto y no tenía conocimiento de las implicaciones.

CADA VEZ MENOS MONJAS

P. Padre Pedro
Cada vez veo menos monjas. ¿Será que ya no se visten como religiosas o que las órdenes religiosas están desapareciendo? ¿Qué actitud toma nuestra Iglesia ante esas fallas?

Graciela Medina

R. Estimada Graciela

La Iglesia tiene en alta estima la presencia de mujeres consagradas y comprometidas en la obediencia y en la pobreza Cristiana. Son mujeres cuyas vidas comunican continuamente el mensaje del amor de Dios a tanto ser humano necesitado.

En carta dirigida a los obispos Americanos, el Papa Juan Pablo II expresa su inquietud por el cuidado pastoral que los Religiosos necesitan. Señala que la vocación es un regalo precioso de Dios para beneficiar a la Iglesia local y mundial, y que es responsabilidad nuestra la de agradecer y velar para que en tales vidas sobre salgan siempre los elementos básicos, consagración a Jesucristo, trabajos apostólicos, oración personal y litúrgica, testimonio público, don de gobierno y autoridad basados en la fe y una relación especial con la Iglesia. Sin embargo, la práctica de tales elementos es diferente según la orden religiosa.

En cuanto a la manera de vestir, aunque existen reglamentos que especifican: "los religiosos han de usar el hábito de su congregación como signo de consagración y testimonio de pobreza", en la actualidad hay grupos de Hermanas que conservan su hábito tradicional (o parecido), mientras otras órdenes se han vuelto flexibles en cuanto al color, estilo y diferencias en el vestir.

No compete a nosotros el emitir juicios en cuanto a las apariencias y diferencias en el vestir, sino más bien pedir y dar gracias a Dios por tantos hombres y mujeres que a través de los tiempos van dando una respuesta al llamado de Dios, disponiéndose a que a través de la entrega de sus vidas, El los vaya haciendo pacientes y humildes en el servicio.

CASARSE CON UN MORMÓN

P. Querido Padre Pedro
Mi hija se va a casar en un templo de Mormones. No puedo expresar el dolor que siento al verla abandonar nuestra Iglesia Católica. ¿Podría usted aconsejarme?

Lorena
New Jersey

R. Estimada Lorena

En ninguna parte de su carta indica usted que su hija este "optando por abandonar la Iglesia Católica", ya que aunque ella ha escogido contraer matrimonio fuera de la ley de la Iglesia, no quiere decir que esté pensando abandonarla. En todo caso, si ella ya decidió abandonar la Iglesia, no se unirá por los lazos Católicos de matrimonio, Y no pretendo minimizar el dolor y tragedia que este hecho involucra, ya que su propio dolor apenas refleja su propio compromiso Católico, pero sí hemos de tener cuidado al aclarar las cosas.

¿Qué consejos puedo darle? Ante todo, trasmita sus convicciones con firmeza pero también con amor, explique las razones por las que mantiene y se aferra a su posición. Segundo, no asista a la ceremonia ni a la recepción, explíquele a su hija de antemano que el hacerlo iría en contra de su conciencia Católica. Tercero, ore diariamente por ella, y hágale saber a su hija que está pidiendo a Dios por ella. Cuarto, exprese mucha caridad Cristiana hacia su hija y hacia su nueva familia, manteniendo abiertas las líneas de comunicación. Quinto, de vez en cuando, aborde el tema de la posibilidad de hacer válido su matrimonio en la Iglesia Católica. Y por favor esté consciente de que en estos consejos asumo que ella no ha abandonado la Iglesia. En el caso que ella sí haya optado por abandonar la Iglesia, pida mucho en oración para que ella regrese a la Fe verdadera, y procure hablarle al respecto de vez en cuando y en forma discreta.

CALIFICATIVOS PARA CATÓLICOS QUE NO PRACTICAN

P. Estimado Padre Pedro
Aprovechando la presente quiero hacerle la siguiente pregunta, ¿Tiene la Iglesia en la actualidad algún calificativo o nombre para aquellas personas que dicen ser católicas pero no practican la religión, ni van a Misa frecuentemente, ni tampoco leen la Biblia?

Un preocupado

R. Estimado amigo preocupado

La Iglesia tiene muchos nombres para calificar la actitud indiferente de muchos de sus miembros. Nombres como "católicos-pasivos," "católicos a medias," o "católicos a su manera" son los que, tal vez, se escuchan con más frecuencia.

La pasividad o la indiferencia de estos miembros de la Iglesia es una cosa que hace mucho daño a la comunidad creyente en general, ya que, con esa actitud fría, no sólo dan un testimonio muy pobre de su fe a los demás miembros, sino también hacen quedar mal a la Iglesia ante otras personas que, porque no conocen o porque quieren hacer daño llegan a la conclusión de que en la Iglesia Católica cada cual hace lo que mejor le venga en gana.

La Biblia, en la que el mismo Dios habla a sus hijos a través de personas escogidas por El, nos insiste en un sinnúmero de pasajes que, como creyentes, tenemos la obligación de poner a Dios como lo más importante de nuestra vida. De no hacerlo, tendremos que atenernos a las consecuencias.

Bien lo reafirma el Señor Jesús cuando insiste en que no podemos tener a dos señores, es decir, Dios y el demonio. O estamos con uno o con el otro. (Lc. 11.23).

Por lo tanto, Dios no quiere católicos a medias. El Señor no quiere católicos pasivos o de acuerdo a la manera que a ellos les convenga. Por el contrario, el Señor quiere católicos comprometidos de lleno con El y con nuestros hermanos los hombres.

P. Estimado Padre
¿Puede una persona decir que no es Católica habiéndose bautizado en la religión católica? Esta persona dice no tener ninguna religión.

Preocupada

R. Estimada Preocupada

La respuesta a su pregunta puede resultar ambigua o un escape...pero la realidad es que es a la vez un "si" y un "no".

El sacramento del bautismo hizo a esa persona miembro del Cuerpo de Cristo (la Iglesia) para siempre. Por el bautismo somos hechos hijos de Dios, participantes de la vida divina.

De la misma manera que nuestros padres nos engendraron a la naturaleza humana, el bautismo nos ha engendrado a la vida de nuestro Padre Dios.

¿Podemos morir a esa vida? Por desgracia, el pecado causa esa muerte. Como hay seres humanos que con sus acciones destruyen su humanidad, sin dejar de ser hermanos, también hay cristianos que renuncian con sus acciones a la vida dada por Dios, sin dejar de ser hijos de Dios.

¿No siguen siendo hijos nuestros aunque su manera de actuar sea una afrenta para nuestra paternidad? ¿Aunque no nos quede más remedio que, con dolor, desheredarlos?

La persona de quien me escribe, estimada amiga, es y no es Católica. Recibió en su bautizo un sello indeleble que lo hará por siempre hijo o hija de Dios. El que haya renunciado a esa filiación es digno de lástima.

Nuestra esperanza por esta persona es que Dios, como los padres humanos hacen por sus hijos descarriados, lo seguirá tocando para que vuelva a reconocerle a El como Padre que le ama y de nuevo llegue a sentir el deseo de abrazar la fe.

CATÓLICOS UNA VEZ AL AÑO

P. Recordado Padre
*Conozco a una persona que
se confiesa y comulga sólo
una vez al año para satisfacer
las obligaciones de Pascua.
¿Está ella actuando correctamente?*

Juan Sotomayor

R. Estimado Juan

Creo que esa persona no ha
alcanzado a entender que, si
Jesús nos dejó estos dos
sacramentos, es para que
hagamos uso de ellos y no
para que nos mantengamos
apartados de ellos a una distancia kilométrica.

De acuerdo con la mentalidad actual de la Iglesia, tiene muy poco sentido el que vayamos a misa y no comulguemos. Es algo así como si asistiéramos a un banquete, pero no comiéramos.

La misa es el banquete del Señor. Es El quien nos invita a Su mesa, a Su altar. Es El, a través del sacerdote, quien nos da de comer. Y la comida que El nos da en cada misa no es cualquier cosa, como algunos dan a sus invitados para salir del paso. Jesús nos da la mejor comida..Su propio cuerpo y Su propia sangre para que comiéndole a El, lleguemos a ser como El.

Con el sacramento de la reconciliación (la confesión), sucede algo por el estilo. Jesús, en la persona del sacerdote, nos espera para sanar todas las heridas que hemos recibido a causa del pecado. Es El quien, a través de la confesión, nos libera de todas las ataduras del Maligno, y reconciliándonos con Su Comunidad, la Iglesia, y con nuestro Padre Dios, nos muestra la magnitud del amor con que nos ama. Amor que nos da vida y nos ayuda a ser más como El.

Muchas veces hacemos las cosas por tradición. Tal vez los padres y abuelos de esta persona hacían lo mismo, Comulgaban y se confesaban una vez por año. Desafortunadamente, cuando vivimos nuestro cristianismo sólo por tradición estamos en peligro de padecer de una ignorancia tan aguda que, como dice San Pablo, cualquier viento o cualquier oleaje de doctrina nos pueden sacar del camino que el Señor nos ha trazado.

Dios permita que usted sienta el deseo de instruirla y ayudarla a conocer con más profundidad la fe católica que ella dice profesar. Así, no sólo ella podrá construir su fe sobre la roca sólida de la Palabra de Dios que nos viene a través de Su Iglesia, sino que también usted se sentirá más firme en su fe a medida que sea capaz de compartirla con un semejante.

CELIBATO IMPUESTO

P. Querido Padre
Quisiera que usted me explicara la razón que tiene la Iglesia para imponer el celibato a los sacerdotes y religiosos. Si Dios creó el matrimonio y lo santificó en las Bodas de Caná (Juan 2), ¿Por qué es que entonces los sacerdotes y religiosos no pueden casarse? Gracias por su interés al respecto.

José

R. Estimado José

Para la Iglesia el matrimonio es una de las cosas más sublimes. Es tan importante y tan sagrado que lo considera un sacramento, o sea un medio a través del cual la pareja encuentra al mismo Dios a través de esa relación íntima y amorosa que debe existir entre el esposo y la esposa. Sin embargo, la Iglesia también proclama que el mantenerse célibe o virgen, es al igual que el matrimonio, de suma importancia y está de acuerdo con las directrices de la Palabra de Dios, o sea, la Biblia. La persona que no se casa para de esa forma poderse consagrar a Dios hace muy bien, según San Pablo: "El hombre que se queda sin casarse se preocupa de las cosas del Señor y de cómo agradar al Señor. Al contrario, el que está casado, se preocupa de las cosas del mundo y de agradar a su esposa, y está dividido. Así también la mujer soltera y la que se queda virgen se preocupa del servicio del Señor, y le consagra su cuerpo y su espíritu. Al contrario, la casada se preocupa por las cosas del mundo y tiene que agradar a su esposo" (I Corintios 7. 25-40). Es por eso, José, que para podernos consagrar completamente al servicio del Señor, los sacerdotes y religiosos no nos casamos.

¿CÓMO LLEGA UNA PERSONA A SER CARDENAL?

P. Estimado Padre
Soy nicaragüense y me siento muy orgulloso de que uno de los nuestros haya sido nombrado Cardenal de la Iglesia. ¿Cómo llega una persona a ser cardenal?

Interesado

R. Estimado Interesado

También los no-nicaragüenses nos sentimos orgullosos del nombramiento del Cardenal Obando al Colegio Cardenalicio.

Su ejemplo de fe y valentía inquebrantables en medio de la adversidad le han más que merecido la confianza del Santo Padre y nuestra admiración.

¿Cómo llega una persona a ser Cardenal? Es el Papa el que lo decide. Hay ciertas diócesis, ordinariamente claves en el gobierno de la Iglesia, en las que tradicionalmente su Obispo es nombrado Cardenal. Otros nombramientos indican méritos especiales y el grado de confianza que el Santo Padre ha depositado en esos hombres.
El Colegio de Cardenales — como su nombre lo indica — son los "goznes," los "Quicios" sobre los que se apoyan las puertas de la Iglesia. Los Cardenales son hombres escogidos por el Papa por su sabiduría y experiencia, tanto pastoral como en otras áreas, para que lo asesoren en su tarea única de Pastor de la Iglesia Universal.

Son los consejeros — además de los Obispos como cabezas de sus respectivas diócesis — que mantienen al Santo Padre en constante contacto con el pulsar y el latir de nuestra iglesia que es un solo cuerpo pero con miembros en todas las partes del mundo.

En algunas de esas partes los problemas son especialmente difíciles y el consejo de hombres sabios y santos, como el Cardenal Obando, es imprescindible en las decisiones del Santo Padre.

¿CÓMO SABEMOS QUE LA IGLESIA CATÓLICA ES LA VERDADERA?

P. Apreciado Padre
¿Cómo sabemos que la Iglesia Católica es la verdadera?

José Angel Lazo

R. Estimado José Angel

Todas las Iglesias, no importa la denominación, son partícipes de la Verdad siempre y cuando acepten y prediquen a Cristo.

Sin embargo, afirmamos que la única Iglesia que Jesús funda es la compuesta por los hombres a los que El escoge y llama para que lo sigan. A su cabeza Jesús pone a Pedro, como piedra angular (Mt. 16. 13-20).

Los Hechos de los Apóstoles muestran claramente que los discípulos del Señor aceptaban a Pedro como su cabeza una vez que Jesús dejó de estar fisicamente con ellos.

Estos hombres, como vemos también en los Hechos de los Apóstoles, van por todo el mundo conocido formando comunidades de creyentes, Iglesias. Ya, por lo tanto, no son doce sino que llegan a ser miles y miles de personas de distintas razas, nacionalidades e idiomas. Empieza a ser llamada "Católica," es decir, UNIVERSAL.

Pero a pesar de sus diferencias todos están unidos por su fidelidad al evangelio tal y como les ha sido trasmitido por los Apóstoles y por sus sucesores legítimos, los Obispos que "supervisan" (eso quiere decir la palabra Obispo, "supervisores") las Comunidades y les indican el camino como legítimos "Pastores."

Son los Obispos los que tienen la responsabilidad de corregir y aun condenar las desviaciones del evangelio que van apareciendo en distintas Comunidades.

José Angel, Hay evidencia histórica incontrovertible de que sólo la Iglesia Católica, a pesar de sus debilidades y faltas a lo largo de su historia ininterrumpida de 20 siglos ha conservado la sucesión Apostólica. Es decir, es la única en la que sus Obispos, a cuya cabeza está el Obispo de Roma, el Papa, son en verdad los sucesores legítimos de Pedro y los Apóstoles. Es, en realidad, la Iglesia fundada por Jesús. Desde luego, es imposible ofrecer esa evidencia en el corto espacio de que disponemos.

La Iglesia Católica es, pues, la única Iglesia que el Señor Jesús funda. Las demás iglesias se han desprendido de ella y todas, sin excepción, han sido fundadas por hombres y no por Cristo.

P. Padre Pedro
¿Es la Iglesia Católica la verdadera Iglesia de Jesucristo?

Gerardo

R. Estimado Gerardo

Sí, creemos y enseñamos que la Iglesia Católica es la verdadera Iglesia de Jesucristo. La base de nuestra fe viene de la palabra de Dios. Existen ciertas señales dadas por la Biblia como marcas de identificación de la Iglesia fundada por Jesucristo. Están resumidas en el Credo que recitamos todos los Domingos, "Creemos en la Iglesia que es una, santa, católica y apostólica."

La primera señal es la unidad, llave de la verdadera Iglesia. En el Evangelio de San Juan, capítulo 10, versículo 16, Jesús dijo, "Un sólo rebaño y un sólo pastor. " Más adelante, en el Evangelio de San Juan, capítulo 17, versículo 21, Jesús ora al Padre, "Que todos sean uno como Tú, Padre estás en Mí y yo en Ti, a fin de que también ellos sean uno en nosotros, para que el mundo crea que eres Tú el que me enviaste." San Pablo declara la señal de unidad para la Iglesia cuando proclama en Efesios, capítulo 4, versículo 4, "Uno es el cuerpo y uno el Espíritu... Uno el Señor, una sóla fe, un bautismo, un solo Dios y Padre de todos."

La segunda marca de identidad es la santidad. La verdadera Iglesia de Jesús es santa por el Espíritu Santo enviado por el Padre que la guía y santifica. Jesús dijo en San Juan, capítulo 14, versículo 26, "El Paráclito, el Espíritu Santo, que el Padre enviará en mi nombre, les enseñará todo, y les recordará todo lo que yo les he dicho." El

Apóstol Pedro exhorta en su Primera Carta, capítulo 1, versículo 15, "Conforme al que los llamó, que es Santo, sean también ustedes santos en toda conducta." Y San Pablo, en su carta a los Gálatas, capítulo 6, versículo 25, nos da la fuente de nuestra santidad, "si vivimos por el espíritu, dejémonos conducir por el espíritu "

Tercero, La verdadera Iglesia de Jesús es también católica y universal. En el Evangelio de San Mateo, capítulo 28, versículo 18, Jesús lo expresó claramente, "Toda autoridad me ha sido dada en los cielos y en la tierra, vayan, pues, y hagan discípulos de todas las naciones. Bautícenlos en el Nombre del Padre, y del Hijo, y del Espíritu Santo, enseñándoles a cumplir todo lo que les he mandado. Y miren que yo estoy con ustedes todos los días, hasta el fin del mundo."

Cuando examinamos la Iglesia primitiva, tal como aparece en tiempos de los Apóstoles, encontramos todas estas cualidades en ella. Una, y solamente una existe actualmente que presenta estos cuatro signos. Esta es la Iglesia Católica. Una sola Iglesia histórica puede estar en línea con la autoridad, culto, creencia y estilo de vida con la época apostólica. Una sola Iglesia tiene una línea sucesiva a través de los Papas, -Obispos de Roma junto con los otros obispos-, con Pedro y los Apóstoles. Sólo una Iglesia tiene carácter universal, enseñando todo lo que Jesús enseñó a todos los pueblos de todos los tiempos. Esa Iglesia es la Iglesia Católica.

Pero al reclamar esta autenticidad, la Iglesia Católica "evade todo sentimiento de superioridad. Al verse santa por el Espíritu santificante de Cristo que está en ella, reconoce que en su humanidad -así como sus doce primeros miembros-, es pecadora, peregrina, pobre y en necesidad de ser constantemente purificada y renovada."

CONCILIOS

P. Padre Pedro
Hace poco leí que el Concilio Vaticano II fue el primer concilio ecuménico. Entiendo que hubo muchos anteriormente. ¿Podría usted aclararme lo que ese escritor quería decir?

Jorge Marín

R. Estimado Jorge

Ciertamente, hubo muchos concilios ecuménicos antes del Concilio

Vaticano II. También es cierto -para ser geográfica y numéricamente literal- que en realidad no fueron ecuménicos mundialmente. Posiblemente, el concilio más significativo de nuestros tiempos -por lo menos en su influencia sobre la fe y la vida Católica- fue el Concilio de Trento, el cual comenzó en el año 1545, después de 8 años de trabajo preparatorio intensivo, con solamente 25 obispos y cuatro cardenales en la Misa de apertura. Con 25 diferentes sesiones y arrastrándose por 19 años, jamás gozó -por razones tanto políticas como religiosas- de la presencia de más que una pequeña minoría elegida.

La apertura del Concilio Vaticano Primero fue en 1869, con la asistencia de alrededor de 700 obispos (elegidos entre 1,050), siendo 500 de ellos de procedencia Europea. En algunas de las sesiones, solamente cerca de 100 obispos estuvieron presentes.

A Vaticano Segundo, sin embargo, cerca de 2,900 obispos y prelados fueron invitados. Más de 2,500 de ellos asistieron a su apertura en 1961 y 2,400 a su cierre en 1965. Basado en números y en áreas del mundo representado, fue en realidad el concilio más "ecuménico" de la historia.

No son, sin embargo, hechos númericos ni geográficos los que hacen un concilio ecuménico. Los otros concilios fueron ecuménicos en que los acuerdos fueron al menos aceptados y aprobados por el Obispo de Roma, y aplicados a toda la Iglesia.

CREENCIAS BÁSICAS DE LA IGLESIA

P. Querido Padre
¿Cuáles son las creencias básicas de la Iglesia Católica?

José Guadalupe

R. Estimado José Guadalupe

La Iglesia Católica profesa 12 artículos de fe que son básicos. Por su importancia nosotros los Católicos los afirmamos todos los domingos cuando recitamos el Credo, oración conocida también por el Credo de los Apóstoles, ya que ahí se encuentra el resumen de las doctrinas enseñadas por los Apóstoles, quienes fueron instruidos por el mismo Jesucristo.

Estos artículos de fe pueden ser claramente enumerados.

1. -*Creemos en un solo Dios, Padre Todopoderoso, Creador de Cielo y tierra. En otras palabras, creemos que El y sólo El es Dios.*

2. -*Creemos en un solo Señor Jesucristo, Hijo Unico de Dios. Cuando decimos que creemos en Jesucristo, estamos diciendo también que creemos en el estilo de vida que El nos presenta y que estamos dispuestos a comprometernos a seguir el camino que El nos muestra.*

3. -*Creemos que Jesucristo fue concebido por el Espíritu Santo, y que nació de María la Virgen. Creemos, en otras palabras, que a través del "Sí" de María, Dios obra en Ella y Ella engendra al Salvador sin haber tenido relación con ningún hombre.*

4. -*Creemos que Jesucristo padeció bajo el poder de Poncio Pilato, fue crucificado, muerto y sepultado.*

5. -*Creemos que Jesucristo descendió a los infiernos y al tercer día, resucitó. Para los judíos había dos clases de infiernos. El primero "Seol" era el lugar de los justos que esperaban ser redimidos. El segundo "Gehenna" es a lo que nosotros llamamos infierno. Jesús se hizo presente a los justos que esperaban al Redentor. De esa forma, El se hace puente que va a unir por siempre a la criatura con su Creador.*

6. -*Creemos que Jesucristo subió al Cielo y está sentado a la derecha del Padre, Dios Todopoderoso. Jesús está con el Padre ya que, como dice San Pablo, El y el Padre son la misma Persona.*

7. -*Creemos que Jesucristo vendrá a Juzgar a vivos y muertos. Creemos que nuestras actitudes serán juzgadas según la palabra que El nos ha comunicado.*

8. -*Creemos en el Espíritu Santo.* Espíritu del amor de Dios que nos guía y nos hace santos.

9. -*Creemos en la Santa Iglesia Católica, la Comunión de los Santos.* Es decir, creemos que Jesús vino a fundar una comunidad universal, unida íntimamente a través de sus miembros que son los santos, o mejor dicho, los que se han consagrado a Cristo y a través de Cristo, a todos los hermanos.

10. -*Creemos en el perdón de los pecados.* Hemos nacido bajo el pecado, y porque estamos debilitados por el pecado, pecamos. Dios, porque nos ama, no sólo nos perdona, sino que nos da la fuerza para no pecar más.

11. -*Creemos en la resurrección de los muertos.* Como dice San Pablo, "Si hemos muerto con Cristo (al pecado), creemos también que viviremos con El" (rom. 6.9).

12. -*Creemos en la vida sin fin.* Es decir en esa vida en que estaremos en unidad con Dios para siempre, a la que llamamos el Cielo.

El próximo domingo, cuando recite el Credo en la Misa, recuerde que es en esa oración a través de la cual tanto usted, como todos los católicos del mundo, reafirmamos una vez más los puntos básicos de nuestra fe.

¿CUAL ES LA FUNCIÓN DEL PAPA?

P. ¿Cuál es la función del Papa en la Iglesia Católica?

Rogelio Perales

R. Estimado Rogelio

La palabra "Papa" proviene originalmente de la palabra "padre," la cual se usa para describir al director espiritual de la Iglesia.

La Iglesia cree que Jesús dió a Pedro la autoridad de hablar y actuar en Su nombre cuando le dijo, "Y ahora, yo te digo, Tú eres Pedro (o sea Piedra) y sobre esta piedra edificaré mi Iglesia que los poderes del infierno no podrán vencer. Yo te daré las llaves del Reino de los Cielos, todo lo que ates en la tierra será atado en el Cielo y todo lo que dasates en la tierra, será desatado en el Cielo" (Mateo 16. 18-19).

Es importante recordar aquí que "la llave" es el símbolo tradicional de autoridad para abrir y para cerrar.

La autoridad que Jesús da a Pedro, se confirma después de la resurrección cuando, reunido con los demás discípulos, le pregunta: "Pedro, ¿me amas más que éstos?" Y después que Pedro responde afirmativamente, Jesús le repite enfáticamente: "Apacienta mis ovejas."

Esta responsabilidad de honor y autoridad dada por Jesús a Pedro, fue reconocida por los primeros cristianos. Por ejemplo, Pedro preside la comunidad cristiana cuando Matías es elegido para tomar el lugar de Judas. Pedro defiende a la Iglesia ante el Sanedrín, o sea, la corte judía. Y es Pedro quien actúa como presidente del primer Concilio que la Iglesia primitiva efectúa en Jerusalén.

Ese poder y autoridad que Jesús confirma a Pedro no era solamente para Pedro ya que la Iglesia no moriría con la muerte de Pedro, sino que habría de continuar hasta el fin de los tiempos. Por eso, los cristianos, de la misma manera que eligieron nuevos apóstoles, como en el caso de Matías, comprendieron también que tenían que elegir sucesores de Pedro que, con la misma autoridad de Jesús fueran capaces de guiar la Iglesia, como cabeza visible de Cristo, aquí en la tierra.

P. Estimado Padre Pedro
¿Podría usted explicarme cuál es el rol del Papa en la Iglesia?

Miguel Planas

R. Estimado Miguel

La función del Papa en la Iglesia es el de líder espiritual de la misma. La palabra Papa se deriva del término "Padre". Se escogió este vocablo para describir su función de liderazgo espiritual. La posición del Papa y su función específica se pueden comprender mejor a través de la Palabra de Dios. Ha sido siempre la enseñanza de la Iglesia que al apóstol Pedro se le dió una posición de autoridad entre los apóstoles. Esta afirmación se basa en varios pasajes de la Escritura. Por ejemplo, cada vez que los evangelios nos dan la lista de los doce apóstoles, el primer nombre que aparece es el de San Pedro, aunque él no fue el primero en seguir a Cristo.

Y en Mateo 16.13 vemos cómo Jesús escogió a Pedro como Jefe de su Iglesia en respuesta a la Confesión de Fe que éste último hizo.

A la pregunta "Quién dicen los hombres que soy yo?" Pedro contestó, "Tú eres el Mesías, el Hijo de Dios vivo." "Bienaventurado eres, Simón, hijo de Juan, porque nadie te ha revelado esto, sino mi Padre del Cielo", le dijo Jesús, y continuó con las solemnes palabras, "Yo, por mi parte, te digo que tú eres "ROCA" y en esa ROCA edificaré mi Iglesia, y las puertas del infierno no prevalecerán contra ella. A ti te daré las llaves del Reino de los Cielos y lo que ates en la tierra será atado en los Cielos, lo que desates en la tierra será desatado en los Cielos."

La Iglesia sostiene que Cristo le dió a Pedro la autoridad de hablar y actuar en el nombre de Jesús. Es importante señalar que la palabra "LLAVES" usada por Jesús es el símbolo tradicional de autoridad, que significa el poder de abrir y cerrar.

Jesús vuelve a recalcar más adelante la posición de autoridad de Pedro sobre todos los demás apóstoles al predecir, durante la última cena la triple negación de Pedro. Leemos en Lucas 22. 32, "Yo he rogado por tí, para que tu FE no vuelva a decaer. Tú, por tu parte, confirma a tus hermanos en la FE."

Finalmente recordemos el pasaje de la aparición de Cristo resucitado junto al lago de Genezaret. En esa ocasión, Jesús confirmó a Pedro en la misión de PASTOR SUPREMO que antes le había encomendado. Le preguntó tres veces, "Pedro, ¿me amas más que estos?" Cada una de las veces en que Pedro contestó afirmativamente Jesús concluyó diciendo, "Alimenta a mis ovejas. Alimenta a mis corderos." ¿A qué ovejas? ¿A qué corderos? Pues, definitivamente, a todo aquél que forma parte de la Iglesia.

¿CUANTOS PAPAS HAN HABIDO?

P. Estimado Padre

¿Cuántos papas han habido desde San Pedro?

Ana Beaumont

R. Estimada Ana

En total son 262 los papas que han guiado la Iglesia desde San Pedro. San Pedro, el primer papa, recibió del mismo Jesucristo la orden de ser la cabeza visible de su rebaño.

"...Y yo te digo que tú eres Pedro y sobre esta piedra edificaré mi Iglesia y los poderes del infierno no prevalecerán contra ella. Y Yo te daré las llaves del reino de los cielos. Todo lo que ates sobre la tierra será atado en el cielo y lo que desates en la tierra quedará desatado en el cielo" (Mateo 16. 18-19).

Pedro residió primero en Antioquía, después se fue a Roma donde, después de unos 25 años de apostolado, sufrió el martirio con San Pablo en la persecución de Nerón, probablemente hacia el año 67 de nuestra era.

Fue sepultado en Roma, pero hacia el año 258, durante la persecución de Valeriano, sus restos fueron llevados a las catacumbas. Se cree que más tarde, en el tiempo de Constantino, sus restos regresaron de nuevo a su sepulcro original, sobre el cual se edificó la Basílica de San Pedro, la Iglesia más grande de la cristiandad.

Al morir Pedro, su sucesor fue San Lino, quien pastoreó a la Iglesia desde alrededor del año 67 hasta el año 76. Cada vez que moría un papa, la comunidad elegía y ordenaba a su sucesor para que el mandato de Cristo de edificar su Iglesia se cumpliera hasta el fin de los tiempos.

El tercer papa fue Anacleto. A él le siguieron Clemente I, Víctor I, Ceferino, Calixto I, Evaristo, Alejandro I, Sixto I, Urbano I, Ponciano, Antero, Telesfor, Higinio, Pío I, Fabián, Cornelio, Lucio I, Aniceto, Sotero, Eleuterio, Esteban I, Sixto II, Dionisio, Félix I, Eutiquiano, Cayo, Siricio I, Anastasio I, Inocencio I, Marcelino, Marcelo I, y 229 otros hasta el presente papa, Karol Woytyla, quien asumió el nombre de Juan Pablo II.

El cardenal Wojtyla fue elegido Papa el 16 de octubre de 1978.

DEJÓ LA IGLESIA CATÓLICA

P. Querido Padre

Tengo una amiga que dejó la Iglesia Católica y se fue para otra porque dice que en nuestra Iglesia hay muchos problemas. ¿Qué piensa usted de eso?

Francisca López

R. Estimada Francisca

Es asombroso ver cómo las personas juegan con su salvación y con la salvación de los demás y dicen hacerlo en el nombre de Dios.

Aunque admiro otras tradiciones cristianas y estoy convencido que Dios también está en sus templos y entre sus comunidades, creo firmemente que Jesús, cuando vino a este mundo, fundó sólo una Iglesia, con San Pedro como cabeza visible de la nueva comunidad apostólica a quien Jesús mismo mandó al mundo a predicar, a enseñar todo lo que habían aprendido de El y a bautizar, es decir, a incorporar nuevos miembros a esta Comunidad, a esta Iglesia que nacía y que pronto, por su universalidad, se llegaría a conocer como "Católica."

Por eso San Pablo, en la carta que le escribe a los Efesios dice, sin lugar a que quepa la menor duda, "Uno es el Señor, una la fe, uno el bautismo" (Ef. 4.5)

Si una es la fe, entonces tiene que haber alguien que desde el principio en que esa fe se empieza a impartir, pueda enseñarla e interpretarla con la autoridad de Jesús. Esa autoridad de enseñar la doctrina de Jesús la tiene la Iglesia Católica. Si no fuera así, cada cual interpretaría las palabras y la doctrina de Jesús a su manera o conveniencia y de lo que El enseñó ya no quedaría ni la sombra.

Eso, desafortunadamente, es lo que sucede con tantas tradiciones cristianas. Existen tantas y hay tantas ideas diferentes que es muy difícil saber dónde está la verdad.

Si su amiga deja la Iglesia Católica, creo que está menospreciando la Iglesia que Jesús fundó para cambiarla por sabe Dios qué otra cosa.

El hecho de que cambie significa para mí dos acciones muy graves. Primero, puedo asegurarle que de la fe católica conoce muy poco, aunque haya nacido en el seno de un hogar católico. Segundo, creo que comete un grave error al pensar que en otro lugar va a encontrar una situación menos conflictiva o menos problemática. Los problemas no son necesariamente malos. Pueden, y de hecho son buenos, si los tomamos con una actitud positiva y con fe los enfrentamos para tratar de cambiar las situaciones según la voluntad de Dios.

Tenemos que estar conscientes, sin embargo, de que por mucho que queramos cambiar a los demás, lograremos muy poco, a no ser que primero estemos dispuestos a cambiar nuestras propias actitudes para que lleguen a estar más en armonía con las actitudes y el modo de pensar del mismo Jesús. Si así enfocáramos los problemas de todos los días, nuestra visión del mundo, de la Iglesia y de las personas cambiaría dramáticamente.

DE TURISMO POR LA IGLESIA

P. Estimado Padre

Al venir a Estados Unidos me di cuenta que en muchas Iglesias no católicas se predica a Jesucristo. ¿Por qué la Iglesia Católica nos invita a tener cuidado al ir a aquellas Iglesias?

Alcides López

R. Estimado Alcides

Debemos ser cuidadosos porque las Iglesias que no son Católicas se diferencian en algunos puntos doctrinales o morales y es ahí donde debemos estar atentos, para no confundirnos acerca de lo que debemos de hacer o creer.

Desde luego que las Iglesias no católicas tienen muchas cosas buenas, pero no pocas tienen ciertas desviaciones de la verdad que está en las Sagradas Escrituras. Algunas de estas Iglesias, como los testigos de Jehová y los Mormones terminan afirmando que Jesucristo es un hijo de Dios como lo somos todos nosotros, pero no el Hijo de Dios. En este caso, esas Iglesias simplemente no son cristianas. Además, si en nuestra Iglesia se conserva toda la verdad revelada, lo que debemos hacer es estudiar un poco más y aprovechar los grupos de estudio bíblico que hay en todas las parroquias para que nuestro conocimiento de la verdad sea cada vez más claro y podamos ayudar también a evangelizar, en lugar de estar de "turismo" por otras Iglesias.

DOCTRINA SOCIAL DE LA IGLESIA

P. Estimado Padre Pedro

Hoy día se habla mucho de "Doctrina Social Católica", y yo no recuerdo haber recibido nada de eso en mis clases de religión o de catecismo. Específicamente, ¿qué quiere decir?

Dora Pineda

R. Estimada Dora

La frase "Doctrina Social Católica" tiene que ver con la enseñanza oficial Católica que trata de asuntos "sociales" tales como la vida económica, los derechos y responsabilidades de propiedades privadas, sistemas políticos en relación al ciudadano, unión laboral, guerra y paz, y muchos más. Estas enseñanzas se han desarrollado a través de los siglos, pero las han acentuado los papas de los tiempos modernos.

El Papa Juan XXIII resumió las bases de este complejo cuerpo de doctrina en una de sus grandes encíclicas sociales, "Mater et Magistra". Señala primeramente el Papa que todo aspecto de vida económica de una nación se debe regular, no por "intereses individuales ni de grupo, ni por competencia irregular, despotismo económico, prestigio nacional o imperialismo, u otra meta por el estilo, sino que más bien, toda empresa económica ha de ser gobernada por los principios de la justicia social y de la caridad".

En segundo lugar, toda institución social (gubernamentales, con programas de beneficencia, cuerpos internacionales como las

Naciones Unidas, etc.) ha de tener como meta "alcanzar un orden jurídico nacional e internacional basado en la justicia social, con su cadena de instituciones públicas y privadas, en las cuales toda actividad económica pueda ser conducida no sólo para beneficio privado, sino también para el bien común" de todos los pueblos.

Los principios anteriormente expuestos pueden parecer simples o demasiado sencillos, pero la violación a ellos está en la raíz de casi todos los males de nuestro tiempo. Muchos documentos sociales de importancia han sido publicados por casi todos los Papas del siglo pasado, y por muchas conferencias nacionales de obispos, destacándose entre ellas "Paz en la Tierra" del Papa Juan XXIII (1963), "El Desarrollo de los Pueblos" del Papa Pablo VI (1967), y "En el Trabajo Humano" del Papa Juan Pablo II (1981).

EL NUEVO CATECISMO

P. Querido Padre Pedro
He oído hablar del Nuevo Catecismo Católico que recientemente sacó el Santo Padre y quisiera saber si nosotros los Católicos lo debemos conseguir o no, para conocer la doctrina de la Iglesia.

María A. Santos

R. Estimada María

El Nuevo Catecismo Católico que publicó Juan Pablo II, es un catecismo especialmente dirigido a los Obispos, para que ellos sepan qué enseñar a los fieles. El propósito del Papa es que los Obispos de cada país elaboren después un pequeño catecismo de fácil lectura basado en el nuevo Catecismo Católico, que desde luego, es denso y profundo en su lectura, lo cual exige de parte de sus lectores algún conocimiento teológico.

De acuerdo a lo anterior, no es necesario adquirir este Catecismo, sino esperar por el nuevo que publiquen en cada país e idioma los Obispos, el cual estará presentado de manera ágil y amena para los lectores que no tengan muchos conocimientos de teología.

Sin embargo, a nadie le está impedido adquirir el Nuevo Catecismo, si considera que se pueda dedicar a leerlo.

¿ES EL PAPA EL ANTI-CRISTO?

P. Padre Pedro

No sé lo que la Iglesia enseña acerca del Apocalipsis. ¿Podría usted decirme si enseña que el Papa es el anti-Cristo y que los católicos estamos marcados con la señal de la bestia? Alguien me dijo que eso es así.

Incrédulo
New Orleans, Louisiana

R. Estimado Incrédulo

El Libro del Apocalipsis es
el último libro de la Biblia
y quizá el más discutido
y menos entendido.
Pertenece al género
de literatura conocido
como apocalíptico por
encerrar tantas visiones,
símbolos y sueños.

Una sección popular de este libro bíblico para muchos anti-Católicos es el capítulo 17 con sus muchas referencias de Roma como prostituta de Babilonia y del anti-Cristo y la bestia. Hasta una lectura superficial de estos pasajes revelaría claramente que ni el Papa ni la Iglesia de Roma tienen nada que ver en ese texto, sino más bien el emperador Romano (quizá Domiciano, quien reinó desde entre los años 81-96 antes de Cristo) y también todo el sistema Romano que perseguía y trataba de destruir a la Iglesia de Jesucristo en Roma, que también había asesinado a San Pedro, primer obispo de Roma y como consiguiente, el primer Papa de la Iglesia.

ESTA IGLESIA ES MEJOR QUE LA CATÓLICA

P. Estimado Padre

Yo siempre he sido Católico. Sin embargo, hace poco un amigo me invitó a una Iglesia que se llama "La Luz de los Evangelios". Esta Iglesia la fundó el pastor actual quien me dijo que su iglesia es tan buena o mejor que la Católica. ¿Qué piensa usted?

Emilio Luis

R. Estimado Emilio Luis

"Maldito el hombre que confía en otro hombre" (Jeremías 17.5), dice la Biblia. Yo, por mi parte, prefiero mil veces confiar en Cristo, que fundó la Iglesia Católica y le aseguró que iba a durar hasta el fin de los tiempos, que no en otros hombres que fundaron otras Iglesias.

Según ellos, Jesús no tuvo el poder para cumplir con su promesa de que su Iglesia duraría para siempre, hasta el último día. Mientras que ellos sí tienen ese poder. Ellos son mas poderosos que Cristo, puesto que sus Iglesias, según ellos, o son mejores o nunca van a desaparecer. ¡Pobres ilusos!

Pasarán los siglos, surgirán y desaparecerán las sectas... pero la Iglesia Católica, la única Iglesia que fundó Jesús, seguirá siempre adelante, entre problemas, éxitos y fracasos, hasta el día en que Cristo regrese a juzgar a los vivos y a los muertos.

Por lo menos, esta es mi fe inquebrantable en Cristo y en la Iglesia que El fundó y a la cual me siento orgulloso de pertenecer.

¿ES PROHIBIDO USAR MAQUILLAJE?

P. Querido Padre
Una amiga muy querida que se convirtió a una Iglesia Protestante, dejó de utilizar maquillaje en su arreglo personal y constantemente me está señalando que yo debería de dejar de hacerlo, ya que esas son cosas del mundo y no de Dios. ¿Qué me dice acerca de ésto?

Lolita

R. Estimada Lolita

Su amiga podría tener mucha razón, si en su caso personal usted está más preocupada en usar el maquillaje que en cuidar de su salud, ya sea corporal o espiritual. Lo más importante de todo esto es nuestra relación con Jesucristo y dentro de esa relación, el entender que nuestro cuerpo, al ser el Templo del Espíritu Santo, lo debemos cuidar y preocuparnos por su presentación para que resulte agradable y con él podamos glorificar a Dios.

En cuanto al maquillaje en sí, recordemos que puede ser utilizado de manera desproporcionada, lo cual resultaría un poco ridículo, o en ocasiones no propicias, lo cual sería desacertado, pero no podemos estar juzgando tan a la ligera y decir que el maquillaje en sí es asunto del "mundo" en su mal sentido, ya que el maquillaje de un actor de teatro es algo profesional, el de un payaso infantil, es algo muy sano y así también, el de una mujer discreta resulta agradable y resalta aquella belleza natural que Dios le dio a toda mujer.

En resumen, podría decirle que no se preocupe tanto por no maquillarse. Preocúpese por estar cerca del Señor y de poder disfrutar todas las cosas en el Señor, entre ellas, su maquillaje, si es que lo desea seguir usando. ¡Ah! Y antes de terminar, le pido que ore por su amiga. Tal vez ella está juzgando a los que no hacen lo mismo que ella. Si es así, su amiga necesita maquillar su corazón con un poco de amor.

¿HAY SALVACIÓN FUERA DE LA IGLESIA CATÓLICA?

P. Querido Padre Pedro
Mi familia está dividida entre unos que dicen que no hay salvación fuera de la Iglesia Católica, y tratan con mucha frialdad a los que son Bautistas dedicados al Señor y la Biblia. ¿La Iglesia, de veras, enseña eso?

Frances

R. Estimada Frances

Aunque la Iglesia nunca enseñó como materia de fe que nadie

podía salvarse fuera de ella, esa, sin embargo, fue la opinión personal de muchos de sus pastores y teólogos.

Las razones han sido varias, pero debido a que el espacio es limitado, le voy a citar sólo dos. Primero, ellos argumentaban que Jesús fundó y dio su Espíritu a una sola comunidad de creyentes (iglesia) fundada bajo el liderazgo de los Apóstoles.

A esta comunidad que compartiría el mismo pensar, la misma fe, y la misma esperanza (Ef. 4. 4-6), Jesús prometió estar con ella, a través de su Espíritu, todos los días hasta la consumación de este mundo (Mt. 28.20), Jesús no solamente promete su Espíritu, pero reafirma que, aunque su Iglesia enfrente todo tipo de persecuciones y golpes, "los poderes del mal no la podrán vencer". (Mt. 16.18).

Jesús promete su Espíritu a esa comunidad, y no a otra. Comunidad que ha de prevalecer victoriosamente hasta el fin de los tiempos.

Segundo, San Pablo, en su primera carta a los Corintios, Capítulo 12, dice que la Iglesia es el Cuerpo de Cristo... Que la Iglesia es el mismo Cristo y nosotros, los miembros de la Iglesia somos a la vez, miembros del Cuerpo de Cristo. Este concepto de que la Iglesia es el Cuerpo de Cristo lo aprendió San Pablo al comienzo de su conversión al cristianismo cuando, en el camino de Damasco, oyó la voz del Señor que le decía "Saulo, Saulo, ¿por qué me persigues?" (Hechos 9.4).

Muchos teólogos y pastores, tomando esto en consideración, han enseñando que, si Cristo y la Iglesia son uno, entonces la salvación se alcanza a través de la Iglesia, ya que Jesús dijo que El es el único camino para llegar al Padre. (Jn. 14.6)

Esos pastores católicos enseñaban que los que se apartan de la Iglesia que fundó Cristo Jesús, se apartan de la comunidad que Jesús instituyó, han quebrantado su Cuerpo y han formado otros grupos en los cuales no se enseñan o se contradicen las verdades que Jesús enseñó y que la Iglesia interpreta guiada por el mismo y único Espíritu que Jesús derramó sobre sus primeros miembros, con la promesa de que sería el mismo Espíritu de Dios quien guiaría y santificaría a su Cuerpo, la Iglesia.

Hoy en día, especialmente después del Segundo Concilio Vaticano que concluyó en el año 1965, los pastores y teólogos de la Iglesia Católica están dispuestos a enseñar que, aunque en la Iglesia

Católica reside la totalidad de la Verdad, las demás iglesias cristianas son partícipes de la misma verdad, de acuerdo a la forma en que sus doctrinas se asemejan a la doctrina de la Iglesia Católica, la cual ha sido, es y será inspirada y guiada por el Espíritu Santo. (Jn. 15).

IGLESIA CATÓLICA CONTRARIA A LA BIBLIA

P. Querido Padre
¿Puede usted ayudarme a dar la respuesta debida a un amigo, miembro de la Asamblea de Dios, quien alega que nosotros los Católicos formamos parte de una "religión organizada" que es contraria a la Biblia?

Maribel
Houma, Louisiana

R. Estimada Maribel

La Iglesia Católica es una religión organizada como son todas las demás religiones ya que es imposible que exista una Iglesia que no tenga algún tipo de organización o estructura.

La Iglesia Católica no es contraria a la Biblia, ya que es la Iglesia que Jesús instituye sobre la persona de Pedro y los demás apóstoles. Más aun, del seno de la Iglesia Católica nace la Biblia. La palabra Biblia significa colección de libros o biblioteca. Fueron los Obispos de la Iglesia Católica en el año 375 de nuestra era que, inspirados por el Espíritu Santo decidieron recopilar los manuscritos del Antiguo y Nuevo Testamento en un sólo libro. De ahí nace lo que hoy conocemos como la Biblia.

Hace siglos, San Cipriano reaccionó ante las mismas críticas diciendo que "nadie puede tener a Dios como Padre, si no acepta a la Iglesia como madre."

Cualquiera que sea la motivación, hemos de tener claro que el Cristianismo sin la Iglesia es teológicamente imposible (re. 1 Corintions 12). Es también sociológicamente imposible, y la mejor prueba de eso es que hasta un cristiano anti-institucional como es un miembro de la Asamblea de Dios, resulta ser un miembro y parte de una institución organizada, por la sencilla razón de que la gente necesita vida comunitaria, hecho reconocido y aceptado por nuestro Señor al declarar Sus intenciones para edificar Su Iglesia, la Iglesia Católica, en la roca de Pedro (ref. Mateo 16. 18).

IGLESIA, ¿EDIFICIO O PUEBLO?

P. Padre
Estoy en desacuerdo con usted cuando dijo que la Iglesia es un edificio que Jesús fundó. Observo que los creyentes ponemos demasiado énfasis en el dinero para construir edificios y no el énfasis suficiente para atender al pueblo. ¿Qué me dice al respecto?

Andrés

R. Estimado Andrés

Jamás he dicho que el establecimiento de la Iglesia de Jesús fuera la construcción de un edificio. Cuando San Mateo usa la palabra ekklesia (Griego), equivale al Hebreo qahal, que significa "asamblea de los fieles. Para distinguir el significado de ambos, escribimos Iglesia (con mayúscula) cuando nos referimos al cuerpo universal establecido por Jesucristo en la persona de San Pedro, a la vez que escribimos con minúscula cuando nos referimos al edificio o lugar donde se reúne el cuerpo de creyentes.

Por supuesto, la Iglesia (el Cuerpo de Cristo) puede existir sin una Iglesia (edificio). Habiendo dicho esto, hemos de notar que los Cristianos no somos creyentes sin cuerpo, por lo que, el edificio de una Iglesia es importante para nuestra vida de alabanza y para proveernos y prepararnos para ser la Iglesia en el mundo.

IGLESIA PECADORA

P. Querido Pedro
¿Puede ser de Dios una Iglesia pecadora?

Ana María

R. Estimada Ana María

Desde un principio Cristo contó con muchos pecadores en su Iglesia. Incluso El mismo hizo Apóstol al traidor Judas. Los Evangelios nos dan cuenta también de muchos fallos de los demás Apóstoles, la negación de Pedro, las disputas sobre la precedencia de los Discípulos, etc.

El pecado formó parte también de la fervorosa Iglesia primitiva. Así por ejemplo, durante las persecuciones muchos cristianos de la Iglesia primitiva traicionaron a su fe. En las luchas decisivas del siglo tercero, de los tres millones de cristianos tan sólo medio millón aproximadamente mantuvo su fidelidad hasta la muerte.

No obstante, Cristo habla expresamente de que también esos pecadores forman parte del Reino de Dios. En la parábola de la cizaña, Cristo incluso defiende categóricamente el derecho de naturaleza de los pecadores en su Iglesia, los siervos querían arrancar violentamente "la cizaña del campo" (San Mateo 13, 24-30), es decir, querían expulsar de la Iglesia a todos los pecadores. Pero Cristo les advierte, "No, no sea que al recoger la cizaña, arranquen también el trigo" (San Mateo 13, 29). Por esa razón, por deseo de Jesús el pecador tiene también su derecho de ciudadanía en la Iglesia.

En otras parábolas, Cristo sigue mostrando que los pecadores deben pertenecer también a su Iglesia. Así por ejemplo, Jesús se califica de médico que viene a curar a los enfermos, "No necesitan de médico los sanos, sino los que están enfermos. No vine a llamar a justos, sino a pecadores" (San Marcos 2, 17). También en la parábola del Buen Pastor que busca a los descarriados, Cristo nos muestra con claridad que a su Iglesia pertenecen también los pecadores a los que ha de ir a buscar el pastor. En la parábola de la luz que brilla en la oscuridad se habla asimismo de los pecadores que serán iluminados por Dios. Es conmovedor con qué amor defiende Cristo a los pecadores en su Iglesia. Aquí se nos revela el amor misericordioso de Dios.

Cristo instituyó para esos pecadores el sacramento de la penitencia. El mero hecho de este sacramento del perdón de los pecados muestra ya que Cristo quería tener también a los pecadores en su Iglesia, ya que si no El no habría necesitado crear este sacramento.

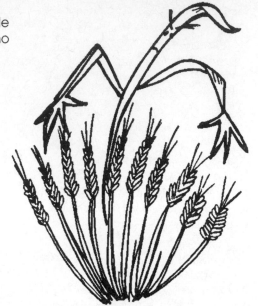

En cierto modo tenemos que estar agradecidos de que Cristo haya concedido también al pecador el pleno derecho de ciudadanía en su Iglesia. En otro caso, Cristo acaso tendría que apartar también a ti y a mi de su Iglesia si sólo los santos tuviesen cabida en la misma.

Para la consumación del siglo Cristo profetiza que entonces los pecadores incluso predominarán en la Iglesia, "Entonces se escandalizarán muchos, y mutuamente se traicionarán y se odiarán. Surgirán numerosos falsos profetas, que arrastrarán a muchos al error, y por efecto de los excesos de la iniquidad, la caridad de los más se enfriará" (San Mateo 24, 10).

¿Por qué ésta Iglesia tan llena de pecado? Porque todo el mundo sigue pecando aún después del bautismo. Hasta los santos suspiraron bajo el peso de su culpa. A nosotros los seres humanos, incluso después del bautismo, sigue quedándonos aún la concupiscencia, el egoísmo, la ceguera del corazón y la muerte como símbolo drástico de nuestra culpa. Es cierto que lo más hondo de nosotros está lleno de la luz de la gracia y de la vida divina, pero esa luz sale tan sólo en un modo muy exiguo al exterior, a la vida. Pues bien, si cada uno sigue siendo un pecador, incluso los santos, ¿cómo puede ser luego la totalidad de la Iglesia algo distinto a una Iglesia de pecadores?

¿Pero por qué no nos dio Dios la fuerza necesaria para superar al pecado hasta las raíces? Porque la salvación plena está aún por venir. Ella tendrá lugar tan pronto como estemos frente a Dios en la luz eterna. En ese mar de luz no podrá haber luego más oscuridad. Pero hasta entonces, la Iglesia es una Iglesia de pecadores, pues ella se compone de tí y de mí.

A pesar de toda la culpa, Cristo ama a su Iglesia. Por esa razón, también nosotros tenemos que amar a esa Iglesia, pese a toda culpa. Pues esa Iglesia de pecadores procede de Dios.

INFALIBILIDAD PAPAL

P. Padre Pedro
¿Cuándo es que el Papa es infalible? ¿Es en una encíclica u otra cosa? ¿Podría darme un ejemplo de tal enseñanza?

Rita Quintero

R. Estimada Rita

Mientras estuvo en la tierra con sus discípulos, Jesús dijo a sus seguidores que El permanecería con ellos siempre y que el Espíritu enviado por El los mantendría siempre en la verdad.

Los Católicos creemos que esta promesa se cumple en parte por el hecho que, bajo ciertas condiciones, el Santo Padre, como jefe Católico de unidad y fe, es investido de forma especial con esta promesa de Jesús de mantener a la Iglesia libre de error.

Esta única seguridad de la verdad -infalibilidad- está presente cuando el Papa habla como pastor supremo y maestro de la Iglesia en temas de fe o moral con la intención de usar los poderes plenos conferidos a él en la Iglesia en esa manera solemne. Creemos que éste es el servicio que él está llamado a ofrecer a sus hermanos católicos como obispo cabeza de la Iglesia.

La naturaleza infalible de una enseñanza no depende del tipo de documento en el que esté encerrado, sino en la intención del Santo Padre hecha clara en el documento en sí. Teóricamente, podría estar en el dorso de un sobre.

La última doctrina considerada como enseñanza infalible fue la de la Asunción de María, declarada por el Papa Pío XII en 1950. La anterior a ésa, en 1854, tenía que ver con la Inmaculada Concepción de Nuestra Señora, como verá, el Santo Padre habla muy pocas veces "ex-cathedra" o con absoluta infalibilidad. De hecho, ha habido Papas que no han hecho ningún pronunciamiento de estos durante todo su Pontificado.

Sin embargo, la doctrina y aceptación de la infalibilidad del Santo Padre es un punto muy importante de la fe de la Iglesia y el motivo de muchas discusiones a lo largo de la historia, especialmente con Lutero y algunos hermanos separados. Pero su función es de vital importancia para la unidad de la Iglesia y el cuidado, conservación y acrecentamiento de la integridad y unidad de la fe. El Papa puede equivocarse -como todos nosotros- en sus decisiones o actividades de la vida cotidiana, pero nunca lo hará en la definición de los puntos más importantes y decisivos de nuestra fe. Eso es lo que llamamos "infalibilidad del Papa" en la Iglesia Católica.

JESÚS ORGANIZA SU IGLESIA

P. Padre Pedro
¿En cuantas etapas organizó Jesús la fundación de la Iglesia?

Jesús Pérez Ortiz

R. Estimado Jesús

Jesús funda su Iglesia en las siguientes etapas,

1. Llamamiento de sus primeros discípulos. Lucas 5, 1-11.

2. Preparación de sus discípulos para hacer las mismas cosas que Jesús hacía y aun mayores, Juan 14,12.

3. Fortalecimiento de los discípulos a través del sacramento de la Eucaristía, La Ultima Cena. Lucas 22, 14-38.

4. Envío de los discípulos. Jesús los envía para que vayan al mundo y bauticen y proclamen todo lo que El les enseñó. Es aquí también cuando Jesús les promete a ellos y a la Iglesia, en general, que estará con ellos y con su Iglesia hasta el fin de los tiempos. Mateo 28, 18-20.

5. Finalmente, los discípulos se convierten en la Iglesia de Jesucristo, la Iglesia Católica, el día de Pentecostés, día en que todos los miembros de la Iglesia quedan ungidos con el poder y la presencia del Espíritu Santo de Dios. Espíritu Santo que los ha de guiar y enseñar. Espíritu Santo que también guiará y enseñará a todas las naciones y a todos los hombres y mujeres de todos los tiempos, hasta que Jesús venga de nuevo a este mundo, en su segunda y gloriosa venida. Hechos 2, 1-47.

LAS RIQUEZAS DEL VATICANO

P. Querido Padre
En uno de los programas radiales pasados escuché algunas críticas sobre las riquezas del Vaticano y de los millones de dólares que maneja el Papa. ¿Es eso cierto?

Nora Gilbert

R. Estimada Nora

Es verdad que en el Vaticano hay una riqueza incalculable por su valor artístico e histórico, pero esa riqueza no produce intereses sino que está ahí para ser vista por todos como un verdadero patrimonio de la humanidad. También es cierto que el Papa debe manejar millones de dólares para poder, entre otras cosas, sostener las misiones en los países más pobres, un sinnúmero de escuelas y hospitales que atienden a gentes marginadas y desde luego, la gran cantidad de escuelas gratuitas que tiene la Iglesia en tierras de misión.

No todas las diócesis son autosuficientes y muchas de ellas reciben ayuda del Papa para sostener a sus sacerdotes, seminaristas y ministros laicos. Es por eso que el Papa no solo usa millones, sino que necesita más millones para poder atender mejor las obras de la Iglesia. El pecado estaría en que la Iglesia malgastara en vicios. No debemos olvidar lo que decían los santos en la antiguedad cuando les preguntaban por qué recogían dinero, si era cierto que el dinero era el "estiércol del demonio". Y ellos decían, "Por eso mismo, es el mejor abono para las obras de Dios". De esa manera debemos tratar el dinero como un "abono" para las obras de Dios y no quedarnos con él para acariciarlo y darle un culto que no se merece. El dinero se hizo para ser invertido y ser gastado en todo aquello que pueda agradar a Dios.

LA SUCESIÓN APOSTÓLICA

P. Apreciado Padre Pedro
¿Qué cosa es la sucesión apostólica? ¿ Es algo que tenemos que creer como católicos o no? Gracias por su interés.

Frank López

R. Estimado Frank

Nosotros los católicos creemos que Jesús les dio poderes especiales a sus apóstoles como por ejemplo, el poder de perdonar los pecados (Mateo 16), el poder de cambiar el pan y el vino en Su Cuerpo y Sangre (Lucas 25), el poder de sanar y el poder de bautizar (Mateo 29).

A medida que los primeros apóstoles iban muriendo eran reemplazados por otros hombres entregados también al servicio de Dios. Los apóstoles imponían sus manos sobre ellos y les transferían de esa forma el poder que habían recibido de Cristo. Esta ceremonia de ordenación de los nuevos obispos o apóstoles se continuó a través de los siglos y se continúa haciendo en el presente.

La sucesión apostólica quiere decir entonces que los obispos de la Iglesia son directos sucesores de los primeros obispos de la Iglesia, es decir, los apóstoles.
También la sucesión apostólica se aplica a toda la Iglesia, es decir a todos los miembros de la comunidad de bautizados. Esto significa que todo cristiano tiene la responsabilidad de seguir la obra que ejercieron los mismos apóstoles por voluntad y mandato de Jesucristo.

Los apóstoles, al igual que Jesús, tenían que llevar a cabo su misión, encomendada por Dios, de darlo a conocer a través de la proclamación de sus palabras y de sus obras. Desde este punto de vista, la sucesión apostólica significa que todos los cristianos de todas las épocas nos comprometemos a continuar hasta el fin de los tiempos la misión que Jesús comenzó con los apóstoles de unir al ser humano con Dios.

P. Estimado Padre Pedro
¿Podría usted aclararme por qué los obispos son considerados sucesores de los Apóstoles?

Manuel Ortíz

R. Estimado Manuel

Los obispos fueron establecidos por los Apóstoles para cumplir la misma misión que ellos en la Iglesia naciente.

En el Nuevo Testamento, la Biblia nos dice que las comunidades fundadas por los Apóstoles eran dirigidas o pastoreadas por un grupo de ancianos, Cristianos maduros en la fe. Al referirse a estos dirigentes, algunas traducciones de la Biblia usan el término "superintendente" mientras otras usan "obispo", derivado de la palabra Griega "episkopos", literalmente traducido como "superintendente". Otros dos ministerios de liderazgo mencionados en el Nuevo Testamento son los de presbíteros y diáconos.

En la Primera Carta a Timoteo, usted puede leer sobre los oficios y deberes propios de los ancianos y de los diáconos. Encontrará también otras referencias en los Hechos de los Apóstoles, en la Carta a los Filipenses y en la Carta a Tito. Estos ancianos eran escogidos y asignados por los Apóstoles o por elección de las comunidades con el consentimiento de los Apóstoles. En los Hechos de los Apóstoles leemos que los ancianos eran elegidos solamente después de mucha oración y ayuno, y que se tenía mucho cuidado en la selección de dirigentes responsables y santos. La ordenación y el envío de los ancianos se llevaba a efecto dentro de una ceremonia donde un Apóstol les imponía las manos.

Al ir muriendo los Apóstoles, comenzaron a elegir ancianos individuales para que presidieran sobre la comunidad -como lo

habían hecho los Apóstoles-. Estos fueron los primeros verdaderos obispos como hoy los conocemos, su función era más bien la de un Apóstol que la de sólo anciano. Los obispos tenían autoridad sobre los otros dirigentes de Iglesia, quienes a la vez buscaban en ellos dirección y unidad.

Existe clara evidencia de que la Iglesia naciente consideraba a los obispos como sucesores de los Apóstoles. Por ejemplo, alrededor del año 100 después de Cristo, el Papa Clemente de Roma escribió a los Corintios de la manera siguiente, "Nuestros Apóstoles sabían a través de Cristo Jesús, que habría rivalidad y disputa por el oficio de obispo, razón por la cual fueron nombrados los previamente elegidos y mencionados, especificando que solamente después, conforme ellos fueran muriendo, otros serían escogidos para ser sus sucesores en su ministerio."

Pocos años después, en el 110 después de Cristo, San Ignacio de Antioquía escribió a los Cristianos de Esmirna lo siguiente, "Nadie haga nada concerniente a la Iglesia sin el Obispo. Sea considerada una Eucaristía válida la celebrada por el obispo, o por la persona que él asigne. Donde aparezca el obispo, allí estará el pueblo, de la misma manera que en donde está Jesucristo, allí está la Iglesia Católica. Tampoco es permitido bautizar o celebrar el ágape sin el obispo, pero la persona que él asigne será grata a Dios, y todo lo que haga tendrá validez y seguridad."
En resumen, es fácil ver que los primeros obispos fueron elegidos entre los ancianos para suceder a los Apóstoles en las primeras comunidades de la Iglesia. Desde que comenzó el Cristianismo, los obispos han formado una cadena continuada de liderezgo apostólico en las enseñanzas y gobierno de la Iglesia.

MAGISTERIO

P. Muy Estimado Padre
Soy un recién convertido al Catolicismo, y estoy recibiendo instrucción religiosa. ¿Podría usted explicarme el significado de la palabra "magisterio"?

Ernesto

R. Estimado Ernesto

La palabra "magisterio" viene de otra palabra Latina que significa "enseñar" ("magister"), y tiene que ver con el poder, o deber, de enseñar y dirigir.

Antes de la muerte de Nuestro Señor, El prometió a sus seguidores que el Espíritu Santo, que El enviaría, les recordaría todo lo que El les había enseñado. Magisterio es la palabra que nosotros usamos para indicar la autoridad y responsabilidad que la Iglesia tiene en permitir que se cumpla esa promesa de Cristo, la responsabilidad y poder carismático de ser fieles intérpretes de la palabra de Dios a la humanidad. Es, en otras palabras, el instrumento humano que, a través de la Iglesia, Jesús usa para evitar que su pueblo cometa peligrosos y graves errores que podrían llevarlos a mal-entender a Dios y la salvación del hombre.

Esta responsabilidad se personaliza y recae en el Santo Padre y en los obispos del mundo unidos a él, una tradición que nosotros los Católicos creemos que continúa siendo la establecida por Jesús al entregarle esta autoridad responsable a Pedro, y a los otros apóstoles. Porque ellos así son los intérpretes y guardianes de la verdad revelada, nos referimos al obispo y al Papa como el Magisterio de la Iglesia.

Queda claro que este deber no es trivial. Hace años, el Papa Pablo VI señaló que el Magisterio no revela nuevas verdades, sino que hace eco fiel a la Palabra Divina y a las Sagradas Escrituras. En esto, el Papa y los obispos necesitan ayuda, apoyo y asistencia de parte de todos los otros miembros en la Iglesia, incluyendo laicos, clero, teólogos y maestros, quienes a través del diario testimonio de sus vidas, ayudan a profundizar en las enseñanzas de Jesús.

El Magisterio es una manera siempre viva en la que Nuestro Señor cumple su promesa a sus seguidores, de "mantenerlos en la verdad".

MISIONEROS

P. Padre Pedro
¿Cómo se puede explicar la acción de los misioneros en países no Católicos?

Miguel Ernesto

R. Estimado Miguel Ernesto

La acción de los misioneros es precisamente predicar el evangelio de Cristo en lugares donde éste no se ha escuchado.

Hoy en día, el Católico tiene que darse cuenta que en todo el mundo hay necesidad de misioneros que evangelicen. La Iglesia siempre ha hecho un esfuerzo por llevar el Evangelio a los confines de la tierra, para acercar a los pueblos a la verdadera fe. San Pablo nos recuerda esta necesidad en sus palabras, "¿Cómo van a invocar al Señor, si no han creído en El? ¿Y cómo van a creer en El, si no han oído hablar de El? ¿Y cómo van a oir, si no hay quien les anuncie? ¿Y cómo van a anunciar el mensaje, si no hay quien los envie? Como dice la Escritura, "¡Qué hermosa es la llegada de los que traen buenas noticias!" Pero no todos hacen caso del mensaje de salvación. Es como dice Isaías, "Señor, ¿quién ha creído nuestro mensaje?" Así pues, la fe viene como resultado del oir, y lo que se oye es el mensaje de Cristo" (Rom 10, 14-17).

MUJERES SACERDOTISAS

P. Querido Padre
¿Por qué las mujeres no pueden ser ordenadas sacerdotisas?

Myrna Milian

R. Estimada Myrna

De acuerdo a la carta apostólica "Mulieris Dignitatem", el tópico sobre la ordenación de mujeres al sacerdocio está cerrado. La conclusión de no ordenar mujeres al sacerdocio podría ser cambiada si se encontrasen argumentos teológicos sustanciales, los cuales en la actualidad son inexistentes. Es importante aclarar que esta conclusión, en ninguna forma o manera es una forma de discriminación y tampoco es una decisión que haya sido determinada por el sentir de la sociedad.

¿POR QUÉ SE VAN A LAS SECTAS?

P. Respetado Padre Pedro
Quiero que me aclare esta pregunta, ¿Por qué nuestra juventud se está cambiando a otras sectas, después de haber sido bautizada en la Iglesia Católica?

Unos dicen, "Ahora que soy bautista soy mejor esposo." Otros dicen, "Ahora que soy bautista ya no soy borracho." Espero su respuesta.

María Vindel

R. Estimada María

Una de las enfermedades más dañinas que sufre hoy en día la Iglesia Católica se llama, "La pasividad." Tomemos como ejemplo a nuestra comunidad hispana aqui en Nueva Orleans.

Si usted fuera un periodista y entrevistara a diez hispanos de esta área sobre materias de fe, posiblemente estas serían las respuestas que usted obtendria a sus preguntas, "¿Es usted católico?" La respuesta sería, "Si." "¿Practica usted su religión?" La respuesta sería, "Si." Entonces usted les pregunta, "¿Van a misa por lo menos los domingos, oran todos los días y leen la Biblia al menos de vez en cuando?" La respuesta mayoritaria será, "No".

Nos llamamos católicos porque hemos sido bautizados cuando pequeños. Porque el catolicismo ha sido la religión de nuestros padres, porque esa fue la religión que nos enseñaron en el colegio, pero...¡Eso no es ser católico!

El verdadero católico es la persona que, a pesar de sus múltiples responsabilidades, hogar, familia, trabajo, etc., antepone al Señor como la responsabilidad más importante. El servicio a Dios se convierte para esa persona, por lo tanto en lo más importante de su lista de prioridades.

Hay muchas personas, Doña María, que se llaman católicos pero que realmente no lo son. Desafortunadamente, son esas personas las que enferman la Iglesia y la debilitan con su frialdad, su desinterés y, sobre todo, con su pasividad. Estas personas que, por estar ciegas espiritualmente no han podido ver y apreciar la verdadera comunidad que Jesús fundó, se conforman y hasta se impactan de tal manera que sus vidas cambian, cuando al menos pueden apreciar la copia de la verdadera obra de arte.

¿POR QUÉ VIVE EL PAPA EN ROMA?

P. Padre Pedro
¿Por qué es que la Iglesia Católica tiene un Papa que vive en Italia ¿No podríamos igualmente tener un dirigente que viviera en los Estados Unidos o en América Latina?

Luis Agurcia

R. Estimado Luis

No existe nada que diga que un Papa tiene que ser Italiano, ni que tenga que vivir en Italia. Bien sabe usted que han habido Papas de otras nacionalidades, como el actual, y que también, por un período de casi 100 años, todos los Papas vivieron en Francia.

Sin embargo, no importa quien sea o donde viva, el Papa tiene esa posición porque el es Obispo de Roma.

Necesitaría un libro completo para explicar esto, pero en breve, el Obispo de Roma ha mantenido una posición por encima de otros obispos de la Iglesia porque fue precisamente en Roma donde San Pedro (reconocido como el "primer Papa") pasó los últimos días de su vida, y también donde murió.

La Iglesia tiene cartas y otras constancias que indican que, aun antes de que los doce apóstoles murieran, el Obispo de Roma era reconocido como autoridad sobre la vida espiritual de la Iglesia. La carta de San Clemente - tercer Papa después de Pedro- es seguramente la más significativa, ya que en ella pide a las iglesias de Corinto y de Grecia que sean fieles a su autoridad. Esta carta fue escrita en el año 95.

Otros reglamentos y enseñanzas que tienen que ver con la posición de autoridad del Santo Padre, se fueron desarrollando en la práctica de la doctrina Católica en siglos posteriores.

PROBANDO TODAS LAS IGLESIAS

P. Querido Padre
Una persona quien yo le tengo mucho cariño asiste no sólo a la Iglesia Católica, pero también a las protestantes. Cuando yo le pido que se quede en la Católica ella me dice que ¿por qué tenemos que ser Católicos, si el Señor no fue Católico sino Cristiano? Atentamente.

Mercedes Reyes

R. Estimada Mercedes

Para algunas personas es muy importante el "probar" diferentes iglesias con la esperanza de que algún dia han de encontrar la ideal. Desafortunadamente no existe la Iglesia ideal ya que si queremos encontrar defectos los encontraremos en todas.

Si esa persona que tanto busca ha sido siempre "católica", aunque a su manera, es importante que usted, que tanto la estima, la ayude a encontrar a Cristo a través de la fe católica.

Cuando ella le dispute diciéndole que el Señor no fue Católico, respóndale que el Señor tampoco fue Cristiano.

Explíquele que "cristiano" es el nombre que se le da a los seguidores de Cristo. Cristo no es cristiano porque el no se sigue a sí mismo. Explíquele también que la palabra "católico" significa universal y que "católica" fue el nombre que se le dio a la comunidad naciente de cristianos cuando comenzaron a esparcirse por todo el mundo conocido de aquel entonces.

Finalmente, recuérdele que es nuestra responsabilidad el echar raíces donde Dios nos planta. Si nuestra fe ha sido la católica, es nuestra obligación el que nos preocupemos por conocerla, entenderla y hacerla parte de nuestra experiencia diaria. Esa es la única forma en que llegaremos a ser verdaderamente honestos con nosotros mismos, con los hermanos de nuestra comunidad (la Iglesia) y con el mismo Dios. El árbol que no echa raices donde es plantado, más tarde o más temprano se marchita y se muere...Así nos pasa con nuestra vida espiritual. Pero aquel que echa raices donde se encuentra su vida se fortalece y es capaz de dar frutos en abundancia.

PROSELITISMO

P. Padre Pedro
Dos amigas Católicas (que no practicaban su fe) se pasaron a la religión Pentecostal y dicen que hoy son mejores y que "tienen al Señor".
Quizás sean mejores, pero en todo momento están criticando a la Iglesia Católica. Una de las mujeres trabaja conmigo y como no logró conquistarme y hacerme Pentecostal, se ha enojado conmigo y continuamente me ofende. ¿Cómo explica usted esto?

Lorena

R. Estimada Lorena

¿Quién puede leer el corazón de otra persona? Aparentemente han encontrado algo que los satisface más que su fe Católica, que según comentarios suyos, no practicaban ni conocían.

Comparto su preocupación en cuanto a la actitud que toman las personas que abandonan la Iglesia. Siempre dudo que sea real el cambio de esas personas que están contínuamente criticando lo que han abandonado. Si estuvieran en paz y contentas en su nuevo lugar, no tendrían por qué defenderse y describir los "horrores y males" a sus amigos sobre la Iglesia que han abandonado.

El enojo de esta señora que no logró que usted cambie de religión demuestra también inseguridad, ya que esta reacción da a entender que ella necesita que usted cambie para sentirse ella mejor, para aliviar cualquier culpabilidad que ella pueda sentir. Esto es frecuente entre personas que han tomado decisiones incómodas, ya bien sea religiosas o morales.

Cuando alguien trata de usarnos, nos sentimos incómodos y hasta un poco culpables, y esto es precisamente lo que la otra persona - quizás inconcientemente- trata de hacer. Es ella quien tiene que resolver sus propias inquietudes y dificultades. Usted, sea usted, respondiéndole con sus propias convicciones y su propia fe y, por sobre todo, no permita que el problema de ella se convierta en problema suyo.

¿PUEDE UN CATÓLICO VISITAR UNA IGLESIA PROTESTANTE?

P. Estimado Padre
El Papa está realizando esfuerzos por unir a las Iglesias Católicas y Protestantes. ¿Puede un Católico visitar una Iglesia no Católica?

Bernard L. Schmidt Jr.

R. Estimado Bernard

El Católico puede visitar una Iglesia no-Católica siempre y cuando esté consciente al menos de las siguientes consideraciones,

1) Estar seguro de su fe Católica. El Católico tiene que conocer la doctrina de la Iglesia a fondo antes de exponerse a otras doctrinas. Cuando asistimos a servicios religiosos no-Católicos vamos a escuchar teorías y doctrinas que posiblemente no estén de acuerdo con las enseñanzas de la Iglesia. Si esto sucede, vamos a confundirnos y nuestra fe puede debilitarse y dividirse.

2) Tenemos que estar claros que cuando visitamos Iglesias no-Católicas no podemos recibir la Comunión. La palabra "Comunión" significa que comulgamos o estamos de acuerdo en la misma fe. Somos uno en Cristo. Desafortunadamente muchos han roto con la Iglesia a través de los años. Estos tienen sus propias Iglesias que generalmente se denominan protestantes o evangélicas. No podemos estar en comunión con ellos hasta que todos aceptemos la misma fe.

¿QUÉ ES UNA CATEDRAL?

P. Padre Pedro
¿Qué es una catedral?

Henry Bolaños

R. Estimado Henry

Una catedral es la Iglesia oficial del obispo de una diócesis. Deriva su nombre de la silla desde la que preside el obispo (Latín "catedra") que siempre está en la catedral.

La Iglesia "catedral" del Papa como obispo de Roma no es San Pedro sino San Juan de Letrán, donde los Papas vivieron por muchos siglos antes de hacer su residencia en el Vaticano.

San Pedro es una de las cuatro basílicas mayores en Roma, pero no es catedral.

¿QUIÉN DECIDE LO QUE LOS CATOLICOS DEBEMOS CREER?

P. Querido Padre Pedro
¿Quién decide lo que los Católicos hemos de creer?

Juan Ignacio Molina

R. Estimado Juan Ignacio

La misión de determinar lo que los Católicos han de creer y no creer está en manos autorizadas de los maestros de la Iglesia Católica. Esta autoridad de enseñar pertenece de manera especial a los obispos y, en particular, al Papa, Obispo de Roma.

Muchas personas preguntan "¿Por qué necesitamos esa autoridad que nos enseñe? ¿Por qué no simplemente dejar que las personas lean la Biblia y tomen sus decisiones conforme lo que ellos creen?

La razón por la cual necesitamos una autoridad reconocida para enseñar es porque, sin ella, habría confusión y desunión en la Iglesia. Ejemplo de ello es que, mientras algunos dicen que Jesús está verdaderamente presente en la Eucaristía, otros dicen que el vino y el pan solamente son símbolos, hay quienes dicen que María permaneció virgen toda su vida, mientras otros dicen que ella tuvo otros hijos después de haber dado a luz a Jesús. Si no hay una autoridad reconocida para enseñar, las diferentes opiniones pueden ocasionar serias divisiones entre los Cristianos, como hemos visto que ha sucedido a través de los siglos. Es, por lo tanto, misión de los obispos y del Papa ayudar a los Cristianos a decidir cuales opiniones son verdad y cuales falsedad. De esta manera, el magisterio autorizado ayuda a promover la unidad y la dirección en la Iglesia.

Otra pregunta que tiene que ver con la manera en que los obispos y el Papa deciden lo verdadero y lo falso, es la siguiente, ¿Qué es lo que ellos toman en cuenta para tomar sus decisiones?

En cuanto a la verdad Cristiana, el magisterio de la Iglesia primero considera lo que ha enseñado la Iglesia tradicional acerca de ese tema en particular, y muy a menudo, una pregunta puede contestarse en doctrinas que ya han sido definidas. Sucede con frecuencia, sin embargo, que las enseñanzas tradicionales necesitan ser ajustadas a nuevas circunstancias. Por ejemplo, ha sido necesario explicar las enseñanzas tradicionales de la Iglesia respecto a Adán y Eva y el Pecado Original a la luz de la ciencia moderna y del conocimiento de la evolución. Este proceso de interpretar doctrinas tradicionales requiere mucha oración, estudio y diálogo. Han de ser tomados en cuenta nuevos hechos y circunstancias, a la vez que permanecer fieles a lo que el Espíritu ya ha revelado., Generalmente toma décadas y hasta siglos de oración y discusión antes de que el magisterio de la Iglesia pueda estar preparado para hacer declaraciones sobre un tema controversial, y cuando al fin habla, los Cristianos debiéramos poner mucho cuidado y atención a lo que está enseñando, porque es el Espíritu Santo el que está hablando a través de la Iglesia.

Por último, respondamos a la siguiente pregunta que tiene que ver con la autoridad a cargo de la enseñanza, y es la siguiente, ¿Por qué los obispos y el Papa son los maestros autorizados en vez de un grupo de expertos en diferentes tópicos?

Los Católicos reconocemos a los obispos y al Papa como maestros porque ellos son los sucesores de los apóstoles. Fue a los apóstoles a quienes Jesús envió con el mandato "Vayan y enseñen a todas la naciones." Como sucesores de los apóstoles, los obispos actuales y el Papa, sucesor de Pedro, continúan trasmitiendo esa orientación y guía que los apóstoles trasmitieron en la Iglesia naciente.

SACERDOTES CASADOS

P. Querido Padre Pedro
¿Puede un sacerdote abandonar el sacerdocio, casarse por la Iglesia y después anular su matrimonio para volverse a casar y no caer por eso en pecado mortal?

Fela Rojas

R. Estimada Fela

Cuando un hombre se ordena sacerdote es para siempre. Algo así como cuando nos bautizamos...que es para toda la vida.

Sin embargo, puede llegar el momento en que el sacerdote sienta que el Señor le está mostrando otro camino, o lo está llamando a un estilo de vida diferente. Así ha sucedido con muchos hombres que, en un tiempo fueron sacerdotes en la Iglesia y que ahora están casados y tienen familia.

Una decisión de tal magnitud usualmente no se toma a la ligera,. Por el contrario, el sacerdote que siente que el Señor lo llama por otros caminos tiene que tratar de descubrir qué es lo que Dios quiere que él haga con su vida.

Es en este período en el que casi siempre la persona experimenta muchos sentimientos de culpabilidad, ansiedad y se siente fracasada como siervo de Dios. Es ahí cuando la guía espiritual es indispensable.

Si el sacerdote, después de esa etapa de discernimiento, llega a la conclusión que su vocación es otra, entonces puede pedir al Papa que lo "secularice," es decir, que lo libre de sus responsabilidades sacerdotales. Si la dispensa es conferida, la persona queda como si fuera un laico normal y corriente y puede casarse, si así lo desea.

Si este hombre se casa por la Iglesia y su matrimonio fracasa, él tiene el derecho, como cualquier otra persona, de presentar su caso ante los tribunales eclesiásticos para pedir que su matrimonio sea anulado.

Como sabemos, la Iglesia respeta mucho la santidad del matrimonio y, por lo tanto, no permite el divorcio. El anulamiento es una proclamación a través de la cual la Iglesia declara un matrimonio inválido desde su comienzo, por no ser un verdadero matrimonio cristiano, un sacramento.

No sé cuál fue la experiencia del ex-sacerdote de quien usted me escribe, pero puede ser que, aunque lo más probable es que él estuviera consciente de la seriedad del matrimonio, tal vez ella no lo estaba. De ser así, puede que existan bases para declarar que el vínculo matrimonial nunca fue válido, dadas las circunstancias.

Finalmente, estimada Fela, creo que puedo asegurarle que, si este exsacerdote está actuando conforme a los mandatos del Señor y de Su Iglesia, no está pecando en absoluto. Eso sí, tanto él, como otros que han dejado el sacerdocio, necesitan de nuestro apoyo y sobre todo de nuestras oraciones para que puedan encontrar su lugar en la Iglesia y puedan continuar sirviendo al Señor según su Voluntad.

P. Estimado Padre Pedro
Viendo las noticias en T.V. sobre el abuso sexual por parte de algunos sacerdotes con menores, pienso que la gran solución sería dejarlos casar ¿No cree, Padre, que así se terminaría tanto problema?

Luis Enrique

R. Estimado Luis Enrique

El mismo Santo Padre le respondió a los Obispos de Estados Unidos, citando el Evangelio de nuestro Señor, que si alguien es ocasión de escándalo para alguno de estos pequeños, mejor le vale atarse una piedra al cuello y tirarse al río. Esta cita evangélica es el fundamento para sacar una nueva ley en la Iglesia en la cual, cualquiera que produzca este tipo de escándalo, ya sea clérigo o laico, será destituido de inmediato de su ministerio. Y todos sabemos que sólo la fidelidad al Señor logrará que este tipo de desvíos o enfermedades sean sanados para evitar el daño.

Por otra parte, no podemos estar afirmando que el matrimonio sea la solución de los problemas sexuales que vienen desde la infancia, ya que se requiere también ser sano sexualmente para contraer matrimonio, como se requiere ser sano para llevar una vida célibe.

Si el matrimonio en sí mismo fuera la gran solución para los problemas de la conducta sexual, entonces muchos de los matrimonios no hubieran fracasado por la infidelidad, la pedofilia, la homosexualidad, la violación o el abuso sexual en el cual han incurrido algunos casados también, civiles o militares, asi como alejados o cercanos a la vida religiosa en sus iglesias.

La conversión al Señor de corazón, será la raíz de solución a todos estos conflictos y todos debemos procurarla y ayudar a los demás a que la procuren, siendo valientes para denunciar cualquier tipo de escándalo cometido contra uno de los pequeños en especial.

SALVARSE EN OTRA IGLESIA

P. Padre Pedro
¿Puede uno que no sea Católico salvarse aunque no esté en la Iglesia verdadera?

Nicanor Medina

R. Estimado Nicanor

Ante todo, hemos de reconocer que Dios salva a quien El quiere, porque la salvación es regalo Suyo concedido a quien El escoje. También hemos de admitir que no estamos seguros de la forma en que Dios juzgará a los individuos -sean Católicos, Protestantes o no-Cristianos. No somos nosotros quienes vamos a decirle a Dios quien ha de salvarse y quien no, sino que más bien confiemos y esperemos a que nos mire con ojos de misericordia.

¿Enseña la Iglesia que sólo los católicos pueden salvarse?

No.   La Iglesia reconoce la validez del bautismo en las iglesias separadas, respetando y reconociendo la acción del Espíritu Santo en ellas.   El Concilio Vaticano Segundo, en el "Decreto de Ecumenismo" nos dice lo siguiente   "Los hermanos que se han separado de nosotros están también llevando a efecto la labor sagrada de la religión Cristiana, pero aunque lo hacen en formas diferentes según la condición de cada Iglesia o Comunidad, sus actos engendran vida de gracia y podemos describirlas como capaces de proveer medios para la salvación de la comunidad. De ningfuna manera han sido privados de importancia y sentido en el misterio de la salvación.   El Espíritu de Cristo no ha dejado de usarlos como medios de salvación que derivan su eficacia de la plenitud de gracia y verdad confiada a la Iglesia Católica."

La Iglesia Católica siempre ha enseñado y mantenido que cualquier persona que sinceramente trata de formar una recta conciencia -y seguir esa conciencia- será favorablemente juzgada por Dios, aun cuando esa persona pueda estar equivocada acerca de lo que es verdad acerca de Dios y acerca de sí mismo y su moral.

En Su infinita sabiduría, Dios ha puesto a la Iglesia como medio de salvación, y es solamente El quien puede juzgar quien ha de salvarse.

¿TODAS LAS RELIGIONES SON IGUALES?

P. Estimado Padre
Tengo amigos que me dicen que todas las religiones son iguales. ¿Qué me puede decir usted al respecto?

Lucrecia Tamayo

R. Estimada Lucrecia

Si partimos de la fe de que Dios nos ha hablado a través de la historia, no podemos decir que todas las religiones son igual, ya que las personas que creemos en el Dios de la Biblia no podemos menos que coincidir con San Pablo "apóstol de Cristo Jesús por voluntad de Dios" (1 Col. 1.1) cuando dice que "uno es el Señor, una la fe, uno el bautismo, uno es Dios, el Padre de todos" (Ef. 4.5)

Esta insistencia de San Pablo de que de la misma manera que sólo hay un Señor, también hay una sola fe, coincide con las palabras de Jesucristo en su oración sacerdotal cuando dice, "Padre, que todos los que crean en mí sean uno, como Tú estás en mí y yo en tí" (Juan 17.21).

El Señor Jesús, hablando a Pedro le confirma un deseo de unidad al decirle "Desde ahora tu nombre será Pedro y sobre esta piedra edificaré mi Iglesia" (Mt. 16.18). Jesús no dice mis Iglesias, sino mi Iglesia. Finalmente en otra ocasión Jesús dice, "Yo soy el Buen Pastor...Habrá un solo rebaño y un solo Pastor" (Juan 10, 14.16).

Dada la respuesta que Dios nos ha dado a través de Su Palabra, no puede haber más que una sola fe, y una sola Iglesia. Esa fe dada por Jesús y esa Iglesia instituida por El sobre los apóstoles es la nuestra.

TODO LO QUE ENSEÑA LA IGLESIA, FUE LO QUE PREDICÓ JESUS

P. Querido Padre Pedro
¿Todo lo que enseña la Iglesia fue lo que predicó Jesús?

Emelina Alvarez

R. Estimada Emelina

TODO. Jesús predicó lo esencial para nuestra salvación. Jesús, sin embargo, promete a sus discípulos que les enviará al Espíritu Santo para que sea El quien a través de los tiempos les vaya abriendo el entendimiento y puedan apreciar a plenitud lo que Jesús les trataba de enseñar.

Bien sabía el Señor que era imposible que aquellos hombres, de buena voluntad, pero de conocimientos tan limitados, pudieran absorber todo lo que El les enseñaba. En varios pasajes la Biblia nos muestra cuando el Señor los reprende diciéndoles: ¿"han estado conmigo todo este tiempo y todavía no me conocen?" Aun después que Jesús ha prometido que resucitará después de su pasión, cuando lo ven colgando de la cruz, lo dejan solo y se esconden porque sentían miedo. Si ellos realmente hubieran asimilado las enseñanzas de Jesús y hubieran creído en Su palabra, no le hubieran abandonado.

Consciente de nuestras limitaciones el Señor Jesús envía sobre Su Iglesia al Defensor, al Espíritu Santo para que guíe nuestros pasos y poco a poco nos vaya descifrando el mensaje de Jesús, quedándose entre nosotros, es decir, entre los miembros de la Iglesia, hasta la consumación de los tiempos.

Además de todo lo que sabemos que dijo el Señor Jesús a través de los Evangelios, sabemos que El dijo muchas otras cosas que la Iglesia también enseña y que han pasado de generación en generación hasta nuestros tiempos como materia de fe. El apóstol San Juan nos deja como testimonio las siguientes palabras en su evangelio, "Jesús hizo muchas otras cosas. Si se escribieran una por una, creo que no habría lugar en el mundo para tantos libros." (Juan 21:25).

TODOS LOS DOMINGOS VIENEN LOS TESTIGOS DE JEHOVÁ

P. Estimado Padre Pedro
Mi esposo es católico, pero todos los domingos hace pasar adelante a los Testigos de Jehová. Dice él que ellos no predican nada malo.

Ruégole contestarme si mi esposo hace mal.

Lucrecia

R. Estimada Lucrecia

El Señor nos pide que tratemos a todo ser humano con caridad. El mandamiento principal de Jesús es el de amarnos como El nos amó. Sin embargo, los Testigos de Jehová tienen una intención detrás de cada visita, hacer que ustedes se cambie a su religión.

Los Testigos de Jehová tienen creencias muy diferente a la que profesa la Iglesia Católica que, como sabemos es la única Iglesia que fundó nuestro Señor Jesucristo. Ellos por ejemplo, no creen que Jesús es Dios. Esta sola enseñanza de los Testigos es totalmente inaceptable para aquellos que nos llamamos cristianos y que creemos que Jesús es Dios y que solo en El encontramos salvación (Romanos 10.9).

Su esposo, Lucrecia, si no tiene una fe fuerte y un conocimiento profundo de la Biblia, se expone a ser confundido. Le recomiendo, por lo tanto, que le proponga a su esposo que siga descubriendo el mundo maravilloso de la Biblia pero en su Iglesia Católica, en su parroquia.

CAPÍTULO XII

Las Prácticas
SUPERSTICIOSAS

AMULETOS DE LA SUERTE

P. Apreciado Padre Pedro
Tengo un amigo que dice ser católico, pero usa amuletos para la buena suerte y para protegerse de males que le puedan hacer. ¿No es cierto que esas creencias no están de acuerdo con lo que Dios manda?

Rogelio

R. Estimado Rogelio

Parece mentira que vivimos en el siglo 20 y todavía actuamos como si hubiéramos salido de la obscuridad del paganismo.

Todo amuleto o talismán está considerado por la Biblia y por la Iglesia como ídolo. Las pesonas que utilizan esas cosas ponen en ellas la esperanza de que serán protegidas del mal y atribuyen a esos pedazos de materia poderes que sólo Dios tiene.

La Biblia, en un sin número de ocasiones, nos advierte que debemos poner nuestra fe y nuesta esperanza sólo en Dios y en las cosas que son de Dios. De lo contrario, ponemos nuestra confianza en las cosas que el demonio utiliza para apartarnos del Señor.

Recuerde, Rogelio, que los amuletos, los talismanes, las piedras de buena suerte, los caracoles, las cartas, los horóscopos, los encantos, la hechicería, la brujería, el espiritismo y todas esas cosas, no son de Dios sino del demonio (Deuteronomio 18: 10-12) y las personas que se envuelven con esas supersticiones le están haciendo el juego al maligno...Y recuerde, que más tarde o más temprano, el que juega con candela...¡Se quema!

CARTAS EN CADENA

P. Querido Padre
Hace poco recibí una carta que dice así, "Esta es una cadena que se hace en honor de San Judas y debe continuarse, sin interrumpirse, para que le dé la vuelta al mundo. Si usted la continúa recibirá grandes bendiciones...Si no la continúa, grandes males caerán sobre usted y los suyos." Padre, me parece que esto no es de Dios, pero me siento confundida y con mucho miedo. Por favor, dígame ¿qué hago?

Isabel

R. Estimada Isabel

He tenido en varias ocasiones algunas de esas cartas como la que usted ha recibido, algunas con un centavo, otras con monedas de más valor. Primero, quiero decirle que esas cartas, como usted bien dice, no son de Dios. Por el contrario, no sólo confunden a las personas al presentarnos a un Dios malo y perverso, sino que también utilizan a hombres que consagraron sus vidas al servicio de Jesús y de su Iglesia, como fue San Judas Tadeo, para infundir temor en las mentes de tanta gente buena y sencilla.

Yo no sé a quien se le ocurrió la idea de comenzar esas cadenas, pero estoy seguro que no fue Dios quien los inspiró a hacer semejante barbaridad.

El que usted no continúe esa cadena no representa, en ninguna forma, una falta de su parte. Más bien, sería una falta seria si usted hiciera caso a ese tipo de escrito que totalmente distorsiona la imagen de nuestro buen Dios.

Como le dije anteriormente, yo también he recibido algunas de esas cartas. Lo que he hecho - y ésto se lo recomiendo para que usted también lo haga - es tomar la carta y decir una oración por las personas que se dejan sugestionar por este tipo de mal agüero. Después he arrancado la moneda de la carta y se la he dado a los fondos de Mensaje o a alguna agencia de caridad. Ah, finalmente, la carta la he tirado a la basura...donde realmente está su lugar.

ESPIRITISMO

P. Estimado Padre

Quisiera que me diera su opinión sobre el espiritismo. En realidad, ¿Qué es el espiritismo? Atentamente.

Juan Rodríguez

R. Estimado Juan

El espiritismo, en el sentido estricto de la palabra, es la práctica que consiste en entrar en comunicación con los espíritus, por lo general, con los espíritus de los difuntos. Tales comunicaciones se establecen, casi siempre, mediante una ceremonia especial a través de un medium .

En la práctica del espiritismo se supone que se establece una comunicación directa entre el mundo humano y el de los espíritus. Los espiritistas creen que el mundo de los espíritus puede ser controlado a través de ciertos ritos y fórmulas humanas. Mas aún, los espiritistas sostienen que tienen poder para controlar la intervención tanto de los poderes divinos como la intervención de los poderes del maligno.

El creer en el espiritismo o, peor aún, el practicar el espiritismo se considera como un pecado muy grave ya que esas personas creen haberse apropiado de estos poderes espirituales y por lo tanto,. desafian a Dios.

Dice la Biblia, "Si alguno se dirige a los espiritistas o a los adivinos para prostituirse con ellos, volveré mi rostro contra él y lo eliminaré de su pueblo. Santifíquense, pues, y sean santos, porque yo soy Yavé, el Dios de ustedes. Guarden, pues, mis normas y mis leyes y pónganlas en práctica. No anden siguiendo las costumbres de la gente que voy a arrojar delante de ustedes, Yo estoy enojado con ellos porque han practicado todas estas cosas" (Levítico 20).

ESPÍRITUS EN PENA

P. Recordado Padre Pedro
Ultimamente he estado un poco nervioso ya que en varias ocasiones he visto como espíritus pasar por los cuartos de mi casa. Un espiritista me dijo que esos son espíritus de muertos que están penando. Padre, ¿es cierto que los muertos salen?

Juan Alberto

R. Estimado Juan Alberto

Los únicos muertos que "salen" son los que Dios, en casos muy especiales y fuera de lo común, hace que veamos en visiones con el propósito de comunicar un mensaje específico del Señor. La visión más común que muchas personas en distintas épocas han recibido de una persona fuera de esta vida es la de nuestra Santísima Madre María. Nuevamente, cada vez que ella se ha aparecido ha sido para darnos un mensaje específico de Dios.

Los espíritus que penan son los que murieron a esta vida y ahora viven apartados de Dios, ya bien sea porque están en el proceso del Purgatorio o porque viven la condenación eterna en lo que conocemos como Infierno.

La expresión "espíritus que están penando" se utiliza con frecuencia por espiritistas. Tenga mucho cuidado, Juan Alberto, ya que los espiritistas desagradan a Dios grandemente. Le recomiendo que abra su Biblia y lea del libro del Deuteronomio el capítulo 18, versículos del 9 al 16 para que se dé cuenta de lo que le estoy diciendo.

Los espiritistas desafían a Dios. Todos desobedecen Su Palabra...Muchos hasta llegan a hacer negocios y compromisos con el Maligno con el propósito de cobrar poder que pueda sugestionar a personas como usted.

Le aconsejo, pues, que en oración le entregue todos estos temores al Señor. Entréguele a El también su familia, su casa y todas las veces en que usted se ha dejado sugestionar por cosas y personas que no están de acuerdo con la voluntad de Dios.

Por último, le ruego que se prepare adecuadamente ante Dios y que vaya al sacerdote de su comunidad y haga una buena confesión, especialmente, en su proceder con lo relacionado al espiritismo y a espiritistas. Estoy seguro que una vez que haga esto, las cosas en su hogar volverán a lo normal.

INTERPRETACIÓN DE SUEÑOS

P. Querido Padre Pedro
Leí en una revista que hemos de fijarnos y estudiar lo que soñamos para así aprender muchas cosas.

Aunque creo que esto es superstición, ¿podría usted decirme si hago mal en seguir las indicaciones que me da tal revista?

Muriel Icaza
Flushing, N,. Y.

R. Estimada Muriel

No es malo meditar en los sueños. En la Biblia encontramos que Dios se ha valido de ellos para que algunas personas pudieran entender Su voluntad. (Génesis 40 y 41)

Las ciencias sicológicas todavía no saben decirnos de dónde vienen los sueños o por qué vienen. Con frecuencia se nos dice que el reflexionar en ellos puede ayudar a la persona a conocer su personalidad y a evaluar sus emociones.

Claro que los sueños podrían también usarse para mal, en forma errada y hasta pecaminosa, como sería el caso de obsesionarse con ellos en un mundo de fantasía, o pretendiendo predecir el futuro.

Los sueños forman parte de nuestra vida normal y así hemos de aceptarlos, sin inquietarnos ni asumir que haya algo mágico ni diabólico en ellos.

LECTURA DE CARTAS

P. Querido Padre Pedro
Tengo una amiga que cree en la lectura de las cartas y en la comunicación con los muertos, pues le dicen cosas que van a

suceder y suceden. Dice que estos poderes le vienen de Dios y que no cree en el diablo. ¿Qué piensa usted?

Reina

R. Estimada Reina

¿Usaría Dios a un ser querido difunto para comunicarse con nosotros? La respuesta es categóricamente NO. Hay muchas personas que han recibido serios daños por dejarse engañar ingenuamente por Satanás, que es quien perfectamente copia e imita cualquier voz para hacer creer a las personas que se trata de un ser querido difunto.

"Que no haya en medio de tí adivinos, ni nadie que practique encantamiento o consulte los espíritus, que no se halle ningún adivino quien pregunte a los muertos. Porque Yavé aborrece a los que hacen éstas cosas...(Deuteronomio 18:10-11).

Aquellos que creen que tienen poder para comunicarse con los muertos comienzan a depositar su confianza, no en Dios, sino en los muertos. Como resultado, la persona se aparta de la verdad aunque diga oraciones para invocar a estas personas muertas y piense que obra con la aprobación de Dios.

MAL DE OJO

P. Estimado Padre
¿Por qué hay gente que cree en el mal de ojo? ¿Esto está bien?

Micaela García

R. Querida Micaela

Hay gente que cree en el mal de ojo, y en el espiritismo y en las brujerías porque carecen de una sólida formación cristiana. Si entendieran más a fondo nuestra fe,

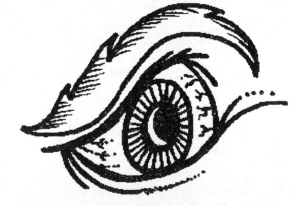

se liberarían de tantas supersticiones que los esclavizan.

El cristiano que se pone por completo en las manos de Dios no puede ser dañado por los malos deseos de otros.

Sólo cuando dudamos o no entendemos con claridad o no aceptamos plenamente la realidad de que nuestro Padre Dios nos cuida y protege, podemos ser objeto de la influencia del maligno que obra a través de los seres humanos.

De la misma manera que palabras de aliento, miradas de cariño, nos afectan de una manera positiva y nos acercan a Dios, palabras de maldición y miradas de odio pueden causar traumas en hermanos que se olvidan que están en las manos de Dios y no confían totalmente en El.

Sí, Micaela, es pecado desear el mal a nuestros hermanos. Eso es el "mal de ojo."

El poder de sugestión es poderoso con los que son sugestionables. No funciona con los que lo resisten. El hipnotismo es prueba de ello. Sólo se puede hipnotizar a quien lo acepte. El "mal de ojo" puede ser algo parecido. En este caso es la fe la coraza protectora. Por eso dice San Pablo "Tengan siempre en la mano el escudo de la fe y así podrán atajar las flechas incendiarias del demonio" (Efesios 6/16).

El que la lleva no tiene por qué creer en esas supersticiones ni en ninguna otra. El que no la lleva, el que carece de fe, será el blanco de los engaños del maligno, una y otra vez...

MALEFICIOS

P. Respetado Padre
¿Puede una persona hacer un "daño" o un maleficio a otra? Por favor, necesito su respuesta.

Una preocupada

R. Estimada Preocupada

En la Iglesia, los Bautizados formamos el Cuerpo de Cristo, somos "bendición de Dios" unos para otros. Somos canales a través de quienes el Amor de Dios fluye hacia nuestro hermano, sanándolo y dándole libertad.

A la inversa, fuera de la Iglesia, fuera de Dios, podemos hacernos daño unos a otros. Podemos ser canales que el demonio usa para hacerle daño a otros.

Sin embargo, los que permanecen obedientes y dóciles a Dios tienen el poder de Dios para liberarse de todo mal. Jesús bien dijo que "**poderes del infierno no podrán vencernos**" (Mateo. 16:18).

El enemigo daña a personas a través de otras personas quienes se prestan a ser canales de sus odios y engaños a través de las críticas ingenuas como de las grandes calumnias, a través de los pequeños resentimientos como de los grandes odios, a través de las intenciones de venganza que están en el corazón como de los actos que brotan de una alianza directa con Satanás.

Nos narra la Biblia el caso de "una mujer que estaba poseída de un espíritu que la tenía enferma, tan encorvada que de ninguna manera podía enderezarse. Al verla, Jesús la llamó. Luego le dijo, "Mujer, quedas libre de tu mal," y puso sus manos sobre ella. Y en ese mismo instante se enderezó, alabando a Dios. Y Jesús continúa diciéndonos, "Aquí hay una mujer que Satanás tenía atada desde hace 18 años" (Lucas 13:11-16).

Por eso, no tenga temor de rechazar cualquier mal que usted crea que alguien le está haciendo. ¿Cómo hacerlo? Simplemente orando...diciendo algo por el estilo, "En nombre de Cristo Jesús, rechazo este mal y le ordeno que se aparte de mi vida para siempre."

ME HAN HECHO UN MALEFICIO

P. Querido Padre Pedro
Las cosas, desde hace algún tiempo, me salen de mal en peor. Tengo miedo de que alguien me haya hecho algún mal. ¿Padre, es cierto que, para quitar un mal agüero, hay que encender incienso en la casa donde uno vive y leer el salmo 23? Por favor, contésteme pronto.

Luis

R. Estimado Luis

El Señor Jesús nos ha dicho en numerosas ocasiones que El es el único capaz de dar la paz que nuestros corazones ansían. Jesús dice también que, si lo buscamos a El primero, todo lo demás que podamos necesitar, El nos lo dará por añadidura.

Finalmente, el Señor nos dice que estando con El nadie nos podrá dañar, porque El será nuestro escudo y fortaleza.

Conozco a personas que definitivamente nos desean el mal y van a hacer lo posible para que seamos miserables. Conozco de personas que llegan al extremo de negociar con el mismo demonio para tener el poder de hacerle daño a otros. Sin embargo, como le dije anteriormente, usted no tiene nada que temer, si se pone en las manos de Jesús.

Si las cosas le están saliendo de mal en peor, tal vez sea porque no tiene suficiente fe que le dé la certeza de saber que con Cristo a su lado usted puede vencer todo mal, toda maldición y todo poder destructivo que venga del Maligno, ya que Cristo tiene más poder que todos los poderes del Mal combinados.

Sobre lo que usted se refiere a encender incienso y leer el salmo para recordarnos que nuestras oraciones suben, como el humo del incienso, a la presencia de Dios. El salmo 23 nos recuerda que Dios es nuestro Pastor y que nosotros, indefensas ovejas, no tenemos que temer ningún mal porque El nos va a cuidar y proteger.

Pero, aunque tanto el incienso como el salmo son buenos instrumentos que nos recuerdan el amor y la misericordia de Dios, de nada servirán si primero usted no está dispuesto a ponerse completamente en las manos de Ese que precisamente es capaz de dar su vida para que usted alcance la paz que sólo El puede dar. Búsquele a El primero, y verá cómo las cosas le irán mejor.

PROFETAS Y ADIVINOS

P. Querido Padre
¿Por qué la Iglesia no permite ir donde adivinos, si en la Biblia se narra el hecho de varios profetas que veían el futuro y se lo decían a las gentes para que no estuvieran desprevenidos, como sucedió con el caso de Noé, que profetizó el diluvio para que la gente tomara las debidas medidas y no pereciera ahogada?

Olguita Martínez
R. Estimada Olguita

No hay que confundir a la "profetas" con los "adivinos", como tampoco a esta clase de visionarios del futuro, con los pronósticos del tiempo que nos dicen como va a estar el día de mañana. Si bien es cierto, el hombre puede deducir ciertos acontecimientos futuros, gracias a la técnica que ha creado su propio talento, como acontece con las predicciones del tiempo gracias a la ayuda de los satélites, no debemos confundir esto con la "adivinación", ni mucho menos con la "profecía".

Tampoco debemos confundir la "adivinación" con la "profecía", ya que la Profecía es una revelación de Dios a sus amigos los profetas y de los cuales nos hablan las Sagradas Escrituras, en tanto que los "adivinos" poseen cierta información que les suministra el demonio, como padre de la mentira, para inducir al engaño con apariencia de verdad y de bondad.

La Iglesia enseña que las profecías están en la Biblia y que si bien es cierto, hay algunas revelaciones privadas que pueden venir de María Santísima o de los santos. Estas revelaciones no se deben confundir con las "profecías" bíblicas, ni tenerlas como tales y por lo mismo, no son de obligación creer o no creer en ellas. Por último, es bueno entender que el demonio utiliza el mundo espiritual bajo su poder, para entrometerse en el destino divino y espiritual del hombre, con el solo propósito de engañarlo y conducirlo en definitiva a la muerte, de ahí que no resulte nada recomendable ir en busca de "adivinos" que en no pocos casos se utilizan por el poder de las tinieblas, dado que poseemos la luz de la verdad en las Sagradas Escrituras que con tanta autoridad nos las enseña la Iglesia.

PROMESAS QUE NO PUEDES CUMPLIR

P. Apreciado Padre

Hace algún tiempo hice una promesa de vestirme de verde por dos años. El mes pasado mi padre murió y me siento mal andando por todas partes vestida de verde. ¿Podría romper la promesa que he hecho aunque el Señor me concedió lo que le pedí?

Verónica

R. Estimada Verónica

Nunca haga una promesa que no pueda cumplir. Además, cuando haga una promesa, trate de que tenga un fin a través del cual haya personas que puedan beneficiarse.

El vestirse de un color específico por un período de tiempo, o el dejarse el pelo crecer o el no comer dulces pueden ser sacrificios nobles que nos ayuden a disciplinar nuestros deseos carnales; sin embargo, yo le recomendaría que, cuando haga promesas, trate de prometerle al Señor cosas que no sólo le van a ayudar a usted a crecer espiritualmente, pero que en alguna forma van a ayudar a otros también.

Estas promesas yo las llamaría promesas positivas. Por ejemplo, prometerle al Señor el dedicar un rato todos los días a la oración, o prometerle vivir la vida más de acuerdo a lo que El quiere y espera de nosotros. Otra promesa positiva puede ser el prometer buscar las formas de conocer más su Palabra y la fe Católica, a través de clases, talleres, conferencias, etc. Otras promesas positivas pueden ser el comprometerse con el Señor para visitar enfermos, ancianos, hogares de familias de nuestra comunidad, orfanatos, cárceles, etc.

Con esto en mente, y creo hablar en nombre de Dios, ponga a un lado esa promesa que hizo de vestirse de verde. Estoy seguro·que Dios, más que nadie, entiende sus razones y necesidades. La invito al mismo tiempo, a pensar en qué forma puede compartir su vida mas efectivamente con todos aquellos que tanto necesitan de usted.

Finalmente, quisiera recordarle que Dios quiere que le hagamos promesas no para regatear con El, es decir, "Tú me das esto y yo te doy esto otro." Más bien, Dios quiere que nuestras promesas sean compromisos que hacemos con El simplemente porque lo amamos...Y porque lo amamos queremos entregarle más y más, lo mejor de nuestras vidas.

P. Apreciado Padre

Hace unos meses mi esposo estuvo muy grave. En mi desesperación le prometí al Señor que si lo sanaba dejaría de tener relaciones sexuales con él. Gracias a Dios mi esposo se recuperó completamente pero me reclama que ya no le sirvo como mujer. ¿Qué puedo hacer?

Adriana

R. Estimada Adriana

Le aconsejo que de ahora en adelante cuando usted haga una promesa trate de estar segura que el sacrificio que usted va a hacer no envuelve a otras personas, como en este caso en que su esposo tiene que sacrificarse por algo que él no ha prometido.

¿Qué puede hacer? usted pregunta. La respuesta nos la da San Pablo, muy claramente en una de sus cartas cuando dice, "La esposa no dispone de su propio cuerpo, el marido dispone de él. Del mismo modo, el marido no dispone de su propio cuerpo, la esposa dispone de él. No se nieguen el derecho (de tener relaciones sexuales) del uno al otro, sino cuando lo decidan de común acuerdo, y por cierto tiempo, con el fin de dedicarse con más intensidad a la oración. Pero después vuelvan a juntarse (para tener relaciones), de otra manera Satanás los hará caer (siendo infieles)" (1 Cor. 7/4-5).

La relación sexual es parte imprescindible de toda relación matrimonial equilibrada. Y si Dios ha otorgado tan precioso regalo a las personas casadas es para que lo usen, y a través de ese don, las dos vidas lleguen a fundirse en una sola. Bien lo dice la Palabra de Dios en el primer libro de la Biblia, "El hombre deja a sus padres para unirse a una mujer, y formar con ella un solo ser" (Génesis 2/24).

Por lo tanto, Adriana, basado en la sabiduría de Dios, puedo asegurarle que su promesa nunca fue válida ya que, primeramente la hizo sin contar con su esposo y segundo, prometió algo que nunca debió haber prometido porque va en contra de usted, de su esposo y de su hogar, ya que la abstinencia ilimitada de la relación sexual entre ustedes dos dañaría, sin esperanza de reparación, su vida conyugal.

Asi que olvídese de esa promesa. El Señor hace rato se olvidó de ella.

¿QUÉ DICE LA BIBLIA SOBRE LOS ADIVINOS?

P. Padre Pedro
¿Qué dice la Biblia sobre los adivinos y sobre las cosas que nos dicen del futuro?

Jacinto Valdez

R. Estimado Jacinto

La Biblia nos pide que pongamos nuestra confianza en Dios y no en otras cosas.

"Que no haya en medio de tí nadie que haga pasar a su hijo o a su hija por el fuego, que no haya adivinos, ni nadie que consulte a los astros, ni hechiceros, que no se halle a nadie que practique encantamientos o consulte los espíritus, que no se halle ningún adivino o quien pregunte a los muertos. Porque Yavé aborrece a los que hacen estas cosas y precisamente por esa razón los expulsa delante de tí. Te portarás bien en todo con Yavé, tu Dios" (Deuteronomio 18/10-13).

¿QUÉ HACER PARA QUITARSE ESTOS MALEFICIOS?

P. Estimado Padre Pedro
¿Qué pecado comete o tiene una persona que en un tiempo le leyeron el tarot (cartas) y le hicieron unos baños y trabajos con el espiritista o curandero? ¿Qué debe hacer esa persona para librarse de ese mal?

Juan José Marín

R. Estimado Juan José

Todo aquello que hagamos de manera consciente y libre contra la Ley de Dios de lo que enseña la Iglesia, es una desobediencia o pecado que nos aleja de El, en la medida que no recapacitemos y volvamos al Padre que es misericordioso y nos espera todos los días como al hijo pródigo de la parábola, para que nos arrepintamos de haber hecho lo que no es debido. Al preguntar, ¿Qué debe hacer esa persona para librarse del mal? se entiende que se refiere al daño espiritual que ello le ha podido producir, entonces debemos preguntarnos acerca del arrepentimiento que esa persona haya experimentado para poder comenzar el camino de regreso (o conversión) al Padre, hasta confesar su culpa delante del ministro autorizado por la Iglesia para escucharle en confesión, cuando se produzca el amoroso encuentro de la bienvenida..

Quienes consultan adivinos y acuden a baños, antes que a la oración y la protección divina, están negando el poder de la oración y la bondad de Dios que es Misericordioso y Providente con todos sus hijos y por eso pecan al rechazar lo que Dios quiere para nosotros. Sin embargo, hay que saber distinguir si se trata de "adivinos" o de personas a las cuales Dios les permite ver con mucha naturalidad los acontecimientos que otros no ven o de poder curar a través de algunos signos de sanación. Por eso es bueno estar muy seguro para saber si se trata de una persona, con dones espirituales recibidos de Dios o de las fuerzas espirituales del mal. Y como este discernimiento resulta muy poco fácil, la Iglesia recomienda no estar probando con adivinos y curanderos, para evitar ser engañados por el demonio a través de ellos.

¿QUE SON LAS TIENDAS BOTÁNICAS?

P. Estimado Padre
¿Qué cosa son las tiendas botánicas? ¿Puede un católico visitarlas y no cometer pecado?

Luisa Díaz

R. Estimada Luisa

¿Qué necesidad tenemos los católicos de ir a una tienda botánica cuando tenemos la riqueza de los sacramentos a nuestra disposición? ¿La fuente inagotable de Dios que baja y se derrama a través de Cristo en su Cuerpo que es la Iglesia?

Una tienda botánica no hace más que servir a las necesidades de gente buena pero ignorante que, desconociendo lo que tienen en sí mimos por su bautizo y en la iglesia a la que fueron incorporados por él mismo, buscan respuestas a sus problemas en supersticiones ingenuas y primitivas.

Lo que usted encontraría en una tienda botánica serían hierbas, amuletos, fetiches, aceites, perfumes, etc., a los que una creencia mal fundada de religiones primitivas africanas y ritos litúrgicos cristianos han atribuído fuerzas misteriosas. No creo que peque si entra por curiosidad en una, a no ser que esto sea motivo de escándalo.

Pero más que preocuparnos de que si es o no pecado, debemos insistir en conocer a fondo lo que tenemos en nuestra Iglesia. Es nuestra ignorancia la que da pie a estas supersticiones ingenuas que satisfacen a medias las necesidades físicas y espirituales que sólo Cristo puede satisfacer plenamente.

VIVO CON UN ANCIANO HECHICERO

P. Estimado Padre Pedro

No sé si es temor, agradecimiento o cobardía lo que me obliga a estar con un anciano, casado tres veces, enfermo y que puede ser mi abuelo. He descubierto que practica la hechicería. Recién lo conocí, me pidió tierra de mi dormitorio. Quiero regresar donde mi familia, pero temo no ser bien recibida. ¿Qué hago?

Insegura

R. Estimada Insegura

Usted no menciona que está casada con ese señor. Si así es, lo primero que tiene que decidir es si está dispuesta a formalizar su relación con él a través del matrimonio. Tanto la Biblia como la Iglesia insisten que sólo los que están legalmente casados tienen el derecho de compartir sus cuerpos.

Sin embargo, por lo que usted me dice en su carta, yo no estimo que usted quiera vivir casada con él por el resto de su vida. Digo esto porque, ni en un sólo momento, usted menciona que lo quiere. Más bien, dice que le teme y aunque se siente agradecida, ya lo ha tratado de abandonar en cuatro ocasiones anteriores.

Hágale caso a su mamá que, por ser mayor que usted, tiene más experiencias de la vida. Además, Dios muchas veces utiliza a nuestros padres para darnos a conocer Su Voluntad.

Por sobre todo, le pido que trate de acercarse más a Dios. Muchos de los problemas que se nos vienen encima se pudieran evitar si obedeciéramos más al Señor y fuéramos más fieles a sus mandamientos.

Créame que estoy seguro que su decisión no es fácil. Algo que le puede ayudar a tomar una determinación es el tratar de responder honestamente esta pregunta, ¿Qué haría Jesús si estuviera en mi situación? Oraré mucho por usted y sé que, si se pone en Sus manos, El la ha de guiar por el mejor camino.

CAPÍTULO XIII

Varios

BAUTISMO EN EL ESPÍRITU SANTO

El "bautismo en el Espíritu Santo" es una experiencia religiosa centrada en la obra y dones multiformes del Espíritu Santo.

En esta experiencia, uno se percata, de forma nueva, la presencia de Dios en la propia vida.

El don otorgado en este "bautismo" no es el principio de la actividad del Espíritu Santo en la propia vida, sino más bien un paso o progresión ulterior en el compromiso de fe con el Señor.

La palabra "bautismo" significa "sumergir" verdaderamente. Usualmente la persona que se "bautiza" en el Espíritu Santo se sumerge espiritualmente en Jesús para que, como en el caso de Juan Bautista, Jesús pueda seguir creciendo en uno.

Para la persona que así lo recibe, el Espíritu toma una nueva visibilidad, trae un sentido más profundo de la presencia del Cristo resucitado, un fresco vigor en la oración, y un mayor celo en dar testimonio de la obra de Dios en la Iglesia y en el mundo.

El "bautismo" en el Espíritu Santo se recibe usualmente dentro del contexto de un grupo de oración. Sin embargo, se puede recibir de igual manera en la intimidad de una habitación cuando, en oración, invocamos la presencia del Espíritu de Dios para que more en nosotros, y de nuevo nos consagramos a El con el propósito de ser sus fieles discípulos.

CARISMÁTICOS

P. Estimado Padre Pedro
Quiero aprovechar su sección de la Revista MENSAJE "Preguntas y Respuestas" para hacerle las siguientes preguntas,

¿Cuáles son los nacidos de nuevo?
¿Cuáles son los Carismáticos?

Con todo mi afecto y respeto

Aurora A. Orellana

R. Estimada Aurora

Los nacidos de nuevo son todos aquellos que aceptan a Cristo como el Señor y el Salvador de sus vidas.

El aceptar a Jesús significa que El tiene que llegar a ocupar el lugar más importante de mi vida. El tiene que llegar a ser más importante que esposo, esposa, hijos, padres...y definitivamente más importante que las cosas de este mundo como el dinero, el poder, el placer y muchas otras cosas más que la Biblia clasifica como mundanas o materialistas.

El aceptar a Jesús significa que, porque reconocemos el Señorío de Cristo sobre nuestras vidas, nos convertimos en verdaderos discípulos. Dejamos de ser católicos a medias para ser auténticos católicos que son capaces de dar testimonio de su fe a través de una vida auténticamente vivida en el Señor y para el Señor.

Finalmente, el nacer de nuevo significa dejar que el Espíritu Santo viva en nosotros, actúe en nosotros y a través de nosotros y sea la fuerza que nos santifique y nos encamine a través de Cristo hacia el Padre.

Jesús le dijo a Nicodemo, " En verdad te digo, El que no renace del agua y del Espíritu no puede entrar en el Reino de Dios. Lo que nace de la carne es carne, y lo que nace del Espíritu es espíritu."

El que nace del Espíritu es aquel que, dejando atrás las cosas del mundo se entrega a Jesús para convertirse en su fiel discípulo.

Con relación a su segunda pregunta, quiero decirle que carismáticos somos todos los bautizados.

La palabra carisma significa dones. Dios porque nos ama nos da un sin número de dones para que podamos ayudarnos mutuamente, física y espiritualmente en un mismo espíritu de amor.
San Pablo nos dice, "A todos se nos ha dado a beber del único Espíritu. Ustedes son el Cuerpo de Cristo, y cada uno en particular

es parte de Él. Dios arregló el cuerpo, dando más honor al que le faltaba para que no haya divisiones dentro del cuerpo, sino que más bien cada uno de los miembros se preocupe de los demás. Cuando uno sufre, todos los demás sufren con él, y cuando recibe honor, todos se alegran con él. Así, pues, Dios nos ha establecido en su Iglesia..." Y San Pablo sigue su exhortación animándonos a compartir los muchos dones o carismas que Dios nos ha dado para el bienestar común.

El término "carismático" también se utiliza actualmente para clasificar a grupos católicos que veneran con singular devoción al Espíritu Santo a través de la oración y la alabanza.

CURACIONES FÍSICAS

P. Querido Padre Pedro
¿Existen todavía los milagros de curaciones físicas?

Alejandro

R. Estimado Alejandro

Todos los días me encuentro con personas que han sido sanadas milagrosamente. Ciegos que reciben la visión, paralíticos que recuperan el control de sus miembros.

Conozco también a hombres y mujeres que estaban desahuciados y que hoy día, por la gracia de Dios, se encuentran completamente sanos.

Sí, Alejandro, el Señor Jesús, porque vive en nosotros y con nosotros, sigue sanando a Su pueblo, como lo hizo hace 2,000 años cuando estaba con un cuerpo humano entre nosotros.

DESCANSAR EN EL ESPÍRITU

P. Estimado Padre Pedro
¿Por qué la gente se cae en los grupos carismáticos cuando se les pone las manos en la cabeza?

Enrique Sosa

R. Estimado Enrique

Tres pueden ser las causas de que una persona pierda las fuerzas y caiga al recibir la imposición de las manos.

Primero, la misma persona puede desear caerse y de hecho se tira hacia atrás. Segundo, puede ser una reacción puramente emotiva. Tercero, a mí me consta que en muchos casos, es verdaderamente un fenomeno sobrenatural, un don de Dios, ya que "el descanso en el Espíritu" que es como se llama la caída, es un regalo gratuito.

Ni el caer, ni la duración de estar descansando en el suelo depende de uno, sino de Dios.

EL ANCLA DE LA ESPERANZA

P. Estimado Padre Pedro
He visto tres cuadros con anclas en diferentes paredes de la iglesia donde asisto. En uno de ellos - puesta en una ventana- está escrita la letra E. ¿Podría usted explicarme su significado?

Elena González

R. Estimada Elena

Desde antaño, el ancla (usada por los navegantes desde que comenzaron a surcar las aguas) ha sido símbolo-señal- de seguridad y de esperanza. Existe evidencia de que los Judíos aún cuando no sobresalían en navegación- también usaron este símbolo antes de la época de Cristo.

Los primeros Cristianos recogieron este signo para expresar su propia esperanza y para simbolizar la seguridad que da la fe en épocas difíciles y de tribulaciones, tanto como en medio de las persecusiones. Frecuentemente vemos que se unen el ancla y el pez - símbolo de Cristo (y de los cristianos). Este símbolo unido expresa la convicción de que nuestra fe y nuestra esperanza -nuestra ancla- es el propio Jesús.

El autor de la carta a los Hebreos (6/19) explícitamente usa este símbolo, señalando que nuestra esperanza en Jesucristo y en Su sacerdocio es "como ancla segura y firme."

La letra E que con frecuencia acompaña al ancla es probablemente una abreviación para "elpis," palabra Griega para "esperanza."

EVOLUCIONISMO

P. Estimado Padre
¿Qué dice la Iglesia Católica sobre la teoría de la evolución? O, como algunos dicen, ¿la teoría de que venimos de los monos?

Juan Domínguez

R. Estimado Juan

Al igual que usted, han sido y son muchos los científicos y teólogos que han tratado de abarcar ese candente tema sin encontrar una respuesta que pueda satisfacer a todos.

Los evolucionistas, es decir, los que están de acuerdo con la teoría de la evolución, se basan en hallazgos y deducciones antropológicas y biológicas para corroborar su tesis de que todo ser viviente, incluso el ser humano desciende de organismos simples que, a través del tiempo, han desarrollado órganos y cuerpos más complejos que le han servido para los distintos ambientes en que les ha tocado vivir.

Los creacionistas, es decir, los que toman al pie de la letra el relato de la creación tal y como aparece en el libro del Génesis (el primer libro de la Santa Biblia) dicen que Dios creó todo muy parecido a como lo vemos hoy día y que, como dice la Biblia, El creó a un hombre y a una mujer y que de ellos venimos todas las personas.

Antes de continuar es importante mencionar aquí que, de acuerdo con la teología moderna, el relato de la creación como aparece en los dos primeros capítulos del libro del Génesis, no es un tratado histórico, sino mas bien una historia inspirada por Dios a través de la cual los autores tratan de enseñar que si bien es cierto que la creación existe es porque también existe alguien que la creó. A Ese Creador, desde los principios del monoteísmo se le ha llamado "Elohim," palabra que significa SEÑOR.

Es importante, por lo tanto, que comprendamos que los autores del Génesis no estaban interesados en la historia sobre cómo comenzó todo, como tal vez lo pudiéramos estar nosotros hoy día con nuestra mente más científica y analítica. Ellos solamente les interesaba anunciar el mensaje que habían recibido de Dios de que El es el Señor de todo lo creado y todo lo que ha sido, es y será, es obra de Dios.

A los autores del libro del Génesis también les interesa mucho hacer caer en cuenta a los que reciben este mensaje sobre la creación que de todo lo creado, el ser humano es la cúspide de la creación de Dios, ya que él es el único de entre todos los seres vivientes que por sus capacidades de conocer y amar se asemeja más a su Creador.

Después de todo lo dicho, creo que podemos afirmar que la Iglesia Católica no niega que el mundo está en un constante progreso. Por el contrario, sabemos perfectamente que el mundo está en constante moción que necesariamente producen cambios, muchas veces radicales.

Sin embargo, el papel de la Iglesia, como portavoz y como maestra de la Palabra de Dios, será siempre enseñar que, aunque tal vez hayan ocurrido cambios grandes en el desarrollo del mundo, Dios es Señor de todo lo creado...Fue El quien dio el don de vida, desde la primera hasta la más reciente, es El quien nos mantiene vivos, y es a El a quien completamente pertenecemos.

HABLAR EN LENGUAS

P. Querido Padre Pedro
¿Es cierto que la persona que no puede hablar en lenguas no tiene el Espíritu Santo?

Gustavo Campos
R. Estimado Gustavo

No, no es cierto que las personas que no pueden hablar en lenguas no tienen el Espíritu Santo. El Espíritu de Dios se manifiesta, Gustavo, de distintas maneras a través de nuestras vidas. ¿Quiénes somos nosotros para imponerle límites y condiciones a Dios?

Cuando San Pablo habla de los dones que Dios da a los creyentes dice que solo algunos recibirán el don de lenguas. Escribiendo a los Corintios dice, "Hay diferentes dones espirituales, pero el Espíritu es el mismo. A uno se le da hablar con la sabiduría del Espíritu, a otro enseñar cosas profundas que vienen del mismo Espíritu, a otro se le da en el mismo Espíritu la fe, a otro se le comunica el don para hacer curaciones, a otro el don de hacer milagros, a otro el don de profecía.

A otro el Espíritu le concede el distinguir lo que viene del bueno o del mal espíritu, a otro el don de lenguas, y a otro la capacidad para explicar lo que se dijo en estas lenguas. Y todos estos dones son obra del mismo y único Espíritu, el cual los reparte a cada uno como quiere.

Así pues, Dios nos ha establecido en su Iglesia. En primer lugar los Apóstoles en segundo lugar los profetas, en tercer lugar los maestros. Después viene el don de hacer milagros, después el don de curación, la asistencia material, la administración en la Iglesia y el don de lenguas.

¿Acaso son todos apóstoles? ¿Son todos profetas? ¿Son todos maestros? ¿Pueden todos obrar milagros, o curar a los enfermos, o hablar en lenguas, o explicar lo que se dijo en lenguas?

Todo "don" de Dios es para equipar al creyente en alcanzar la plenitud en el amor. Bien nos dice San Pablo que si habláramos todas las lenguas de hombres y ángeles, y nos falta el amor, nada somos.

Le aconsejo, Gustavo, que lea los capítulos 12, 13 y 14 de la primera carta de San Pablo a los Corintios.

P. Padre Pedro
¿Podría usted explicarme el "don de lenguas"? Me parece que quienes lo practican en lugares públicos suenan más bien a burla que a alabanza.

R. Estimado César

En el capítulo 12 de la primera carta a los Corintios San Pablo habla de la variedad de los dones que provienen del Espíritu Santo y enumera algunos. Esos dones son capacidades, dadas a personas que viven bajo la acción del Espíritu, para que puedan ayudar a los demás. Así, por ejemplo, San Pablo menciona el don de hacer curaciones, o sea, que Dios usa a ciertas personas como instrumento para sanar, capacitándolas con ese don. El Espíritu Santo, por medio de sus dones, actúa a través de nosotros para el servicio de los demás. Pasamos a ser instrumentos suyos para ayudar.

El hablar en lenguas es algo que podríamos llamar un gran don de oración. Nos permite dar expresión a nuestro profundo deseo de amar, alabar y adorar a Dios, usando palabras nuevas, que no comprendemos. A veces se las oye como algo extraño, como balbuceos de niño o como idiomas desconocidos. Una mezcla de sonidos, pero, hay algo más en todo ellos. El Espíritu Santo desata nuestra lengua y nos da un lenguaje para comunicarnos con Dios. No lo entendemos, pero El sí. Al usarlo sabemos que estamos orando, alabándolo.

Las palabras humanas se gastan, envejecen, se cansan. ¿Has tenido la experiencia de sentir un deseo de orar, y no saber cómo expresar lo que querrías decir? A veces se trata de una angustia, una pena o una alegría muy profunda que se queda sin poder ser expresada. Cuando el Espíritu te concede este don, tu propio espíritu manifesta en estas palabras extrañas lo que tu lenguaje habitual es incapaz de expresar. San Pablo dice algo semejante en su carta a los Romanos, "Además el Espíritu nos viene a socorrer en nuestra debilidad, porque no sabemos qué pedir ni cómo pedir en nuestras oraciones. Pero el propio Espíritu ruega por nosotros, con gemidos y súplicas que no se pueden expresar" (8/26).

Ahora bien, personas que no entienden esto dirán que es asunto emocional, que todo es psicológico. Algunos le reprochan a esta oración el ser anti intelectual, y aun hay alguno que lo ha atribuido al demonio. Un conocido sociólogo dice que no puede comprender para que nos iría a dar Dios un idioma que no pudiéramos entender. Ese sociólogo está errando el blanco. Ese lenguaje expresa una oración más profunda, no se trata de que entendamos, no es que Dios nos esté diciendo algo, nosotros estamos en comunicación con

Dios y El entiende perfectamente y recibe nuestras plegarias que el Espíritu Santo nos mueve a dirigir a Dios de esta manera tan hermosa. Su manera.

Conozco a personas que recibieron este don mientras se encontraban rodeadas por un grupo grande que cantaba en lenguas. Algunos lo han recibido cuando estaban orando a solas, y han empezado a hablar con palabras que jamás habían pronunciado antes.

Nadie podrá explicártelo bien, ya que es algo que se tiene que experimentar, y primero desearlo. Pero no pienses ni por un minuto que hablar en lenguas es el corazón de la vida en el Espíritu. El corazón de ella es Jesucristo, y el poder del Espíritu Santo para guiarte hacia la realidad viviente de tu Señor y Salvador. Todo lo demás se sigue de ahí.

En el capítulo 14 de la primera carta de San Pablo a los Corintios se nos da una dirección extensa del hablar en lenguas, alertándonos a ser prudentes y orar en lugares y momentos específicos, ya que "cuando la iglesia se encuentra reunida, si todos están hablando en lenguas, y entra un simple oyente o un incrédulo, creerá que ustedes se han vuelto locos" (I Cor. 14/23). Pero ante todo, es fácil discernir la autenticidad de quienes poseen los dones del Espíritu, cuando en congresos o asambleas públicas hay coordinación y control en las personas que para ejercitar tales dones, se someten a la dirección de quienes están puestos precisamente para coordinar estos dones, "porque Dios es Dios de paz, no confusión." I Cor. 14/33).

ORAR ALZANDO LAS MANOS

P. Querido Padre
¿Por qué hay gente que alza las manos en la Iglesia? ¿De dónde viene eso?

Ligia

R. Estimada Ligia

Sabemos que la costumbre de alzar las manos en señal de oración, se remonta a los tiempos de Moisés. Dios le ordena elevar sus manos mientras el pueblo judío atraviesa temeroso las aguas divididas del

Mar Rojo. Es costumbre que pasa de generación en generación y fué aceptada por la comunidad cristiana primitiva.

Cuando la separación entre el sacerdote que preside las celebraciones Eucarísticas y la comunidad que participa en ella empieza a convertirse en costumbre, algo penoso tiene lugar. La Misa empieza a ser algo que "hace" el sacerdote. ¿Qué hacen los fieles? Nuestra obligación es sólo la de "oir" la Misa. El sacerdote da la espalda a la comunidad y dice la Misa -¡él solo!- en una lengua que pocos entienden. ¿Recuerda?

Por lo tanto es sólo el sacerdote el que eleva sus manos en señal de adoración o alabanza en varios momentos de la Misa. Mientras tanto los fieles rezan sus rosarios o leen sus devocionarios o hacen sus novenas... Cosas todas santas y buenas pero que están fuera de sitio mientras celebramos la Eucaristía.

Ya vamos perdiendo la costumbre de preguntar "¿quién dice la Misa?" y cosas parecidas. Caemos en cuenta de que el papel de nuestro hermano el sacerdote no es el de decir, sino el de presidir, el de guiarnos en ese banquete, en esa celebración que es "suya y nuestra".

Y ahora a su pregunta. Un fenómeno nuevo -nuevo para nosotros, viejo en la historia de la Iglesia- empieza a renacer. Hermanos y hermanas que alzan sus manos en momentos de alabanza, en momentos de oración, de petición junto con el sacerdote. Hermanos que expresan con sus gestos lo que se encuentra en sus corazones. ¿No hacemos esto en nuestra vida ordinaria? Expresamos con un beso, con un abrazo, con un apretón de manos nuestro cariño o respeto por otros. ¿Por qué no hacerlo cuando hablemos cara a cara con el Señor?

El haber rescatado esta tradición perdida lo debemos en gran parte a un movimiento bien bello que ha surgido recientemente en la Iglesia, el Movimiento de la Renovación Carismática. Grupo que nos enseña, entre muchas otras cosas, el hacer que todo nuestro ser, incluído el cuerpo, sea una ofrenda a Dios y parte activa de nuestra vida de oración.

¿POR QUÉ HAY TANTAS RELIGIONES?

¿Por qué hay tantas religiones cristianas diferentes y cómo podemos saber dónde se encuentra la verdad?

Rogelio Valdez

R. Estimado Rogelio

Existen tantas denominaciones o iglesias cristianas difernetes porque cada cual dice que es la verdadera y por lo tanto asegura tener la verdad. ¡Dios es la verdad! El es la verdad perfecta y absoluta.

La Biblia en numerosas ocasiones se refiere a Dios llamándole "La Verdad." San Juan, entre otros escritores bíblicos, habla de la verdad refiriéndose a Dios cuando dice, "Hijitos, no amemos con puras palabras y de labios afuera, sino verdaderamente y con obras. Esto nos dará la certeza de que somos de la verdad" (1 Juan 3:19).

Partiendo de la realidad que Dios es la verdad, ahora podemos entender por qué es que Jesús dice de sí mismo que El es la Verdad.

"Que todos sean uno como Tú, Padre, estás en Mí, y Yo en Tí. Sean también uno en nosotros, así el mundo creerá que Tú me has enviado." (Juan 17:21)

Jesús quiere, por lo tanto, que seamos una Iglesia...una comunidad de creyentes. Sólo así, el mundo creerá que verdaderamente somos cristianos, y que vivimos de acuerdo a nuestro Maestro, que es la Verdad.

Jesús instituye una iglesia, basada en una religión que llegará a conocerse como "el cristianismo" (seguidores de Cristo). Es precisamente, por la unidad que había entre los primeros cristianos, que muchos quedaban impresionados y se añadían a sus filas. Evidencia de esta hermandad nos la da los Hechos de los Apóstoles, capítulo dos. Primero, con la venida del Espíritu Santo sobre los apóstoles, el día de Pentecostés. San Lucas nos dice que sólo ese día alrededor de 3,000 personas se unieron a ellos. ¡Eran uno en un mismo espíritu!

Segundo, el mismo libro nos dice seguidamente que los cristianos "acudían al Templo con mucho entusiasmo y con un mismo espíritu y compartían el pan en sus casas, comiendo con alegría y sencillez y el Señor cada día integraba a la comunidad a los que habían de salvarse."

El Señor Jesús fundó sólo una Iglesia, no 40,000 diferentes es por eso que le dice a Pedro: "sobre esta piedra edificará **mi** (no **mis**) Iglesia" (Mateo 16:18). Esa iglesia, que al principio se le conocía sólo como "cristiana," más tarde, del año 60 en adelante, se le conoció también como "católica" palabra que significa universal, ya que a la iglesia, o comunidad, que Jesús había instituido, se incorporaban, más y más hombres y mujeres de diferentes razas, idiomas, culturas y países del mundo entonces conocido.

Concluyo este espacio con la recomendación que nos hace San Pablo en su carta a los Efesios,

"Los invito pues, yo, ` el preso de Cristo,' a vivir de acuerdo con la vocación que han recibido. Sean humildes, amables, pacientes, y sopórtense unos a otros con amor.

Mantengan entre ustedes lazos de paz, y permanezcan unidos en el mismo Espíritu sean un cuerpo y un Espíritu, pues al ser llamados por Dios, se dio a todos la misma esperanza.

Uno es el Señor, una la fe, uno el bautismo. Uno es Dios, el Padre de Todos, que está por encima de todos y que actúa por todo y en todos."

¿QUÉ ES VATICANO, MEDELLÍN Y PUEBLA?

P. Querido Padre Pedro
Le agradecería me dijera algo de qué es Vaticano II, Medellín, Puebla, I y II Encuentro Nacional. Perdone mi ignorancia. Gracias.

Jacinto Martínez

R. Estimado Jacinto

Un Concilio Ecuménico es, simplemente, una reunión de todos los Obispos del Mundo, convocada por el Papa.

En estas reuniones -han habido 21 en los 20 siglos de existencia de la Iglesia- los Obispos, presididos por el Papa, tratan de resolver problemas graves que afectan a la Iglesia universal. Se les da el nombre de la ciudad donde tienen lugar.

El segundo Concilio reunido en el Vaticano (Vaticano II, 1962-65) fue convocado por Juan XXIII. En él se estudió, entre otras cosas, la naturaleza de la Iglesia y se hicieron importantes revisiones de la liturgia de la Misa y los Sacramentos para lograr un mayor entendimiento y participación de los fieles.

Así mismo, la Conferencia Episcopal Latino Americana, formada por Obispos de toda la América Latina (CELAM) se reune cada diez años para discutir los problemas comunes que afectan a toda Ibero-América y presentar en conjunto soluciones basadas en el evangelio.

La reunión en Medellín (1968) y la de Puebla (1979) han sido decisivas en el enfoque pastoral adoptado por nuestra Iglesia.

Por fin, el I y II Encuentro Nacional de Pastoral Hispana están afectando a un círculo más pequeño, el de los hispanos que vivimos en los Estados Unidos. En estos dos Encuentros de sacerdotes y laicos hispanos de todos los Estados Unidos se hizo una evaluación de nuestra situación como católicos en este país anglo-sajón y se trazaron directrices pastorales que están definiendo y reafirmando nuestra presencia como Iglesia.

Los documentos de Vaticano II, Medellín y Puebla y I y II Encuentros pueden ser adquiridos en la Librería del Apostolado Latinoamericano. Se los recomiendo.

REENCARNACIÓN

P. Querido Padre

Un amigo Hindú me habla mucho de la reencarnación, diciéndome que es una filosofía que puede ser parte de cualquier religión. ¿Qué dice la Iglesia Católica al respecto?

Alvaro Leiva

R. Estimado Alvaro

La palabra "reencarnar" quiere decir "volver a nacer en la carne o sea, en un cuerpo". De acuerdo a las enseñanzas de varias religiones (o filosofías), particularmente en el Este, todo lo que tiene vida (incluyendo plantas) pasa por un ciclo de muertes y renacimientos, o sea que, cuando mueren a una forma de vida, vuelven a renacer bajo otras formas, mejores o peores, dependiendo de la manera en que gastaron su vida pasada.

Este concepto lo aplican a seres humanos por medio de una ley que los Hindúes llaman "Karma", que quiere decir que esa vida terrenal no ha terminado su proceso con la muerte sino que el individuo regresa bajo otra forma de vida, aunque no esté consciente de su existencia anterior, pero sí queda afectado por sus fracasos del pasado. Dicen que la manera en que procede en su vida actual es la que determina su futura reencarnación.

Quienes creen en la reencarnación declaran que este proceso es un avanzar de una manera mística hasta terminar siendo absorbido por la "realidad absoluta", única realidad existente, ya que todo lo demás es ilusión y fantasía.

Obviamente, estas enseñanzas van en desacuerdo a la manera de pensar de nosotros los Católicos, ya que la reencarnación predica que la persona alcanza la perfección a través de sus propios méritos, cuando en realidad, la perfección y la vida se alcanzan sólo a través de Jesucristo. Jesús dijo: "yo soy el camino, la verdad y la vida nadie va al padre sino a traves de mi", mas aun Jesús declara: "yo sol la resurrección. El que cre en mi, aunque muera, vivirá. El que vive por la fe en mi, no morirá para siempre" (Juan 11:25).

Los Católicos profesamos creer en la inmortalidad del alma y en la resurrección final de cada uno de nosotros. Creemos en la finalidad de la muerte y en la responsabilidad consciente y personal que tenemos de colaborar con la gracia de Dios para nuestro destino después de la muerte.

Resumiendo, estos y prácticamente, todos los elementos de nuestra fe Católica se oponen a los de la reencarnación.

SANACIÓN POR TELEVISIÓN

P. Estimado Padre

En la televisión es muy popular la oración por sanación. ¿Por qué es tan difícil que la Iglesia Católica declare el milagro de una curación, sin necesidad de pedir tantas pruebas?

**Miguel Angel
Worcester, Ma.**

R. Estimado Miguel

La Iglesia Católica no solamente cree en la sanación a través de la oración, sino que con mayor frecuencia de lo que usted imagina, declara auténticas muchas curaciones. A través del Sacramento de la Unción de los Enfermos, la Iglesia siempre espera que Dios conceda la salud como respuesta a la petición de Su pueblo.

La Iglesia es cuidadosa porque sabe que Dios no irrumpe frívolamente en la naturaleza, sino que los milagros son más bien señal amorosa de nuestro Padre Celestial, explicada claramente por Jesús y señal de Su señorío y poder supremo sobre el mal.

Jesús dijo a su pueblo, "Si no creen en mí, crean al menos por las obras que hago." En otras palabras, Sus obras muestran que El no solo es el Mensajero, sino que es Dios.

Por experiencia propia sabemos que a muchas curaciones físicas y sicológicas no se les puede dar explicación alguna, pareciendo ser milagros, cuando en realidad no lo son.

La Iglesia no pretende irrespetar a Dios ni al prójimo al tomar muchas medidas para poder anunciar un auténtico milagro. Por el contrario es porque respeta tanto a Dios y al prójimo que es precavida antes de proclamar que algo sea un milagro.